DROEMER

Melanie Amann

Angst für Deutschland

Die Wahrheit über die AfD: wo sie herkommt, wer sie führt, wohin sie steuert

DROEMER

Redaktionsschluss: 4. Januar 2017

Besuchen Sie uns im Internet:
www.droemer.de

FSC
www.fsc.org
MIX
Papier aus verantwortungsvollen Quellen
FSC® C083411

Ein Imprint der Verlagsgruppe
Droemer Knaur GmbH & Co. KG, München

Covergestaltung: ZERO Werbeagentur, München
Lektorat: Heike Gronemeier
Satz: Adobe InDesign im Verlag
Druck und Bindung: CPI books GmbH, Leck
ISBN 978-3-426-27723-2

5 4 3 2 1

Inhalt

Einleitung 9

Teil I
Die Vorboten. Die AfD und die Angst 23

1 Sarrazins Keller 25
Die Quelle 25
Die Raffinerie 29
Die Überhitzung 31

2 Sarrazins Schüler 35
Sorge und Angst 35
Die Bürger und die Angst 37
Die Politiker und die Angst 44

Teil II
Die Gründung. Die Wurzeln der AfD 49

1 Enttäuschung: Michael Heendorf 51
Die Unbekannten 51
Die Euphorie 55
Die Destruktion 59

2 Liberalismus: Beatrix von Storch 63
Persönliche Freiheit 63
Wirtschaftliche Freiheit 70
Meinungsfreiheit 75

3 Nationalismus: Alexander Gauland 89
Heimatlosigkeit 89
Grenzziehung 93
Globalisierung 103

Teil III
Die Radikalisierung.
Wie die AfD wurde, was sie ist 113

1 Der Ökonom: Bernd Lucke 115
Der neue Sound 115
Der schmale Grat 118
Die Brandmauer 122

2 Die Lager der AfD 128
Karrieristen und Ideologen 128
Die Idealisten 132
Die Satzung 134

3 Der Geschichtslehrer: Björn Höcke 139
Die Kreide 139
Das Schwert 143
Die Resolution 146

4 Der Essener Parteitag – eine Rekonstruktion 152
Die Gesetze der Macht 152
Technokraten und Patrioten 153
Apostel und Zwerge 158
Hirten und Schafe 161
Der Verrat 166
Der Abschied 169

Teil IV
Die Chefin. Frauke Petry 171

1 Die alte Zeit 173
Sven 173
Marcus 179
Frauke 185
»Doppel P«: Frauke & Marcus 194

2 Die neue Zeit 198
Die Doppelspitze: Petry & Meuthen 198
Die doppelte Fraktion 204
Die zwei Fronten 209

Teil V
Die Lektion.
Warum die AfD erfolgreich ist 215

1 Die Stimmung 217
Manfred Brunner 217
Das Eismeer 222
Der Klimawandel 225
Der Narrensaum 238

2 Die Helfer 242
Die Unfreiwilligen:
Merkel und die Merkel-Kritiker 242
Die Willigen 248

Teil VI
Das Spielfeld. Wie umgehen mit der AfD? 261

1 Fakten, Fakten, Fakten 263
Nicht wegducken 263
Keine falschen Vorwürfe 266
Bruchlinien aufzeigen 270

2 Gefühle zeigen 273
»Kopf gegen Herz« 273
Keine Angst vor der Identitätsfrage 276
Nicht die Nerven verlieren 279

3 Am Ball bleiben 282
Nicht kopieren 282
Schritt halten 288

Teil VII
Die Zukunft.
Wie geht es weiter mit der AfD?
Fragen und Antworten 295

Anhang 311

Anmerkung 313
Literaturverzeichnis 314
Dank 319

Einleitung

Die AfD gab es schon, ehe sie formal gegründet wurde. Sie war nicht physisch greifbar, sondern ein Gedanke, ein Gefühl in den Köpfen vieler Deutscher. Es war das Unbehagen, dass im Land etwas schiefläuft: dass die Ausländer sich nicht integrieren wollen und die Deutschen fremde Lasten tragen müssen; dass die Staatsgewalt schwächelt, die Schulen und Universitäten verkommen, die Mehrheitsgesellschaft von schrillen Minderheiten dominiert wird und die Politiker sich auf die falschen Probleme konzentrieren.

Seit aus diesem Gefühl am 14. April 2013 eine politische Bewegung wurde, seit sich die »Alternative für Deutschland« am 14. April 2013 auf ihrem Gründungsparteitag konstituierte, bin ich im *Spiegel*-Hauptstadtbüro für sie zuständig. Man kann sagen, dass ich in bald vier Jahren als AfD-Berichterstatterin mehrmals versagt habe. Immer wieder habe ich die Entwicklung der Partei falsch eingeschätzt, immer wieder musste ich meine Erwartungen korrigieren.

In der Gründungsphase der AfD ging ich davon aus, sie werde schnell wieder verschwinden – ich unterschätzte die Stärke der Stimmung, die diese Partei trug, und die Beharrlichkeit ihrer Organisatoren. Die junge AfD lehnte ich instinktiv als »rechte« Kraft ab, drosch manchmal hart auf sie ein – dabei schlummerten die radikalen Kräfte in der Partei damals noch, und sie vertrat inhaltlich wenig anderes als die alte CDU.

Später konnte ich mir nicht vorstellen, dass die AfD-Basis ihren Gründer Bernd Lucke verstoßen würde – ich unterschätzte das strategische Geschick seiner Gegner, und wie groß die

Abneigung gegen ihn geworden war. Auch das Comeback der AfD nach ihrer Spaltung sah ich nicht kommen – die Flüchtlingskrise war wohl auch nicht vorhersehbar, dafür aber die Entschlossenheit der neuen AfD-Spitze, die deutsche Angst vor den Fremden anzuzapfen.

Vor allem war ich vor den Landtagswahlen von 2016 von einer Art »Trump-Blindheit« geschlagen und war mir sicher, dass eine Partei mit ausgrenzenden, rechtspopulistischen Parolen keinen übermäßigen Erfolg bei den Bürgern haben könnte. Ich verkannte, dass diese Zeiten in Deutschland vorbei sind.

Dieses Buch ist also eine Aufarbeitung eigener Irrtümer und ein Versuch, die erste erfolgreiche Rechtspartei seit Gründung der Bundesrepublik zu verstehen und zu erklären. Woher kommt die AfD? Wie wurde sie, was sie ist? Wer sind ihre Anführer? Warum ist sie erfolgreich? Und wie soll man mit ihr umgehen?

Die Suche nach den Ursprüngen der AfD führt zu dem tiefen Unbehagen im Vor-AfD-Milieu. Dieses Gefühl war scham- und tabubesetzt. Wenige wagten, es in Worte zu kleiden, bis es irgendwann doch einer tat: Thilo Sarrazin. Er vermittelte den Deutschen die Sicherheit, mit ihren Ansichten keine Angsthasen oder Rassisten zu sein, sondern völlig berechtigte Sorgen auszusprechen. Der Erfolg von Sarrazins Buch »Deutschland schafft sich ab« war ein Vorbote der AfD, der Autor war ein Wegbereiter der Partei, und seine Methode, Ängste als gesunden Menschenverstand zu rationalisieren, ist bis heute auch die Methode der AfD (Teil I).

Für die Gefühle, die man nun endlich wieder ausdrücken durfte, suchte das Vor-AfD-Milieu einen Resonanzraum, eine Projektionsfläche. Aber keine Partei konnte oder wollte diese Aufgabe glaubwürdig erfüllen. Deshalb musste die AfD auch von Bürgern gegründet werden, nicht von Berufspolitikern. Ihre Führungsfiguren Bernd Lucke, Frauke Petry, Beatrix von

Storch, Björn Höcke und Alexander Gauland hatten eine besondere Glaubwürdigkeit, weil sie sich zuvor noch nie um Mandate beworben hatten. Hier stürzten sich ganz normale Menschen in eine fremde Welt, weil sie die herrschenden Zustände nicht mehr aushielten.

AfD-Anführer der ersten Stunde wie Gauland oder von Storch verkörpern in besonderem Maße die Wurzeln der Partei. Denn nicht nur Angst und Enttäuschung, auch ein übersteigerter Nationalismus und Liberalismus sind aus meiner Sicht die wohl wichtigsten Strömungen, aus denen sich die AfD speist.

Ehe ich diese Wurzeln identifiziert hatte, war die Partei mir lange ein Rätsel. Für welches Milieu stand sie nur? Wer wählte sie und warum? Auf AfD-Veranstaltungen traf man Professoren und Hausfrauen, erfolgreiche Unternehmer und Leute, die für ihre Arbeit keine Anzüge oder Blusen brauchen. Bei der AfD werden zotige Scherze über Männlein, Weiblein und Ausländer gerissen, aber hier kann es auch passieren, dass sich zwei ältere Herren eine Rauferei liefern über die Frage, wie man die preußisch-russische Konvention von Tauroggen von 1812 heutzutage bewerten sollte. In dieser Partei saßen das »Pack« und das »Establishment« von Anfang an Seite an Seite.

Bei der AfD begegnete ich Studienfreunden, früheren Kollegen, Eltern von Freunden, sogar Familienmitgliedern. Vor allem in ihrer frühen Phase kam die Partei mir deshalb ungemütlich nahe. Menschen, die mir sehr wichtig waren, gehörten zu dieser Partei. Was hieß das für mich? Konnte ich die AfD dann hart kritisieren? Müsste ich nicht offener für sie sein? Diese Phase des Zweifels war schnell vorbei, aber es blieb die Erkenntnis: Die AfD ist eine echte Volkspartei. Gerade weil sie sich aus den genannten Gefühlen speist, aus Angst und Enttäuschung, Patriotismus und Freiheitsdrang, überwindet die Partei alle sozialen Gruppen und politischen Lager. Deshalb kann sie

Anhänger sammeln, die weder eine gemeinsame Ideologie noch ein gemeinsamer Habitus, weder derselbe Bildungsstandard noch ähnliche wirtschaftliche Interessen verbinden. Was ihre Anhänger unabhängig von Geschlecht, Alter, Herkunft oder Vermögen eint, ist die *Ablehnung* bestimmter Zustände, die in der Partei ein Gefühl von Unbehagen und Angst auslösen.

Theoretisch kann jeder Deutsche der Angst verfallen, dass Muslime im Land zu viel Macht gewinnen könnten. Jeder kann enttäuscht davon sein, dass deutsche Politiker Milliarden aufbieten, um die Griechen im Euro zu halten, anstatt deutsche Autobahnen zu sanieren und Lehrer einzustellen. Jeder kann sich ärgern, dass man Chinesen nicht »Schlitzaugen« nennen darf oder dass schon Schulkindern erklärt wird, wie schwule Männer Sex haben. Und theoretisch kann jeder finden, dass Ausländer nichts geschenkt bekommen sollen, wofür die Deutschen doch so hart arbeiten müssen.

Nicht alle Ängste im AfD-Milieu sind irrational – und ein neoliberales oder patriotisches Weltbild allein macht noch niemanden zum Extremisten. Es sind die Auswüchse dieser Gefühle und Anschauungen, die die AfD aus meiner Sicht zu einer Gefahr machen. Aus Angst und Enttäuschung erwächst der irrationale Drang, missliebige Zustände handstreichartig vom Tisch zu wischen: den Euro abzuschaffen, die Kanzlerin einzusperren oder unverzüglich aus der Nato auszutreten. Aus Angst und Enttäuschung wachsen auch der Hass und die Wut, die viele AfD-Anhänger für Argumente oder Kompromisse unzugänglich machen. Aus vielen Gesprächen mit AfD-Mitgliedern weiß ich allerdings, dass sie es gerade umgekehrt sehen: Sie halten nicht sich selbst und ihre Weltsicht für irrational und gefährlich, sondern die vermeintlich ignorante Haltung der Regierung und der Medien.

Der liberale Impetus der AfD ist an sich ebenfalls harmlos. Es ist der Wunsch, ungehindert sagen zu dürfen, was man sagen will. Dieser Freiheitsdrang richtet sich berechtigterweise gegen ideologische Auswüchse der Political Correctness oder gegen ein Klima an Universitäten, in dem es wichtiger zu sein scheint, dass Anträge für Forschungsgelder korrekt »gegendert« sind, als dass sie wissenschaftlich relevant sind. In seiner vulgären Form bedeutet der Liberalismus der AfD aber eben auch, Beleidigungen, Hetze und antisemitische Verschwörungstheorien als Meinungsfreiheit hochzustilisieren. Es bedeutet, grenzenlose Toleranz für die eigene Intoleranz einzufordern.

Die für die Gesellschaft gefährlichste Strömung aber ist der ausgeprägte Nationalismus der AfD. Seit ihrer Gründung trieb die Mitglieder der an sich legitime Wunsch um, dass deutsche Politiker gefälligst deutsche Interessen vertreten mögen. Dass der deutsche Staat stark sein und dies nach innen wie nach außen auch zeigen solle.

Problematisch an dieser Haltung sind ebenfalls ihre Auswüchse. Die AfD und ihre rechten Vordenker befeuern damit nicht nur die Debatte um deutsche Interessen, sondern auch die, wer eigentlich deutsch sein soll. Dieser Streit wurde in der Vergangenheit auch ohne die AfD geführt, als es etwa um »die deutsche Leitkultur« ging. Doch AfD-Funktionäre ziehen nun neue, unsichtbare Grenzen ein, die das Grundgesetz nicht kennt. Vielen reicht unser Verfassungsverständnis nicht, nach dem derjenige ein Deutscher ist, der einen deutschen Pass besitzt. Sie wünschen sich eine Art Treueschwur auf das Vaterland, eine demonstrative, bedingungslose Unterwerfung unter das diffuse Kollektiv der Volksgemeinschaft. Es ist ein ausgrenzender Impuls, der vor allem Muslime trifft, seien sie einfache Bürger oder Prominente. So entdeckte ich 2016 auf Facebook einen Post der AfD Nordrhein-Westfalen, die forderte, man möge der deutsch-türkischen Integrationsministerin Aydan Özoğuz (SPD) wegen einer missliebigen Position die Staatsangehörigkeit entziehen. Sie solle »in die Türkei abgeschoben werden«.

Als »Biodeutscher« ohne Migrationshintergrund sollte man allerdings nicht denken, man bliebe von dieser ausgrenzenden Haltung verschont. Aus dem Kollektiv der Volksgemeinschaft kann jeder ausgeschlossen werden, der in verantwortlicher Position dem vermeintlichen Volkswohl zuwiderhandelt. Wen der Bannstrahl treffen soll, bestimmt natürlich die AfD. Wobei gewisse Kreise, egal, was sie tun, unter Generalverdacht stehen. Oder, wie Björn Höcke verkündete: Die »verkrusteten Alt-Eliten« müssen nach einem Wahlsieg »entsorgt werden«. (Teil II)

Wie konnte aus der gemäßigten rechtskonservativen Anti-Euro-AfD eine populistische Partei werden, die ihre politischen Gegner verteufelt und in der vielerorts Rechtsideologen den Ton vorgeben? Hat sie eine abrupte Kehrwende vorgenommen? Oder spricht selbst aus jemandem wie Björn Höcke immer noch die alte Lucke-AfD? Aus meiner Sicht ist Letzteres der Fall: Die Saat für diese rechten Triebe war bereits zu Zeiten der Parteigründung gelegt. Die alten Gefühle brechen nun allerdings ungehemmter hervor, und die AfD schürt sie ungenierter und gezielter bei ihren Anhängern. Weil man schon damals konsequent auf die emotionale Seite der Wähler, auf ihre Ängste, zielte, konnte die Partei mühelos vom Euro-Thema auf das Flüchtlingsthema umschalten.

Auch wegen dieser Kontinuität sind viele Funktionäre der ersten Stunde noch immer Teil der Parteiführung. Manche von ihnen haben die Radikalisierung der AfD aus Überzeugung vorangetrieben, andere ließen sie nur aus Opportunismus geschehen. Entlang dieser Linie zerfällt die Partei in rivalisierende Lager: Auf der einen Seite stehen Ideologen wie Höcke, Gauland und von Storch, die für ihre Anliegen brennen, denen es bei ihrer politischen Arbeit wirklich um etwas geht. Sie haben wichtige Verbündete außerhalb der Partei, ein Netzwerk von Intellektuellen, Publizisten und Aktivisten. Auf der anderen Seite stehen Karrieristen wie Frauke Petry und Marcus Pretzell, denen es auch um etwas geht, allerdings nicht unbedingt um die Sache, sondern um das eigene Fortkommen. Bei den Inhalten sind sie – vorsichtig ausgedrückt – sehr flexibel.

Zwischen diesen Lagern steht eine Gruppe von Idealisten, die im Hintergrund die Alltagsarbeit für die Partei stemmen. In diesen Leuten lebt die anfängliche, gemäßigte AfD fort. Ihr Einfluss in der Partei ist gering, aber ihre Zahl ist groß, und in nicht allzu ferner Zukunft werden sie wieder – wie beim Sturz Bernd Luckes – Partei ergreifen müssen. Von ihrer Standfestigkeit hängt ab, ob die AfD vielleicht doch noch eine Chance hat, wieder eine gemäßigte Kraft zu werden.

Auf dem Essener Parteitag war der Moment gekommen, an dem sich Karrieristen und Ideologen für kurze Zeit verbündeten, um die AfD neu auszurichten. Die Ideologen, angeführt von Björn Höcke, wollten die Partei vom Weg ins politische Establishment abhalten und sie zurück zur reinen, kompromisslosen Lehre einer patriotischen Straßenbewegung führen. Die Karrieristen, angeführt von Frauke Petry, wollten erst einmal nur Bernd Lucke stürzen – danach konnte man immer noch weitersehen. Der Parteitag sollte die »Alternative für Deutschland« befrieden und tat es auch für kurze Zeit. Doch an diesem Wochenende im Juli 2015 keimte bereits die Saat eines neuen Konflikts, die heute zu einer erbitterten Feindschaft erblüht ist (Teil III).

Bei der Frage, warum die AfD von Erfolg zu Erfolg eilt, ohne dass der Partei intern eine Versöhnung gelingen will, kommt man an der Person Frauke Petry nicht vorbei. Die Parteichefin ist mit ihrer Intelligenz, ihrer Nervenstärke und ihrem bürgerlichen Profil der größte Erfolgsfaktor der Partei. Doch mit ihrem Ehrgeiz, ihrem Misstrauen und ihrer unerbittlichen Härte ist sie auch Teil des Problems. Die Politikerin Frauke Petry scheint in ihrem Umfeld nur zwei Gruppen zu kennen: Die eine besteht aus Freunden, die bedingungslose Loyalität zeigen. Die andere besteht aus den Nicht-Freunden, die teils mit Liebesentzug bestraft und teils als Feinde bekämpft werden. Da so wenige Petry-Freunde in der Parteiführung sitzen und da hier besonders unversöhnlich gestritten wird, hat die AfD de facto keine Führung (Teil IV).

Mein letztes persönliches Gespräch mit Frauke Petry liegt ein Jahr zurück. Für sie gehöre ich zum Lager der Gegner, wie die meisten Journalisten, wobei ich besonders in Ungnade gefallen bin, seit ich einen Artikel über Frauke Petry und ihren Ehemann und Parteifreund Marcus Pretzell veröffentlichte. Ich beschrieb darin die politischen Folgen der Liaison, das Entstehen eines neuen Machtzentrums parallel zum AfD-Bundesvorstand. Der Artikel schlug Wellen in der Partei, und auf vielen Veranstaltungen stellten mich Mitglieder empört zur Rede.

Die AfD ist keine Funktionärspartei wie die CDU, wo Kritik seitens der Medien stoisch ertragen wird. Hier machen Bürger Politik, Leute wie Wilfried Biedermann von der AfD München, der Anfang 2016 auf einer Kundgebung in Mannheim mit mir über meinen Artikel diskutieren wollte. Welche Deutung meiner Worte er Frauke Petry später zutrug, kann ich nur erahnen – einerseits anhand der dröhnenden Funkstille, andererseits anhand der »Begrüßung«, die mir bald darauf von Marcus Pretzell von einer AfD-Bühne herab zuteilwurde: »Besonders lieb ist uns unsere Frau Amann vom *Spiegel.* Weit bekannt in der AfD dafür, dass sie vertrauliche Gespräche ungerne vertraulich behandelt, und ganz besonders bekannt dafür, dass sie in der Partei gerne mal private Ratschläge zu Frauke Petry und mir verteilt. Frau Amann ist der Meinung, wir sollten uns dringend mal trennen. Das wird nichts. Müssen Sie erst mal warten.« Dabei liegt mir nichts ferner, als mich um den Beziehungsstatus des AfD-Paares zu kümmern.

Es ist also durchaus eine heikle Mission und ein gemischtes Vergnügen, über die AfD zu berichten. Aber neben der Frage, wohin die Partei steuert und was sie mit Deutschland macht, erscheinen solche Nebenwirkungen mehr als erträglich.

Das Erstarken der AfD ist eine der erstaunlichsten und verstörendsten politischen Entwicklungen der letzten Jahrzehnte. In Deutschland gab es schon früher Menschen, die Brandsätze auf Asylbewerberheime warfen. Doch jetzt gibt es erstmals eine bundesweit erfolgreiche Partei, deren Botschaften zu diesen Taten passen: »Asylbewerberunterkünfte sind Feuchtbiotope, in denen sich Keime des Fundamentalismus und der Kriminalität idealtypisch vermehren« (Björn Höcke). Bald wird im Bundestag aller Voraussicht nach erstmals eine Partei sitzen, die den Volkszorn auf Muslime und politische Gegner gezielt für die eigene Sache schürt.

Vor Bernd Lucke und Frauke Petry haben viele Bürger vergeblich versucht, neue rechtskonservative Parteien zu etablieren – einen davon habe ich getroffen. Manfred Brunner gründete einst wie Bernd Lucke eine nationalliberale, gemäßigte Anti-Euro-Partei, und er scheiterte letztlich wie Lucke an den eigenen Leuten, die immer weiter nach rechts strebten. Aber Brunners »Bund freier Bürger« scheiterte auch als Partei, und zwar an Umständen und Widerständen, die für die AfD heute längst kein Thema mehr sind.

Diese Partei ist insofern immer schon eine Abstauber-Partei gewesen – sie profitierte vor allem von den Fehlern ihrer Gegner und den Zufällen der Zeitläufte. Seit 2013 findet die AfD eine perfekte Ausgangslage für Populisten vor: mehrere Krisen und eine Krisenstimmung, die sich glaubwürdig mit den eigenen Kernbotschaften verbinden lassen. Dazu eine aus Sicht vieler Bürger übermächtig große Koalition, die vom Bundestag bis in die Leitmedien zu reichen scheint und die ausgerechnet in der Flüchtlingskrise, bei der größten politischen Streitfrage des Jahres 2015, keine Opposition und keinen Widerspruch zu dulden schien.

Die AfD hat auch willige Helfer, die keine andere Rechtspartei vor ihr hatte, von anonymen Geldgebern und europäischen Bündnispartnern in Wien und London bis hin zu einer parallelen Medienwelt in den sozialen Netzwerken. Und zu allem Überfluss fand die AfD im Bundeskanzleramt noch eine Regierungschefin vor, die unfreiwillig für sie arbeitete (Teil V).

Weil die AfD auf neue und ungewöhnliche Weise erfolgreich ist, gibt es wenige Menschen in Deutschland, die nicht mit ihr in Berührung kommen. Die Partei beschäftigt nicht nur die Politprofis und Medienleute, sie ist Thema auf Familienfeiern und in Firmenkantinen. Im Streit über die AfD zerbrechen langjährige Freundschaften, manchmal sogar Beziehungen. Da die Partei sich aus Gefühlen speist, kann die Auseinandersetzung über sie nur emotional sein. Und auch hier lehrt die Erfahrung aus vielen Gesprächen mit AfD-Anhängern: *L'enfer, c'est les autres* – jede Seite gibt die Schuld an den teils erbitterten, unversöhnlichen Konflikten der anderen.

Der rechte Publizist Martin Lichtmesz veröffentlichte im Spätsommer 2016 einen Appell, seine Leser sollten ihm ihre »Überlebensstrategien« für Debatten mit Linken schildern. »Mit wem ist eine Diskussion sinnlos? Mit wem kann man sich zumindest auf einer menschlichen Ebene verständigen? Welche Argumente, welche Sprache, welcher Zugang ist bei wem angebracht und effektiv und bei wem nicht?«

Bis die Administratoren des rechten Internetportals »sezession.de« die Kommentarspalte schlossen, gingen fast 300 Beiträge ein – ein enormer Wert für die kleine Spartenseite. Es war faszinierend, wie die Leser sich ihren Frust und ihre Enttäuschung von der Seele schrieben, wie viele sich auch im Familienkreis isoliert und ausgegrenzt fühlten, im beruflichen Umfeld sowieso. Eine Frau berichtete, ihr Mann und ein befreundeter Psychotherapeut hätten wegen ihrer Kritik an der Flüchtlingspolitik eine Art Tribunal über sie abgehalten, bis sie verzweifelt aus dem Wohnzimmer gestürmt sei.

Keine der Schilderungen lässt sich nachprüfen, viele dürften auch mit einem AfD-üblichen Körnchen Larmoyanz und Verfolgungswahn verfasst worden sein. Entscheidend war für mich die Erkenntnis, dass eine sinnvolle Auseinandersetzung mit der AfD nur gelingen kann, wenn man sich ihrem Milieu offen nähert. Wobei man nicht unbedingt auf Offenheit bei der anderen Seite hoffen darf. In besagter Kommentarspalte bekannten viele Nutzer freimütig, für Linke nur »Spott und Häme« übrigzuhaben und Abscheu gegen ihr »übliches Menschlichkeitsgetue«. Es wimmelte von prahlerischen Schilderungen, mit welchen verbalen Tricks man Linke »sprachlos stehen lassen« könne. Diese Aggressivität zu ertragen ist auch Teil des Umgangs mit der AfD.

Sie nicht zu ertragen bedeutet, eine signifikante Wählergruppe einer Partei zu überlassen, die den Nazi-Jargon rehabilitiert, Bürger mit einer diffusen völkischen Ideologie gegen alles Fremde aufbringt und mit einer aggressiven Widerstandsrhetorik den sozialen Frieden stört.

Viele AfD-Wähler werden sich auf absehbare Zeit nicht zurückgewinnen lassen. Aber es gibt Kreise, die noch offen sind, die schwanken und die sich mit guten Argumenten überzeugen lassen. Das bedeutet aber, dass die »Altparteien« die Deutungshoheit zurückgewinnen müssen auch auf Feldern, die die AfD erfolgreich besetzt hat. Ohne sich von den Rechten treiben zu lassen oder gar in deren Jargon zu verfallen, sollten sich die Unionsparteien auf konstruktive Weise urkonservativen Themen wie Patriotismus oder Freiheitsdrang stellen. Angstthemen wie die innere Sicherheit oder die Kriminalität von Flüchtlingen dürfen der AfD ebenfalls nicht einfach so überlassen werden, selbst wenn das für etablierte Parteien unbequem ist. Gleiches gilt für soziale Themen, bei denen es der AfD gelungen ist, sich als vermeintliche Partei des kleinen Mannes zu gerieren, auch wenn dies mit der wahren Haltung vieler Funktionäre wenig zu tun hat. SPD, Grüne und Linke müssen in der Lage sein, Alternativen zur Alternative aufzuzeigen.

Ein weiterer wichtiger Aspekt, um die Wählerwanderung aufzuhalten, ist, der AfD in den sozialen Medien nicht das Feld zu überlassen. Bisher hat niemand eine effektive Strategie gegen die bisweilen abstoßend berechnenden Tabubrüche von AfD-Parteifunktionären gefunden. Sich darüber zu empören ist richtig, aber sinnlos. Sie zu verbreiten ist kontraproduktiv. Ein erster Schritt bestünde darin, nicht die Kampfbegriffe oder ureigenen Maximalforderungen der AfD zu kopieren, die politisch oder rechtlich ohnehin nicht durchsetzbar sind. Es geht um Klarheit und Transparenz und nicht darum, gegen die AfD und ihre Wähler Mittel einzusetzen, die man bei der Partei kritisiert. Ich meine damit falsche Vorwürfe, unfaire Etiketten, pauschale Verurteilungen und plumpe Unterstellungen – die ich mir auch schon geleistet habe. Anfang 2016 schrieb ich im *Spiegel,* in der AfD würden sich »rassistische Corpsstudenten« tummeln. Hatte ich sie nicht auf den AfD-Parteitagen erlebt, die feisten Typen mit den Schmissen im Gesicht? Tatsächlich hatte ich allenfalls Belege für einzelne Fälle, und den Unterschied zwischen Corps und Burschenschaften kannte ich damals auch nicht.

Nur wer sich die Mühe macht, gründlich zu recherchieren und die ganzen Widersprüche dieser Partei und ihrer politischen Ziele zu erfassen, wird sie erfolgreich stellen können. Andernfalls haben AfD-Funktionäre es leicht, berechtigte Vorwürfe dezent zu ignorieren und sich stattdessen ganz auf das erneute Versagen der »Lügenpresse« oder des »Establishments« zu konzentrieren.

Noch zielführender ist es für AfD-Konkurrenten auf der politischen Bühne wie auch für die Medien, die Brüche aufzuzeigen, die sich in der Partei bei so ziemlich jeder strategischen und inhaltlichen Frage zeigen (Teil VI).

Die vielen Konflikte in der AfD-Spitze machen es schwer, Einschätzungen sogar für die nähere Zukunft der Partei abzugeben. Deutlich erkennbar ist aber, dass im Jahr 2017 der inhaltliche Kurs der Partei von taktischen Erwägungen im internen Machtkampf geprägt sein wird. Die AfD hat viele Unruhige aufgesogen und selbst viel Unruhe gestiftet, und der Vorstand reitet die Partei wie einen wilden Gaul. Wenn das Tier sich zu verlangsamen droht, gibt man ihm die Sporen, geht es wieder durch, dann krallt man sich mit Mühe in der Mähne fest.

Doch bei diesem Rennen geht es eben um mehr als nur um die Macht in einem Turnverein oder Debattierclub. Hier geht es um eine Partei, die bereits in zehn Landesparlamenten sitzt und in wenigen Monaten mit großer Sicherheit auch im Bundestag. Hier geht es um das ganze Land, es geht um uns alle. Fest steht: Der Konflikt in der AfD wird sich nicht durch eine abermalige Parteispaltung befrieden lassen. Man darf hoffen, dass sie alsbald einen alternativen Lösungsweg findet. Denn der dauernde Kriegszustand bedeutet einen Kontrollverlust auf allen Ebenen der Partei. Viele AfD-Funktionäre scheinen Politik wie ein Spiel zu sehen, das ohne Regeln mehr Spaß macht und bei dem man mutwillig gegen ein ganzes System treten kann, als wäre es eine Sandburg am Strand. Die neue AfD schmäht politische Kontrahenten als Mörder und kritische Journalisten als Lügner. Warum lässt man der Partei das durchgehen? Und noch wichtiger: Wie kann man sie daran hindern? Die wichtigste Aufgabe im Wahljahr wird sein, die AfD wieder in die Grenzen des demokratischen Systems zu zwingen. Im Interesse aller – wir haben es in der Hand, darüber zu entscheiden, welchen Weg Deutschland einschlagen soll und welche Politiker an der Spitze dieses Landes stehen sollen (Teil VII).

Teil I
Die Vorboten.
Die AfD und die Angst

1
Sarrazins Keller

Die Quelle

Das Rohmaterial der AfD lagert in einem Keller in Berlin, genauer in Charlottenburg-Wilmersdorf. Die einzigen Möbel in diesem Raum sind weiße Ikea-Regale, Marke »Kavaljer«. Hier hat Thilo Sarrazin sein Wirken archiviert: Notizbücher, Vermerke, Terminkalender, Präsentationen aus seinen Stationen als Referatsleiter im Bundesfinanzministerium, als Staatssekretär in Rheinland-Pfalz und als Vorstand bei der Deutschen Bahn. Hier stehen Sarrazins Kalkulationen für den Hartz-IV-Speiseplan, den der Sozialdemokrat als Berliner Finanzsenator vorlegte: der Beweis, dass in Deutschland vier Euro pro Tag zum Überleben reichen. Hier steht das Recherchematerial für Sarrazins Bücher: »Deutschland schafft sich ab«, »Europa braucht den Euro nicht«, »Der neue Tugendterror« und »Wunschdenken«. Die Unterlagen für jedes Buch füllen mindestens zwei Regalbretter, ein Brett fasst sieben Leitz-Ordner. Für jeden Ordner legte Sarrazin am Computer ein Inhaltsverzeichnis an.

Hier stehen auch sechs Ordner, die Sarrazins Sekretärinnen noch während seiner Zeit bei der Bundesbank anlegten. Sie enthalten die Reaktionen auf ein Interview, das er im September 2009 der Zeitschrift *Lettre International* gegeben hatte. »Bürgerecho« ist auf den Rücken der Ordner zu lesen. »Es war ein unfasslicher Ansturm«, sagt Sarrazin. Mindestens 5000 Briefe müssten es sein, schätzt er. »Ich habe es nicht geschafft, die Post systematisch auszuwerten.«

Es war damals eine chaotische, gefährliche Zeit für ihn. Die

Bundesbank wollte Sarrazin feuern, sogar der Bundespräsident stellte sich gegen ihn, weil er Sätze wie diese gesagt hatte: »Ich muss niemanden anerkennen, der vom Staat lebt, diesen Staat ablehnt, für die Ausbildung seiner Kinder nicht vernünftig sorgt und ständig neue kleine Kopftuchmädchen produziert. Das gilt für 70 Prozent der türkischen und 90 Prozent der arabischen Bevölkerung in Berlin.«

Politiker und Journalisten schrien empört auf. Aber aus unzähligen Zuschriften wusste Sarrazin die Bürger auf seiner Seite:

> *»Sehr geehrter Herr Sarrazin, in Ihren Erläuterungen bezüglich Migranten, denen Fähigkeiten, Intelligenz, Willen fehlt, Deutsch zu lernen, Schulen zu besuchen, Schuljahre durchzuhalten, bin ich völlig Ihrer Meinung, wie zahlreiche meiner Bekannten und deutsche Bürger.«*

> *»Für Ihre ungeschminkten Äußerungen über die Türken möchte ich Ihnen meine uneingeschränkte Anerkennung aussprechen.«*

> *»Natürlich haben Sie recht mit der geäußerten Meinung über verschiedene menschliche Gruppen. Ich bin sehr dankbar dafür, auch für die brillante Formulierung.«*

> *»Sie sollen wissen, wir Urberliner sind völlig Ihrer Meinung. Schlimm, dass man in Deutschland nicht mehr die Wahrheit sagen darf!!«*

> *»Wann endlich werfen wir diejenigen raus, die weder deutsch sprechen noch wollen und nur die Hände aufhalten???«*

Als Sarrazin elf Monate später, am 30. August 2010, sein Buch »Deutschland schafft sich ab« veröffentlichte, kamen weitere

Briefe. Tausende, Zehntausende, zwanzig Ordner voll. Viele Absender schrieben ihre Botschaften mit Kugelschreiber auf Umweltpapier oder karierte Zettel, herausgerissen aus Blöcken. Aber es kamen auch Briefe in gefütterten Kuverts, geschrieben mit Füllfederhalter auf steife Bogen mit Wappen und Wasserzeichen. Es meldeten sich Vertreter aller politischen Lager, von ganz links bis ganz rechts, auch aus den USA, Korea und Russland. Und immer kam Lob, fast nie Kritik, nur hier eine empörte SPD-Abgeordnete aus Bayern und da ein Gewerkschaftssekretär aus Norddeutschland.

Von Anfang an waren Sarrazins Fans politisch. Sie wollten nicht bloß Feedback geben oder Fragen stellen, ihre Botschaften hatten etwas Forderndes. Es musste etwas geschehen! Da brodelte etwas in den Leuten, das spürte auch Sarrazin, wenn er seine Fans auf der Straße traf. Sie hupten ihm im Vorbeifahren aus dem Auto zu, winkten und reckten den Daumen hoch. Im Café oder im Zug näherten sich Fremde mit respektvoller Miene, baten um Autogramme und ein Foto. Sein Buch hätten sie nicht gelesen, sagten die meisten verlegen, aber man höre ja viel Gutes. Was er sage, sei einfach richtig, und er habe schließlich Beweise für seine Thesen.

»Wenn ich gewollt hätte«, sagt Sarrazin heute, »hätte ich eine Staatskrise auslösen können«, und er klingt dabei nicht unzufrieden. Eine Krise löste er vielleicht nicht aus, aber eine Eruption. Es war, als hätte er mit einer Wünschelrute auf den Erdboden geklopft und plötzlich wäre mit einem Donnerknall Öl in die Luft geschossen. Ein politischer Rohstoff sprudelte aus der Tiefe an die Oberfläche, noch grob und unbearbeitet, ohne Richtung und Ziel. Aber enorm wertvoll für jeden, der eine Methode fand, diesen Stoff politisch zu raffinieren.

Sarrazins Worte waren für viele Deutsche ein Befreiungsschlag. Endlich war da einer, der eine Ahnung bestätigte, die sie seit Jahren umtrieb. Eine Ahnung, die sie nie auszusprechen gewagt hätten und die kein Spitzenpolitiker in dieser Deutlichkeit aussprach: Die Türken sind faul, die Araber kriminell, die Afrikaner dumm, und die Muslime werden uns irgendwann verdrängen.

So hatte Sarrazin das natürlich nicht gesagt. Er zitierte nur Statistiken, wonach türkische Kinder schlechtere Schulleistungen erbringen. Sarrazin hatte auch nie geschrieben, dass Afrikaner dümmer und Araber krimineller seien als andere Völker. Er zitierte nur Tabellen, wonach dunkelhäutige Schüler in den USA schlechter abschneiden als weiße oder asiatische Kinder derselben Schicht. Oder solche, wonach in Deutschland überdurchschnittlich viele arabischstämmige Straftäter verurteilt werden und Muslime generell überdurchschnittlich viele Kinder kriegen.

»Was ich nicht beweisen kann, das schreibe ich auch nicht«, sagt Sarrazin. »Und wo ich keine Antworten habe, gebe ich auch keine.« Nein, er warf keine brennende Fackel in den Heuschober. Er steckte die Fackel sicher in einen Sandhaufen – direkt neben dem Heuschober. Manche Schritte musste der Leser schon selbst tun.

Bald rückten die ersten Löschwagen aus. Die Intelligenzforscherin Elsbeth Stern warnte in der *Zeit*, Sarrazin habe »Grundsätzliches über Erblichkeit und Intelligenz nicht verstanden«, nämlich: »Die absolute Intelligenz eines Menschen lässt sich gar nicht messen.«[1] Wissenschaftsjournalisten schrieben, dass vietnamesische Schulkinder nicht wegen ihrer asiatischen Gene so gut abschnitten, sondern weil schon ihre Eltern höhere Bildungsabschlüsse gehabt hätten als die türkischen Gastarbeiter und ihre Kinder so besser fördern konnten. Und der »Mediendienst Integration« widerlegte in einem Faktencheck viele Aussagen Sarrazins über Muslime, etwa die, dass 30 Prozent »kei-

1 Die vollständigen bibliografischen Angaben zu zitierten Artikeln und Büchern entnehmen Sie bitte dem Literaturverzeichnis im Anhang.

nen Schulabschluss« hätten – tatsächlich gelte dies laut Mikrozensus nur für 13,5 Prozent.

Aber es war zu spät, die Deutschen waren bereits entflammt. Karamba Diaby, gebürtiger Senegalese und SPD-Politiker aus Halle, schrieb später in der *Zeit:* »Ich werde nicht erst seit Pegida bedroht, eigentlich hat für mich alles mit dem Buch von Thilo Sarrazin angefangen. Als das erschien, merkte ich: Jetzt verschiebt sich etwas.«

Natürlich habe er etwas verschoben, sagt Sarrazin, nämlich die viel zu engen Grenzen der Meinungsfreiheit: »Vor mir waren bestimmte Fakten und Zusammenhänge im öffentlichen Diskurs tabu.« Die Leser könnten ja selbstständig denken, für ihre falschen Schlüsse trage er keine Verantwortung.

Die Leser zogen keine falschen, sondern naheliegende Schlüsse. Jetzt musste es nur noch Politiker geben, die bereit waren, Sarrazins Fakten und die entsprechenden Schlussfolgerungen der Bürger in ein Programm zu gießen. Aber die Politiker griffen nur zaghaft zu: Man müsse »den Unmut über die teils gravierenden Missstände ernst nehmen«, sagte CDU-Generalsekretär Hermann Gröhe. Die »10 bis 15 Prozent wirklichen Integrationsverweigerer« seien hart zu bestrafen, so Innenminister Thomas de Maizière. Dabei blieb es. Also beschlossen die Bürger, selbst Politiker zu werden.

Die Raffinerie

Viele Leserbriefe an Sarrazin schlossen mit Sätzen wie: »Sie würde ich sofort wählen.« Oder: »Schade, dass Sie keine Partei gründen wollen.« 18 Prozent der Deutschen sagten in einer Emnid-Umfrage aus dem Jahr 2010, sie könnten sich vorstellen, eine »Sarrazin-Partei« zu wählen. 24 Prozent der Berliner wünschten sich eine »gegen den Islam gerichtete Partei«.

Doch Sarrazin hatte kein Interesse daran, seinen Rohstoff zu raffinieren. Ihm reichte die Genugtuung, dass sein Buch, das die Kanzlerin für »nicht hilfreich« erklärt hatte, der Bestseller des Jahres 2012 wurde – neben dem Roman »Hummeldumm« von Tommy Jaud. Politisch war Sarrazin voll ausgelastet mit dem Bemühen, sich selbst und der Sozialdemokratie weiszumachen, man gehöre nach vierzig Jahren noch immer zusammen.

Statt Sarrazin handelten andere. Der Erste war René Stadtkewitz, Geschäftsführer einer Firma für Alarmanlagen und Ex-Mitglied der Berliner CDU. Der wortkarge Mann mit Bürstenhaarschnitt und dem tiefen Bass des Kettenrauchers konnte als politische Referenzen eine Bürgerinitiative gegen den Bau einer Moschee und gute Drähte zum niederländischen Rechtspopulisten Geert Wilders vorweisen. »Acht Prozent plus X« wollte seine Partei »Die Freiheit« bei der Wahl zum Berliner Abgeordnetenhaus 2011 schaffen, kam aber nur auf 1,0 Prozent – ein erstaunlicher Widerspruch zu den Umfragen. Stadtkewitz' Raffinerie war offensichtlich noch nicht ausgereift.

Währenddessen sprudelten die Gefühle von Sarrazins Briefschreibern weiter. Nach Erscheinen seines kritischen Euro-Buchs vertrauten die Leser ihm auch ihre Angst um das Ersparte an, und ihre Wut auf die faulen Griechen. Dabei hatte er bloß dargelegt, dass Griechen im europäischen Vergleich zu wenig erwirtschafteten und zu früh in Rente gingen – die Fakten eben. Wie immer verstanden die Leser aber die Botschaft.

Im März 2013 meldete sich der Ökonom Bernd Lucke bei Sarrazin. Ob er Interesse hätte, an einer neuen Partei mitzuwirken. Die werde das kaputte europäische Währungssystem und Merkels gescheiterte Politik mal so richtig in die Mangel nehmen. Dabei könne man gerne auch die katastrophalen Folgen der gescheiterten Migrations- und Integrationspolitik benennen. Sarrazin lehnte ab, obwohl Luckes Angebot großzügig war: ein Führungsposten in der »Alternative für Deutschland«, ein sicherer Listenplatz für die Bundestagswahl. »Nö«, habe er Lucke geantwortet, erzählt Sarrazin, er sei nun einmal Sozialdemokrat.

Luckes Partei sagte fortan vieles, was er zuvor geschrieben hatte, und zwar genau in seiner Tonlage. Wie Sarrazin argumentierte die AfD streng nach Faktenlage, mit »Mut zur Wahrheit«. Dieses Mal stimmte der Bauplan der Raffinerie. Sarrazin fiel es immer schwerer, zu erklären, warum die AfD nicht seine Partei war. Er gab zu, dass sie richtige Ansätze verfolge, seine eigenen nämlich. »Meine Bücher haben die Themen Einwanderung und Euro geistig vorsortiert, das hat sich die AfD zunutze gemacht.« Dank Sarrazin konnte die Partei auf geordnete Akten zugreifen.

Er machte nie Wahlkampf für die AfD, aber wenn die Briefschreiber ihn fragten, wen sie bei der Bundestagswahl wählen sollten, empfahl er ihnen auch nicht seine SPD. »Ich zeigte ihnen allenfalls ihre Optionen auf«, erinnert sich Sarrazin. »Wenn sie wollten, dass sich bei der Euro- und Integrationspolitik grundsätzlich etwas ändert, schieden Union, SPD, FDP oder Grüne aus. Wenn sie hier eine andere Politik wollten, blieben AfD oder die Linke.« Die richtigen Schlüsse mussten die Wähler wie immer selbst ziehen.

Die Überhitzung

Seit im Herbst 2015 Hunderttausende Flüchtlinge über die deutschen Grenzen strömten, bekommt Sarrazin wieder viel Post. Alle zwei Wochen schickt sein Verlag ihm die neuesten Briefe, und er liest sie alle. Aber wenn die Leute ihn jetzt fragen, wen sie wählen sollen, antwortet Sarrazin nicht mehr. Er ist unsicher, ob er die AfD noch als wählbare Option nennen kann.

Zwar vertritt die Partei im Kern noch immer seine Thesen zum Euro und zur Zuwanderung, aber für seinen Geschmack rückt sie nun viel zu schnell von den Fakten ab, hin zu den Gefühlen. Die AfD ist unvernünftig geworden, findet Sarrazin. Kein Bernd Lucke mehr, kein Ex-Industriekapitän Hans-Olaf Henkel, überhaupt nur noch zwei Ökonomen an der Parteispitze.

Viele AfD-Politiker scheinen ihre Raffinerie gar nicht mehr nutzen zu wollen, sie gehen lieber mit ihren Eimern direkt an die Quelle, schöpfen den Rohstoff ab, machen sich die Hände schmutzig: Beatrix von Storch schreibt auf Facebook, es sei richtig, notfalls an der Grenze auf Flüchtlingsfrauen mit Kindern zu schießen. Alexander Gauland fordert wie Donald Trump einen Einreisestopp für Muslime. Und Björn Höcke beschwört »tausend Jahre Deutschland« und warnt, der Flüchtlingsstrom würde zu einem »kulturellen Völkermord am deutschen Volk« führen.

»Ich kann keine völkischen Ideologen in öffentliche Ämter wählen«, sagt Sarrazin, »obwohl Zuwanderung und Währungspolitik für mich sehr wichtige Themen sind. Dann lieber vernünftige Leute, die auch mal eine falsche Politik machen.« Er wehrt sich dagegen, von der neuen AfD vereinnahmt zu werden. »Vor allem mit diesen völkischen Denkern will ich mich nicht assoziieren. Die bewegen sich in einem gefährlichen Graubereich.« Dabei klingen auch die völkischen Töne der AfD noch immer ein wenig nach Sarrazin, nur die Sprache ist plumper, wie ein vulgärer »Sarrazin-Dialekt«: Der Chef der AfD-Jugend spricht von »kulturfremden Scheinflüchtlingen« – »kulturfremd« hatte auch Sarrazin einst die Muslime genannt. Björn Höcke warnt vor den »Deutschland-Abschaffern«, eindeutig ein Sarrazin-Zitat. Und in einem Vortrag spricht Höcke von der lebensbejahenden »Ausbreitungsstrategie« der Afrikaner, wie Biologen sie von Ameisen oder Blattläusen kennen. Auch Sarrazin warnte, die rasante Vermehrung von Türken und Arabern könne die Deutschen und ihre Kultur verdrängen. Nur vor Analogien zur Tierwelt hütete er sich.

Am nächsten kam der Sarrazin-Lehre aber wohl eine krude Grafik, die im Sommer 2016 unter AfD-Fans auf Facebook die Runde machte: Sie vergleicht die wirtschaftliche Bilanz von Einwanderern, nämlich von Asiaten und Türken/Arabern In der ersten Generation sagt der fleißige Asiate: »Danke, dass ich hier in Deutschland arbeiten darf.« Vom Türken bzw. Araber kommt nur: »I nix sprek aleman.« In der zweiten Generation hat der Asiate ein eigenes Geschäft aufgebaut, während es dem Araber nur darum geht, wer für seine Kinder zahlt. In der dritten Generation ist der Asiate ein erfolgreicher Arzt. Und der Araber brüllt: »Isch fick deine Mutter, wenn du nicht zum Islam konvertierst, du Hurensohn!«

In Sarrazins Kellerarchiv könnten sich Unterlagen befinden, die diese »Bilanz« stützen. Von ihm stammt schließlich auch die Aussage: »Eine große Zahl an Arabern und Türken hat keine produktive Funktion, außer für den Obst- und Gemüsehandel.« Oder die, dass »die Probleme der muslimischen Migranten auch bei der zweiten und dritten Generation auftreten, sich also quasi vererben«. Tatsächlich ergab der Mikrozensus von 2010 übrigens das Gegenteil: Die Zahl türkischstämmiger Migranten mit Fachabitur oder Abitur ist von der ersten zur zweiten Generation um 650 Prozent gewachsen.

Sind die AfD-Funktionäre also nicht noch immer Sarrazinisten? Gibt es wirklich keine Verbindung zwischen ihren Parolen und seinen »Fakten«? Am liebsten würde Sarrazin diese Frage in Ruhe wissenschaftlich klären, aber in unserem Gespräch bei einer Tasse Kaffee fehlen die Zeit und das Material. Er muss sich auf sein Bauchgefühl verlassen. »Ich schlage nicht alle AfD-Politiker über einen Leisten. Es wird wohl so sein, dass diese Menschen, die Sie da zitieren, und ich ein Gefühl teilen. Aber wir geben ihm eben auf unterschiedliche Art Ausdruck.«

Sarrazin sucht nach einer Erklärung, einem anschaulichen Bild für sein Verhältnis zu diesen Leuten, die fühlen wie er, aber so anders klingen: »Es ist wie bei Fußballfans im Stadion. Da sitzen brave Familienväter mit solidem Beruf und tadellosen Manieren in derselben Fankurve mit dumpfen Hooligans. Der Familienvater hat mit dem Hooligan nicht das Geringste zu tun. Aber beide jubeln eben für dieselbe Sache, ihre Gefühle über Sieg oder Niederlage sind dieselben.«

Sarrazin und die Rüpel-AfD jubeln also für dieselbe Sache, nur die einen hemmungsloser als der andere. Man hätte es nicht gewagt, Sarrazin diese Analogie zu unterstellen. Zum Glück macht er das selbst.

Am Ende eines dreistündigen Gesprächs bleibt nur eine Frage offen: Welches *Gefühl* teilt Sarrazin mit den AfD-Aktivisten? Auf diese Frage, gestellt per Mail am selben Abend, schickt Sarrazin eine lange Antwort. Noch einmal erläutert er sein Wissen über die »gesamte islamische Welt« und deren Unfähigkeit zur »Säkularisierung«, über die hohe Geburtenrate bei den Muslimen, ihre »mangelnde Durchmischung« mit Andersgläubigen und ihren mangelnden Respekt vor Frauen. Dann endlich kommt das Gefühl: »Das alles macht mir sehr große Sorgen.«

2
Sarrazins Schüler

Sorge und Angst

Es hat seine Gründe, dass Sarrazin in seiner Mail nicht schrieb, die Muslime in Deutschland machten ihm »Angst«. Lieber spricht er von »Sorgen« – ein Wort, das die Angst verkleidet, das eine irrationale Reaktion rational erscheinen lässt. Wer Angst hat, gilt als unvernünftig, weil er seinen Gefühlen erliegt. Ängstliche Leute muss man nicht ernst nehmen. Wer sich Sorgen macht, kann dagegen sehr vernünftig sein, er kann der Einzige mit klarem Kopf in einem Raum voller Traumtänzer sein.

Sind es nicht immer *Tatsachen,* die »Anlass zur Sorge geben«? Ein Röntgenbild etwa, die Geburtenrate der »Biodeutschen« oder die Exportzahlen des deutschen Maschinenbaus. So arbeitet Sarrazin, so arbeitet auch die AfD: Beide kleiden Angstbotschaften in die Behauptung, doch nur Fakten auszusprechen. AfD-Politiker erheben den Anspruch, *als Einzige* die besorgniserregend vielen unregistrierten Flüchtlinge, die schlechten griechischen Wirtschaftsdaten oder den maroden Zustand der Bundeswehr anzuprangern. Würde sich ihre Klientel die Mühe machen, könnte sie diese Fakten auch in vielen Berichten der »Mainstream-Medien« finden – die aber in Bewertung und Ton nicht die Temperatur erreichen, auf der die AfD brodelt. Die »Mainstream-Medien« ordnen Fakten ein und überlassen die Bewertung eben nicht den Ängstlichen.

Für Psychologen ist »Sorge« kein Fachbegriff. Sie kennen nur Ängste, und die können durchaus gesund sein: etwa die Angst, vom Rauchen Krebs zu bekommen. Aber was ist mit der

Angst, als Frau nachts im Park vergewaltigt oder am Hauptbahnhof angegrapscht zu werden, wie in der Silvesternacht von Köln? Gesund oder pathologisch? Was ist mit der Angst, eines Tages in einem deutschen Kalifat zu leben? Doch dazu später.

Die Psychologie kennt nicht nur Ängste, sondern auch den Versuch, Angst als vernünftige Reaktion umzudeuten: *Rationalisierung* heißt dieser Prozess, es ist eine von vielen Abwehrstrategien gegen die Angst, die jeder Mensch entwickeln muss. Wer seine Seele nicht wenigstens ein bisschen abschottet, lebt permanent in einem gefühlten Bedrohungszustand. Bei der Rationalisierung würden »sehr persönlich bedingte und motivierte Meinungen und Vorurteile« in objektive Überzeugungen umgedeutet, schreibt der Psychiater Siegfried Elhardt in seinem Standardwerk über Tiefenpsychologie. Es sei der Versuch, »mit rationalen Pseudogründen« bestimmte Ansichten oder Verhaltensweisen »intellektuell zu rechtfertigen«.

An sich sei Rationalisierung eine gesunde Art, mit Ängsten umzugehen, betont Elhardt. Problematisch sei aber ihre »gruppenpsychologische« Wirkung: Von dieser Angstabwehrstrategie könne eine hohe Ansteckungsgefahr ausgehen, sie könne bei anderen Menschen Ängste wecken oder bereits vorhandene verstärken. Genau so wirkte die Methode Sarrazin: Die Ängste des promovierten Volkswirts, gekleidet in rationale Argumente, weckten oder verstärkten die Ängste nicht nur seiner Leser, sondern erfassten Kreise, die von Sarrazins Thesen nur aus zweiter Hand gehört hatten.

»Die fatale Kehrseite« der Rationalisierung, warnt Elhardt, sei »die intolerante Verteufelung« von anderen, besonders von Minderheiten. Weil die Ängstlichen sich nicht bewusst seien, dass ihre Gedankengebäude primär dem Schutz gegen ihre eigenen Phobien dienten, könnten sie sich in eine »neurotische Ideologie« hineinsteigern. »Hier entstehen dann jene dummgefährlichen ideologischen Pauschal-Vorurteile über ›die bösen

Juden‹, ›die dreckigen Neger‹ oder ›die verkalkten Opas‹«, warnte der Psychologe schon im Jahr 1971, in der ersten Auflage seines Werks. Heute entstehen Pauschal-Vorurteile über Kopftuchmädchen, »Rapefugees« und »Invasoren«.

Der Psychologe Stephan Grünewald erklärte in der *FAZ* die Ablehnung von Flüchtlingen durch viele Deutsche als Rationalisierungsstrategie gegen die Angst vor der globalisierten, komplizierten Welt: »Sich vor Flüchtlingen zu fürchten ist letztlich ein Versuch, die diffuse Angst dingfest zu machen.«

Eigentlich ist Rationalisierung eine Angstabwehrstrategie von Intellektuellen. Aber mit dem Effekt der ideologischen Übersteigerung verfängt die Methode auch bei Nichtakademikern. Deshalb hat Thilo Sarrazin so viele Anhänger in Kreisen, die sein Buch nie gelesen haben, die erst gar keine Bücher kaufen. Der Titel sagte eben alles, und Sarrazins komplexe, pseudorationale Analyse ließ sich auf eindringliche Kurzbotschaften kondensieren. Auf gleiche Weise gelangen die Botschaften von Professor Lucke, Dr. Petry und Dr. Gauland von den Köpfen ihrer Erfinder direkt in die Bäuche der Empfänger und machen aus ängstlichen Deutschen »besorgte Bürger«.

Die Bürger und die Angst

Angst in ihrer ungesunden, pathologischen Form ist die stärkste Wurzel der AfD. Alles begann zu Sarrazins Zeiten mit dem Unbehagen über integrationsunwillige Muslime oder den vermeintlichen Niedergang des deutschen Bildungssystems. In der Finanzkrise wurde die Angst persönlicher: Verliere ich mein Erspartes durch den Kollaps der Banken? In der Eurokrise, speziell im AfD-Gründungsjahr 2013, wurde diese persönliche Angst systemisch, sie übertrug sich auf das gesamte Währungssystem. Würde Deutschland seinen Wohlstand verlieren? Unter den Schulden der Griechen, Portugiesen oder Spanier kollabieren?

Mit der Flüchtlingskrise wurde die Angst schließlich existenziell. Es war die Angst vor dem Kontroll- und Identitätsverlust, die Angst vor den Fremden, vor potenziellen Kriminellen und Terroristen, die massenhaft ins Land strömten. Würden sie künftig in Deutschland das Sagen haben?

Wie Sarrazin zuvor rationalisierte die AfD jede dieser Ängste als berechtigte Sorgen. Zu Bernd Luckes Zeiten erduldete sein Publikum endlose Ausführungen über Staatsschuldenquoten oder die »Target-Salden« der Notenbanken. Viele Zuhörer machten sich Notizen und baten Lucke später um sein Manuskript. Doch den Schritt von den Zahlen zum Angstszenario – »Bald ist mein Konto leer und meine Kinder verarmen« – mussten sie wie bei Sarrazin selbst gehen.

Die AfD nach Lucke nimmt dem Publikum diesen Schritt meistens ab. Sie bettet Fakten in blumige Angstszenarien ein. AfD-Politiker sprechen von der »Fremdheit im eigenen Land«, von »Angsträumen für blonde Frauen« und vom »blutigen Juli« 2016 mit seinen Anschlägen. Die Leute werden verleitet, sich in ihre Angst hineinzusteigern, sich in der Weltuntergangsstimmung zu suhlen.

Es ist für die Partei ein leichtes Unterfangen, da die Deutschen schon immer Angsthasen waren. Bereits 2006 dachten fast 50 Prozent der Bundesbürger fälschlicherweise, die Kriminalität in Deutschland nehme stetig zu. Tatsächlich zeigte erst die polizeiliche Kriminalstatistik vom Mai 2016 nach langer Zeit wieder eine Zunahme der Straftaten – um vier Prozent. Rechnet man den Tatbestand der illegalen Einreise durch Flüchtlinge aus dieser Statistik heraus, betrug der Anstieg nur 0,1 Prozent.

Aber was hilft es, die Fakten zu referieren, wenn die gefühlte Wahrheit eine andere ist? *Perception is reality*, fasst Georg Pazderski, AfD-Landeschef in Berlin, das Konzept der Partei zusammen: Real ist nur die Welt, die man *wahrnimmt*.

Der Politikwissenschaftler Karl-Rudolf Korte spricht von einer »Angstmitte« der Gesellschaft, von der Ausbreitung dieses Gefühls in bürgerlichen Kreisen. Auch das Allensbach-Institut berichtete im Frühjahr 2016, die Flüchtlingskrise habe das »Bedrohungsgefühl« der Bürger verstärkt, nur 37 Prozent der Frauen fühlten sich »weitgehend sicher« vor kriminellen Übergriffen. Und im jüngsten »Angstindex« der R+V-Versicherung von Mitte 2016 meldeten die Gutachter »erdrutschartige Verschiebungen«: Nie zuvor seien »die Ängste innerhalb eines Jahres so drastisch in die Höhe geschnellt«. Die Angst vor Terroranschlägen sei um 21 Prozentpunkte gewachsen und stehe erstmals auf Platz 1 des »Ängste-Rankings«, gefolgt von der Sorge vor »politischem Extremismus« und »Spannungen durch den Zuzug von Ausländern«.

Es ist schwierig, die Angstmacher auf diesem Terrain zu stellen, denn wer sucht, der findet jede Woche Gruselmeldungen in seriösen Medien: In Flüchtlingsunterkünften gibt es Schlägereien, Brandstiftung, Vergewaltigungen, Kindesmissbrauch, Messerstechereien bis hin zum Mord. Dazu kommen Berichte über sexuelle Übergriffe von Flüchtlingen auf Frauen, ganz besonders in der Silvesternacht 2015/16 in Köln, in der ein Männermob, größtenteils Nordafrikaner, Frauen bedrängte, bestahl, angrapschte, sogar vergewaltigte.

Wo es Brennpunkte gibt, wenn Straftaten begangen wurden, muss der Staat in der Lage sein, diese Gefahren zu beseitigen und die Taten zu ahnden. Besonders die Angst vor sexuellen Übergriffen durch Migranten lässt sich nicht mit dem Argument lindern, auf dem Oktoberfest gehe es doch auch rau zu und letztlich seien alle Männer potenzielle Sextäter. Wer hier verharmlost und abwiegelt, überlässt den Angstmachern das Feld.

Beruhigen kann nur der Verweis auf das Regel-Ausnahme-Verhältnis. Welches Gesamtbild lässt sich aus den Einzeltaten zusammensetzen, welche Konsequenzen lassen sich daraus ziehen? Dass ein Kind in einer Flüchtlingsunterkunft sexuell missbraucht wird, heißt nicht, dass alle deutschen Mütter um ihre Kinder fürchten müssen. Wenn ein Mädchen im Schwimmbad belästigt wird, können Väter anderswo ihre Töchter trotzdem ins Freibad schicken. Wegen einer Messerstecherei unter jungen Flüchtlingen müssen sich nicht alle Bürger bewaffnen.

Es geht um Augenmaß und Verhältnismäßigkeit, doch für die AfD ist jede dieser Meldungen Beleg für die akute Bedrohungslage, in der sich unsere ganze Gesellschaft befindet. Schon Gründungsvorstand Konrad Adam warnte 2014, »dass es keiner Masseneinwanderung bedarf, um Menschen in Gefahr zu bringen – ein Einzelner genügt«. Und Alexander Gauland sagte einem ARD-Reporter ganz offen: »Sie argumentieren mit dem statistischen Durchschnitt, ich argumentiere mit deutlichen Ausreißern vom Durchschnitt.«

Man muss die AfD zurück auf Durchschnittswerte zwingen. Aber das allein genügt nicht, denn die Partei weckt inzwischen längst Ängste, auf die viele Bürger ohne sie vielleicht nie gekommen wären: etwa die, dass die Regierung die Deutschen gegen Migranten »austauschen« wolle, dass eine »Umvolkung« im Gange sei.

Björn Höcke fächerte noch ein anderes Szenario auf, als er am 14. Oktober 2015 auf dem Marktplatz in Magdeburg eine Rede hielt. Sechs Wochen zuvor hatte Angela Merkel die Flüchtlinge aus Ungarn ins Land gelassen, seitdem strömten täglich Tausende über die Grenze. Als Höcke um 20.30 Uhr die hell angestrahlte Bühne betrat, war es dunkel, ein eisiger Nieselregen legte sich über die gut 1500 Zuhörer, die in Daunenjacken, Wanderstiefeln und Baseballkappen der Kälte trotzten. Höcke dagegen trat nur in Anzug und Krawatte vor die Menge, so wie ein Professor für eine Vorlesung. Ich ließ während seiner Rede ein Diktiergerät laufen; als ich es später abhörte, waren darauf auch die Stimmen einer Gruppe von Frauen zu hören, die Höckes Worte wie ein Refrain der Angst begleiteten:

Höcke: Jeden Tag kommen 10 000 bis 12 000 Asylsuchende nach Deutschland.
Frauenchor: Was, so viele?! Boah, nee!
Höcke: Das sind 15 Großstädte von der Größe Magdeburgs in einem Jahr.
Chor: Was?! Das kann doch nicht … Ich sag's dir ja. Oh Gott …
Höcke: Ende 2016 könnten die Mehrheitsverhältnisse in der für die Zukunft entscheidenden Alterskohorte der 20- bis 35-Jährigen endgültig kippen. Magdeburger, Sachsen-Anhalter, Deutsche! Unsere über Jahrhunderte gewachsene Vertrauens- und Solidargemeinschaft ist damit in Gefahr!
Chor: Wenn das kippt! Oh Gott …
Höcke: Wenn wir diese Entwicklung nicht stoppen, dann prognostiziere ich … einen Bürgerkrieg!
Chor: Bürgerkrieg!? Nein!

Man hätte den Frauen sagen können: »Ruhig Blut, so schnell gibt es keinen Bürgerkrieg.« Dann hätten sie wohl gesagt: »Woher willst du das wissen?« Höcke hatte auf realen Zahlen ein anschauliches Horrorszenario errichtet, neben dem jedes konkurrierende Zukunftsbild diffus wirken musste. Gegen seine Warnung ließen sich keine Beweise aufbieten, nur … ja, was? Vernunft? Optimismus? Gottvertrauen? Merkel-Vertrauen gar?

Bekanntlich gab es 2016 keinen Bürgerkrieg – aber Höckes Szenarien mussten sich auch gar nicht bewahrheiten, um zu wirken. Ob Deutschland nur mit viel Glück knapp an einem

Bürgerkrieg vorbeigeschlittert ist oder niemals auch nur in seine Nähe kam, diese Frage wird die Frauen von Magdeburg heute nicht mehr beschäftigen. Sehr wohl dürfte in ihrem Kopf aber bis heute verankert sein, dass ein Bürgerkrieg eine reale Gefahr ist, die Anlass zu Angst beziehungsweise zu berechtigter Sorge gibt.

Auch Frauke Petry arbeitet mit solchen Angstszenarien, auch sie orakelte schon: »Wir wollen keinen Bürgerkrieg.« Meistens sind ihre Angstbotschaften aber subtiler. Im April 2016 hatte die AfD-Chefin einen Auftritt im Bürgerhaus von Delitzsch in Nordsachsen, einem flächenmäßig großen Landkreis mit vergleichsweise geringer Einwohnerzahl. Petry sprach über das drohende »Bargeldverbot«. Die Europäische Zentralbank wolle den 500-Euro-Schein abschaffen, die Regierung nur noch Barzahlungen bis 5000 Euro erlauben, bald dürften die Bürger wohl nur noch Brot und Butter mit Scheinen und Münzen bezahlen. »Bargeld ist ein Stück Freiheit«, warnte Petry, es drohe der »gläserne Bankkunde«, die »totale Kontrolle der Finanzströme«.

Tatsächlich will die EZB den 500-Euro-Schein abschaffen – aber nur, weil er ein beliebtes Zahlungsmittel von Mafiosi und Geldwäschern ist. Deshalb will auch die SPD-Bundestagsfraktion eine 5000-Euro-Grenze für Bargeldgeschäfte verhängen, wobei dies keine offizielle Regierungsposition ist. Der Bundesfinanzminister beteuert unermüdlich, niemand wolle das Bargeld abschaffen. »Aber wir hier im Saal, die schon die DDR kennengelernt haben, wissen, was von solchen Schwüren zu halten ist«, sagte Petry in Delitzsch. »Uns hat schon mal ein Politiker versprochen, niemand habe die Absicht … Sie wissen schon …«

… eine Mauer zu bauen. Gelächter im Saal. Petry lieferte keine Belege für ihr Szenario, nannte nicht einmal einen Zeithorizont. Nur so viel: »Es ist eine reale Bedrohung. Es geht ja nicht darum, irgendjemandem Angst zu machen. Der Punkt ist, man muss realistisch über das nachdenken, was andere Leute bereits vor uns gedacht haben.«

Kein seriöser Politiker kann Petrys Szenario aus der Welt schaffen. Niemand kann eine nicht vorhandene Absicht wirkungsvoll dementieren, zumal viele Bürger auf Politikerdementis ohnehin nichts geben. Für Politiker sei die Angst ein größerer Gegner als die Furcht, schrieb der Politikwissenschaftler Herfried Münkler 2015 in der *Süddeutschen Zeitung:* »Im Unterschied zur Furcht, die auf eine konkrete Bedrohung oder Gefahr gerichtet ist, handelt es sich bei der Angst um ein diffuses Empfinden, ein Gefühl der Unsicherheit, das mal dies, mal jenes als Grund des Geängstigt-Seins angibt.«

Gegen die konkrete Furcht vor einem Bankenkollaps können Politiker Rettungsschirme einrichten – ein vielleicht läppischer, aber realer Schutzmechanismus. Gegen die von der AfD geschürte Angst vor der totalen Überwachung sämtlicher Geldgeschäfte gibt es keine Hebel. Die Populisten profitieren zudem davon, dass die Grenzen zwischen Furcht und Angst verschwimmen. Risiken, die früher abstrakt und entfernt erschienen, wirken sehr nah und real: Man kann sich konkret davor fürchten, im Regionalexpress auf dem Weg zur Arbeit von einem axtschwingenden bärtigen Islamisten angefallen zu werden. Oder davor, auf einem Weihnachtsmarkt von einem Attentäter in einem Lkw überfahren zu werden. Oder dass das eigene Kind in Bad Godesberg von einer Gang »migrantischer Intensivtäter« ins Koma getreten werden könnte. All dies ist schon passiert, mitten in Deutschland.

Frauke Petry schreibt an solchen Tagen auf Twitter: »Wenn das ›Normalität 2016‹ ist, will ich nicht mehr normal sein!« Aber es ist eben keine Normalität, es sind verstörende Einzelfälle. Petrys Medienberater unkt in seinem Blog, es schwebe über »jedem großen Fußballspiel, jeder Messe, jeder Demonstration, jedem Weihnachtsmarkt, überhaupt jeder Menschenansammlung die Drohung eines terroristischen Angriffs«. Tatsächlich ist nicht die Bedrohung flächendeckend, sondern nur das *Gefühl,* jederzeit überall bedroht zu sein. Selbst wenn in jedem Zug oder Festzelt bewaffnete Sicherheitskräfte stünden, bliebe immer die Angst, dass die Täter anderswo auf andere Weise zuschlagen. Dass nächstes Jahr ein Bürgerkrieg droht, und in zehn Jahren die Errichtung eines islamistischen Gottesstaates auf deutschem Boden.

Für den Tag X kann sich niemand wappnen, außer vielleicht durch den Bau eines Bunkers oder die Auswanderung auf eine einsame Insel. Man kann sich nur sinnlos davor ängstigen, und dieses Gefühl hat pathologische Züge. Da die AfD nicht in der Verantwortung steht, die Bürger vor realen Gefahren schützen zu müssen, kann sie den Tag X ständig heraufbeschwören. Und sie kann »Lösungen« anbieten, die keine sind: etwa, alle Flüchtlinge in Barackenlagern im Wald zu internieren oder sie auf Inseln außerhalb Europas zu verschiffen. Hauptsache, der Angstpegel bleibt konstant. Zur Wahl des Berliner Abgeordnetenhauses 2016 klebte die AfD Plakate mit Pfefferspraydosen: »Seit Köln haben viele Berlinerinnen ihre Abwehrkräfte gestärkt«, stand dabei. »Die Klugen wählen einfach AfD.«

Die Politiker und die Angst

Im Erdgeschoss des Bürgerhauses von Delitzsch befindet sich ein Lokal. Nach Petrys Auftritt bestellte ich dort sechs Radeberger, für mich und fünf andere Zuschauer, die ich zu meiner Ehrenrettung eingeladen hatte. Es war der Abend, an dem Marcus Pretzell mich von der Bühne aus »begrüßt« hatte, als unprofessionelle Klatschbase. Ich machte mich klein auf meinem Sitz. Gelächter und zornige Buhrufe brandeten durch den Saal, und auf meinem Tonbandmitschnitt der Veranstaltung ist zu hören, wie der Mann neben mir fragt: »Sind Sie das?«

Ich lief rot an und verspürte in diesem Moment die sehr konkrete Furcht, er könnte mich anspucken oder schlagen. Aber gegen Furcht lässt sich etwas unternehmen, es lässt sich gemeinsam ein Bier trinken, wenn das Zittern sich gelegt hat, und beim Bier lässt sich über Ängste sprechen.

Eine Immobilienmaklerin am Tisch erzählte, dass viele ihrer Kunden ihre Grundstücke nahe der Leipziger Messe verkaufen wollten. Ständig kämen die Afghanen aus der nahegelegenen Flüchtlingsunterkunft, würden durch ihre Gärten wandern und sich auf ihre Terrassen setzen. »Die Leute haben Angst um ihre Kinder, die tagsüber alleine sind, vor allem um die Mädchen. Noch ist nichts passiert, aber wenn …«

Eine alleinerziehende Mutter sagte, sie sehe jetzt in Delitzsch Frauen mit Kopftuch. »Ich will diese verhüllten Weiber nicht sehen. Ich passe mich auch an ihre Kultur an, wenn ich bei denen bin. Irgendwann müssen wir uns auch noch verschleiern.«

Ein IT-Berater berichtete, er sei oft im Westen unterwegs, in Stuttgart oder Mannheim, und sehe da »nur dunkle Gesichter«. Bei Fußball-Länderspielen würden an den Autos fremde Fahnen wehen. »Wenn die Ausländer hier leben wollen, wieso nehmen die keine deutsche Fahne? Die lehnen Deutschland ab. Lehnen die uns irgendwann auch ab?«

In diesem Moment war ich froh, nicht die örtliche Bürgermeisterin oder Abgeordnete dieses Kreises zu sein. Meine politische Karriere stand nicht auf dem Spiel, als ich sagte, dass man in einem Land mit Religionsfreiheit Kopftücher auf der Straße nun einmal akzeptieren müsse. Dass man auch ohne Deutschlandfahne am Auto ein gesetzestreuer Bürger sein könne. Dass ich wohl auch nervös würde, wenn Afghanen einfach so in meinen Garten kämen. Aber warum gleich das Haus verkaufen und umziehen, anstatt den ungebetenen Gästen die Grenzen aufzuzeigen?

Jeder Politiker muss sich fragen, wie er mit solchen Ängsten umgeht: Ob er sie ignoriert oder anspricht, sie zu mildern sucht oder die Bürger darin bestärkt. Die Reaktion dürfte auch davon abhängen, ob der betreffende Politiker selbst diese Ängste teilt. Man muss nicht in der AfD sein, um wie die AfD zu klingen. Lange vor der Gründung dieser Partei haben Politiker unterschiedlicher Couleur Angstbotschaften platziert, bis hin zu einem Bundespräsidenten, der 2005 in einer Fernsehansprache sagte:

> *»Unser Land steht vor gewaltigen Aufgaben. Unsere Zukunft und die unserer Kinder stehen auf dem Spiel. Millionen von Menschen sind arbeitslos, viele seit Jahren. Die Haushalte des Bundes und der Länder sind in einer nie da gewesenen kritischen Lage. Die bestehende föderale Ordnung ist überholt. Wir haben zu wenige Kinder, und wir werden immer älter. Und wir müssen uns im weltweiten, scharfen Wettbewerb behaupten.«*

Als Horst Köhler mit diesen Worten die Auflösung des Bundestags verkündete, waren seine Augen schreckgeweitet, sein Ton düster. Köhler war kein Berufspolitiker, vielleicht war er schlicht nervös. Ansteckend war seine Furcht trotzdem.

Die AfD war wiederholt dem Vorwurf ausgesetzt, sie greife gezielt Ängste auf und instrumentalisiere diese. Aus meiner Sicht steckt allerdings noch mehr dahinter. Die Methode der Angstbotschaften funktioniert so gut, weil die AfD-Akteure wissen, wovon sie sprechen. Und weil sie fühlen, was sie sagen.

Wenn die Thüringer AfD-Fraktion eine Moschee in Erfurt verhindern will – welches Gefühl steht dann dahinter, wenn nicht die Angst vor islamischer Dominanz?

Wenn Beatrix von Storch behauptet, dass Kindern in der Schule Analsex beigebracht werde – steht dahinter nicht die Angst, dass Homosexuelle, die von Storch so fremd sind, Kinder vom rechten (also heterosexuellen) Weg abbringen könnten?

Wenn Alexander Gauland sich darüber auslässt, dass die Deutschen »einen wie Boateng« nicht als Nachbarn wollten, spricht daraus nicht die Angst des Potsdamer Bürgers vor der Eroberung seines Villenviertels durch fremde Horden?

Diese Vermutungen über die Gefühlswelt der AfD-Politiker sind schwer belegbar, aber sie sind naheliegend. Herfried Münkler warnte, dass Politiker hilflos gegenüber Ängsten seien. Das gilt aber nicht für diejenigen, die von der Angst leben und sie in politische Strategien ummünzen. Oder, wie Frauke Petry ganz offen in einer Parteitagsrede sagte: »Wir brauchen die Ängstlichen, um Mehrheiten zu bewegen.«

Dabei sind viele AfD-Politiker einfach selbst ängstlich. Zum Beispiel Robert Farle, einst westdeutscher Kommunist, heute AfD-Abgeordneter in Sachsen-Anhalt. Die Kollegen von *Spiegel TV* interviewten ihn zu den Gründen für seinen Parteiwechsel, und Farle nannte den Konflikt mit Russland über die Ukraine: »Das war der wichtigste Grund, warum ich wieder angefangen habe, politisch überhaupt zu denken und zu arbeiten. Dass ich die Sorge hatte, dass wir … wieder … einen Krieg in Deutschland …«

Farles Stimme wurde brüchig, seine Worte gingen in ein Schluchzen über. Er musste innehalten, sich sammeln und seine Tränen trocknen. »Warum berührt Sie das jetzt persönlich so stark?«, fragte der verblüffte Redakteur. »Ich denke an die Kinder, an die Jugend«, sagte Farle mit zitternder Stimme und geröteten Augen. »Wir hatten schon ein paarmal Krieg. Wir können das in Europa nicht gebrauchen.«

Von außen ist schwer zu sagen, ob Farle ein Laienschauspiel aufführte oder ehrliche Angsttränen vergoss. Entscheidend ist:

Kein Profipolitiker einer etablierten Partei hätte zugelassen, dass diese Szene gesendet wird. Im politischen Geschäft galt immer, dass man sich kontrollieren und Schwächen kaschieren muss. Weinen darf man auf einer Beerdigung, vielleicht nach einer Wahlniederlage, aber nicht aus Angst vor Krieg.

Es könnte sein, dass die AfD auch diese Regel verändert. Zwar würde eine Politikerin wie Frauke Petry sich solche emotionalen Ausbrüche wohl verkneifen. Aber Farles Beispiel verdeutlicht, dass in der AfD weniger Scheu davor herrscht, Ängste zu zeigen. Man darf auch davon ausgehen, dass Farles Anhänger ihm den Ausbruch nicht übelnahmen. Schließlich war er dabei authentisch – und er weinte um Deutschland.

Teil II
Die Gründung.
Die Wurzeln der AfD

1
Enttäuschung: Michael Heendorf

Die Unbekannten

Angst ist die stärkste Wurzel der »Alternative für Deutschland«. Aber es gibt noch weitere, und die haben sich in den vier Jahren seit Gründung der Partei sehr unterschiedlich entwickelt: Manche sind verkümmert, vor allem seit dem Sturz von Bernd Lucke. Andere haben neue Triebe geschlagen und sich von einer friedlichen zu einer aggressiveren Form verändert. Oder wie Björn Höcke sagen würde: vom Platzhaltertyp zum Ausbreitungstyp.

Der Geschichtslehrer aus Thüringen war noch nicht dabei, als am 20. Januar 2013 die entscheidende Weiche für die AfD-Gründung gestellt wurde. An diesem Sonntag trafen sich gut vierzig Aktivisten der »Wahlalternative 2013« im »Hotel Kaiserhof« in Hannover und zogen Bilanz der Landtagswahl in Niedersachsen. Auf dem Podium saßen Bernd Lucke und Konrad Adam, unten im Saal Alexander Gauland und Frauke Petry.

Die Bilanz war deprimierend: Nur 1,1 Prozent hatte die Wahlalternative im Bündnis mit den Freien Wählern geholt. An Aufgeben dachte zwar niemand, doch wie weiter? Mit den Freien Wählern oder allein? Lucke scheute den Alleingang, aber in der finalen Abstimmung votierte die Mehrheit klar dafür. Die Parteigründung war beschlossene Sache.

Es war eine Gruppe von Fremden, die im »Hotel Kaiserhof« diskutierte. Die wenigsten hatten sich zuvor persönlich kennengelernt, man hatte bloß telefoniert oder gemailt. Nur einer kannte alle: Michael Heendorf aus Magdeburg. Als Mitgliederbeauftragter pflegte er die Namensliste der Wahlalternative und hatte ihre Länderbeauftragten ausgewählt. Für Sachsen hatte er eine junge Unternehmerin mit glänzenden Referenzen gefunden: Promovierte Chemikerin, Mutter von vier Kindern, Bundesverdienstkreuz – diese Frauke Petry war auf fast unheimliche Weise gut.

Mit seinem silbergrauen Mercedes 500E fuhr Heendorf in dieser Zeit 150 000 Kilometer durch das Land, nach Ingolstadt und Bad Nauheim, an den Bodensee, ins tiefste Thüringen und bis hoch nach Rostock. Immer war da dieses Kribbeln, wenn er nach Stunden auf der Autobahn in eine Zielstraße einbog, sich dem Haus oder der Wohnung des neuen Mitstreiters näherte. Wenn er dann klingelte und ein bis dahin Unbekannter ihm öffnete, sagte er: »Heendorf, guten Tag! Ja, ich bin's!«

Über diesen Tagen und Nächten auf Achse lag ein Zauber, schwärmt Heendorf noch heute. Auf der Hinfahrt die Aufregung, auf der Rückfahrt der Nachklang der guten Gespräche und die Euphorie, gemeinsam etwas Neues auf den Weg zu bringen. All die einsamen Kaffeepausen an der Tankstelle, wieder volltanken, wieder ein paar Schachteln rote Marlboro kaufen. Im Autoradio liefen die Nachrichten über den permanenten Euro-Rettungsschirm ESM. »Na warte, Angela«, dachte Heendorf.

1964 in Magdeburg geboren, sollte er der erste »Ossi« in der neuen Bewegung werden. Heendorfs Biografie ist untypisch für die junge AfD: kein westdeutsches Wohlstandsleben, kein Studium, sondern 25 Jahre im Polizeidienst, erst in der DDR, später im wiedervereinten Deutschland. Typisch für die AfD ist aber Heendorfs Haltung: eine tiefe Enttäuschung über die Parteien, die Eliten, den Staat, letztlich das ganze System.

Diese Enttäuschung ist eine Wurzel der AfD, die bis heute starke Triebe ausbildet. Denn dieses Gefühl vereint Ostdeutsche und Westdeutsche, Gebildete und Ungebildete, Reiche und Arme, Männer und Frauen, sogar Deutsche und Migranten.

Bei Ostdeutschen wie Michael Heendorf waren es die Erwartungen an das bundesrepublikanische Rechtssystem und an das Wohlstandsversprechen der sozialen Marktwirtschaft, die bitter enttäuscht wurden. Bärbel Bohley hatte das Gefühl schon bald nach der Wiedervereinigung beschrieben: »Wir wollten Gerechtigkeit und bekamen den Rechtsstaat.« Spätestens seit den Hartz-IV-Reformen, eingeführt ausgerechnet von der SPD, glaubten viele Ostdeutsche nicht mehr an die Versprechen des Sozialstaats.

Im Westen wiederum trieb viele die Enttäuschung über einen gefühlten Niedergang des Staates in die AfD: verschluderte Steuermilliarden, versemmelte Bauprojekte, miserable Bildungsstandards, gescheiterte Integrationspolitik – konnte diesem Land denn gar nichts mehr gelingen? Die Politiker setzten nur noch falsche Prioritäten, fanden die AfD-Gründer, sie schienen sich nur noch für Gender-Lehrstühle, Frauenquoten und Windräder zu interessieren, anstatt sich auf die Eigenschaften zu besinnen, die Deutschland groß gemacht hatten.

Bundesweit wuchs die Enttäuschung darüber, dass gewählte Repräsentanten sich bei der Eurorettung nicht mehr an Gesetze und Verträge hielten und sich offenbar mehr den Interessen des maroden Griechenlands verpflichtet fühlten als dem Willen ihrer Wähler. Die Enttäuschten fanden aber keine Partei, die einen Kurswechsel anstrebte, alle schienen bei diesem gefährlichen Murks willig mitzumachen. Zu allem Überfluss schienen die Medien diese Missstände auch noch totzuschweigen oder zu beschönigen.

Speziell im Westen breitete sich ein Gefühl aus, dass der Historiker Ulrich Herbert später in der *Süddeutschen Zeitung* als »Überdruss am liberalen Alltag der Demokratie« bezeichnen sollte. Einerseits schien irgendwie alles schiefzugehen, andererseits aber auch alles viel zu glatt. Weil die Gesellschaft offener und toleranter war als je zuvor, mussten die Leute negative Gefühle immer stärker im Zaum halten, bloß nicht »ausfällig werden«. Weil alle alles durften, mussten auch alle alles tolerieren, und manche hatten dazu einfach keine Lust mehr. Sollte etwa jedes noch so abseitige Lebensmodell gleich viel wert sein wie die klassische Familie? Jeder hysterische Trend ganz normal sein? Ulrich Herbert attestierte den Deutschen einen »Wunsch nach autoritärer Umformung«. Grenzenlose Freiheit kann auch übersättigen.

»Alles könnte anders sein, und fast nichts kann ich ändern«, dieser Satz von Niklas Luhmann bringt das Ohnmachtsgefühl der AfD-Gründer auf den Punkt. Auf dem Papier hatten sie in der freien, reichen Bundesrepublik alle Chancen, nur eben nicht die, wirklich etwas zu bewegen.

Die Enttäuschung der AfD-Mitglieder bedeutet eine große Gefahr für die Gesellschaft. Denn aus dieser Wurzel gedeihen die Früchte des Zorns: der blinde Hass auf Facebook, die wilde Wut auf den Marktplätzen und die grenzenlose Verachtung für das »Establishment«. Schon in der Gründungsphase glommen diese Gefühle im AfD-Milieu, heute brennen sie in vielen Anhängern lichterloh.

Michael Heendorf, ein kleiner, rundlicher Mann mit weißem Haarschopf und einer hellen Jungenstimme, wurde sein ganzes Leben lang enttäuscht: Als Kind musste er sich ohne liebevolle, fürsorgliche Eltern durchschlagen, seine Jugend verbrachte er unter dem DDR-Unrechtsregime, und die Zeit bis zu seiner frühen Pensionierung aus Krankheitsgründen dann im Kapitalismus. Kein Zustand hatte ihm sonderlich gut gefallen. Nach der Linken und der CDU war die AfD seine dritte Partei, und seine letzte Hoffnung, dass sich Deutschland friedlich verändern lässt.

Der CDU Sachsen-Anhalt kehrte Heendorf im Herbst 2012

den Rücken, weil sie, wie er fand, die demokratischen Regeln nicht achtete: »Man wollte mir das Wort verbieten.« Die Kreisvorstände hätten ihn aufgefordert, öffentlich nicht so harsch gegen Merkels Europolitik zu polemisieren, klagt er. Aber gekuscht habe er schon in der DDR genug. Die CDU war damit für ihn erledigt.

In den ruhelosen Tagen und Nächten, die folgten, gab er im Internet Suchworte wie »Gerechtigkeit« und »Demokratie« ein und »neue Partei«. Er suchte eine Organisation, in der er alles sagen durfte und sich von nichts und niemandem distanzieren musste. Die nicht autoritär strukturiert war, sondern basisdemokratisch, und die sich ohne Abstriche zum Rechtsstaat und zur Bündnistreue bekannte. Heendorf schätzt den Rechtsstaat, man könnte sagen, er ist ein Rechtsstaatsfanatiker, im Guten wie im Schlechten. Gut, weil der Rechtsstaat nie genug Anhänger haben kann. Schlecht, weil Fanatismus selten gut ist.

Bei seiner Recherche stieß er auf die »Wahlalternative 2013«. Heendorf schickte Lucke und Adam, den Männern aus Westdeutschland, eine Mail mit einem Manifest, wie er sich eine politische Alternative vorstellte. Erst hörte er nichts, doch zwei Wochen später rief Bernd Lucke an.

Die Euphorie

Politische Kategorien wie rechts oder links hatte Michael Heendorf schon lange vor der AfD überwunden, so wie viele Mitglieder der ersten Stunde. »Unser Ansatz war eine ideologisch freie Politik«, sagt der Mann aus Magdeburg. »Es sollte nur um die Sache gehen.« Genau dieses Prinzip rief Bernd Lucke im April 2013 auf dem AfD-Gründungsparteitag in Berlin aus: »Wir sind weder links noch rechts. Wir brauchen keinen ideologischen Wegweiser, wir brauchen nur unseren gesunden Menschenverstand.« Auch die Präambel des AfD-Programms betont, hier hätten sich Bürger »mit unterschiedlichem politischen Werdegang« versammelt, die »ungeachtet aller Unterschiede gemeinsam« handeln wollten.

Die Gründer fanden nicht über eine bestimmte Weltanschauung zusammen, sondern über die gemeinsame *Ablehnung* der Welt, wie sie geworden war. In dieser Hinsicht war die AfD immer eine radikale Partei: Sie wollte das Übel an der Wurzel packen. Ihre Mitglieder waren zu dem Schluss gekommen, dass das politische System *an sich* nicht mehr funktioniert. Dass es nicht mehr gerecht, gleich und transparent ist und schon gar nicht dem Willen der Bürger dient.

Das negative Gemeinschaftsgefühl ist bis heute eine große Stärke der AfD und eine Schwäche zugleich: Weil sie ideologisch letztlich so konturlos ist, kann sich theoretisch jeder in der Partei wiedererkennen. Doch weil sie Vertreter der unterschiedlichsten Ideologien aufsaugt, wird jede Sachfrage zur Zerreißprobe. Inhaltlich waren sich bereits die AfD-Gründer streng genommen nur über ein Thema einig: die Ablehnung der Euro-Rettungspolitik. Aber schon über die Frage, was stattdessen geschehen sollte, welche »Alternative« man selbst anbieten wollte, gab es keine Einigkeit: Sollte man die gesamte Gemeinschaftswährung »geordnet abwickeln«, oder einen Nord- und einen Süd-Euro einführen? Sollte Deutschland aus dem Euro aussteigen, oder mussten die Griechen gehen?

Jenseits des Euro-Themas blitzten erst recht Konflikte auf: Sollte die AfD Berlin einen Stand auf einem schwulen Straßenfest aufstellen? Sollte eine Muslima das Parteikonzept über den Islam schreiben, oder doch lieber ein christlicher Islamwissenschaftler? Sollte die AfD für oder gegen den menschengemachten Klimawandel argumentieren? Debatten hierzu eskalierten rasend schnell und hinterließen erbitterte persönliche Feindschaften. In diesen Momenten macht es eben doch einen Unterschied, ob man unter Grünen und Alt-68ern politisch sozialisiert wurde, in der einstigen Stahlhelm-Fraktion der CDU oder in der Generation Aktenkoffer der Westerwelle-FDP.

Die AfD war anfangs genau das, was sie heute so erbittert bekämpft: Multikulti. Ihr Milieu war mit ökologisch bewegten Gegnern von Stuttgart 21, ostdeutschen Sozialisten, westdeutschen Libertären und strammen Rechtskonservativen bunter als jeder Ökoladen der Siebzigerjahre.

Diese ideologische Zerrissenheit der Partei war schließlich auch ein wichtiger Grund für ihre spätere Spaltung während des außerordentlichen Bundesparteitags in Essen 2015. Denn seit dem Einzug in die ersten Landesparlamente musste sich die AfD klarwerden, wofür sie ganz grundsätzlich stand: Wollte sie als potenzieller Koalitionspartner anschlussfähig sein oder verstand sie sich als parlamentarischer Arm einer radikaloppositionellen Straßenbewegung? Wollte sie »flüssig bleiben« (Björn Höcke) oder sich als feste, ernst zu nehmende Größe zwischen den »Altparteien« etablieren (Bernd Lucke)?

Bis heute ist diese Frage nicht entschieden, und bis heute arbeiten in der AfD nicht Gleichgesinnte für ein gemeinsames Ziel, sondern raufen sich natürliche Gegner zu Zweckbündnissen zusammen. Das ist heikel für eine Partei, deren Anhänger laut einer Allensbach-Studie mehrheitlich erwarten, »dass sie sich ohne Wenn und Aber für die Politik einsetzt, für die sie gewählt worden ist, ohne dabei Kompromisse einzugehen«.

Aber für welche Politik wurde und wird die AfD überhaupt gewählt? Der Historiker Paul Nolte nannte die Partei wegen ihrer vielen Themenwechsel völlig zu Recht eine »Chamäleonpartei«. Ebenso schwierig ist es, sich einen Reim auf die Klientel der AfD zu machen, schon die Analysen nach der Bundestagswahl 2013 waren widersprüchlich. Bis heute mobilisiert die Partei Nichtwähler ebenso wie einst treue Parteigänger ihrer Konkurrenten. Die AfD erreicht Rentner genauso wie Wähler der Zukunftsgruppe 25 plus, Arbeitslose und Gutverdiener, Gebildete und weniger Gebildete. Sie fischt erfolgreich am linken wie am rechten Rand.

Eine wichtige Regel zum Verständnis der AfD-Anhängerschar lautet, dass man von den Funktionären nicht automatisch auf die Wähler schließen kann. Das Personal der Gründungsphase wirkte beispielsweise sehr homogen: Neben den berühmten Professoren schienen vor allem pensionierte Beamte, Unternehmer, höhere Angestellte mitzumischen. Aber bei Kundgebungen und an Wahlkampfständen traf man bundesweit auch viele Handwerker, Arzthelferinnen, Versicherungskaufleute oder Facharbeiter.

Die zweite Regel lautet: Bloß weil eine soziologische Gruppe mehrheitlich für die AfD stimmt, muss die Wählerschaft der Partei nicht mehrheitlich aus dieser Gruppe bestehen. Zum Beispiel heißt es oft, die AfD sei eine »Partei der Arbeitslosen und Abgehängten«. Das stimmt nur insofern, als dass überdurchschnittlich viele Arbeitslose die AfD wählten. In der *gesamten* AfD-Anhängerschaft machen diese Leute aber nur vier Prozent aus, ergab eine Studie des Politologen Oskar Niedermayer und des Wahlforschers Jürgen Hofrichter. Verglichen mit den Erwerbstätigen sind Arbeitslose eine kleine Wählergruppe. Das Gleiche gilt für die Arbeiter: Bei ihnen habe die AfD zwar seit 2013 stark zugelegt, von anfangs vier auf 18 Prozent – aber für die Partei insgesamt blieben sie eine »relativ kleine Minderheit«, so Niedermayer und Hofrichter.

Gleichermaßen macht es die AfD auch noch nicht zur »rechten Partei«, dass sehr viele Ex-Wähler der NPD oder der Republikaner zu ihr strömen – diese Parteien haben eine winzige Anhängerschaft. Die 10 Prozentpunkte, die die AfD der großen CDU bei der Landtagswahl 2016 in Baden-Württemberg abjagen konnte, brachten ihr ungleich mehr Stimmen.

Hinsichtlich ihrer Wählerstruktur kann man also sagen, dass

die Partei ein *gesamtgesellschaftliches* Phänomen ist, sie vereint alle erdenklichen Schichten. Aber dominierend ist die Fangruppe der bürgerlichen und solide ausgebildeten Deutschen. Anfangs fand die Partei bei Hochgebildeten sogar ihre meisten Unterstützer. Und vier von fünf AfD-Wählern bewerteten 2016 in einer Infratest-dimap-Umfrage ihre wirtschaftliche Lage als »gut« bis »sehr gut«. Trotzdem, oder gerade deswegen, wählten sie die AfD aus Sorge um Deutschlands wirtschaftliche Lage und aus Angst vor Kriminalität, und natürlich wegen der Migrationskrise.

AfD-Wähler sind ungewöhnlich treu. Normalerweise dauere es lange, bis Parteien Wähler fest an sich binden könnten, so das Deutsche Institut für Wirtschaftsforschung (DIW) in einer Analyse aus dem Jahr 2016. Der AfD sei dies »jenseits temporärer Stimmungen … verhältnismäßig schnell« gelungen. »Drei Jahre nach Gründung geben mehr Menschen an, sich mit der AfD verbunden zu fühlen, als jemals mit den Republikanern, der DVU oder der NPD.« Der Anteil dieser verlässlichen AfD-Anhänger sei schon »ungefähr so hoch wie das langfristige Mittel der FDP« und liege »etwas unter dem Niveau der Grünen in den Achtzigerjahren«.

Die Destruktion

Die Gründe dafür, dass heute in der »Alternative für Deutschland« nur wenige den Namen Heendorf kennen, liegen einige Jahre zurück. Es ist die Phase zwischen offizieller Parteigründung und dem Antrag auf Zulassung zur Bundestagswahl 2013:

Am 6. Februar 2013 reisen 16 handverlesene Mitstreiter auf Einladung von Bernd Lucke in ein evangelisches Gemeindehaus in Oberursel. Dort ist alles vorbereitet: eine Satzung (größtenteils von Luckes Ex-Partei, der CDU, abgeschrieben), die

Struktur eines Bundesvorstands samt Wahlzetteln und ein grobes Parteiprogramm. In dem steht für Heendorfs Geschmack zwar zu wenig über den Rechtsstaat, über Transparenz und Bürgerbeteiligung, aber das bremst seine Begeisterung nicht.

Intensiv diskutiert die Runde über den Namen der Partei. »Alternative für Europa«, steht im Raum, das wird vor allem von Lucke unterstützt. Eine Bezugnahme nur auf Deutschland könnte zu nationalistisch klingen, fürchtet sein Lager. Aber Heendorf und die anderen argumentieren, die neue Partei solle doch keine Alternative für Italien sein, und schon gar nicht für Griechenland, sondern für das deutsche Vaterland. Ehe man sich einigen kann, verabschiedet sich der spätere Schatzmeister, Norbert Stenzel: Er hat eine Verabredung zum Tennis. Wenig später wird »Alternative für Deutschland und Europa« als Parteiname beschlossen.

Wer in der Folgezeit genau hinschaut, wie Heendorf, dem fallen viele Unregelmäßigkeiten bei der Parteigründung auf. Die wichtigste: Die Wahlunterlagen des neuen Vorstands sind verschwunden. Nach dem deutschen Parteiengesetz, das Heendorf gut kennt aus seiner Zeit bei einer anderen Wahlalternative, nämlich der für »Arbeit und Soziale Gerechtigkeit« (WASG), müssen Parteien ihre Gründungsunterlagen zehn Jahre lang aufheben. Doch der verantwortliche Parteifreund ließ sie in der Aufbruchsstimmung im Sitzungsraum liegen, wo die Putzfrau sie am Abend entsorgte.

Flugs werden Ersatzdokumente produziert, in denen sogar der eigentlich abwesende, weil Tennis spielende, Norbert Stenzel dokumentiert ist. Heendorf ist entrüstet, und er findet immer mehr Verstöße, auch in den Landesverbänden. Für ihn ist klar: Die AfD ist kurz davor, sich eine totalitäre Ordnung zu geben. Seine Parteifreunde winken ab: Die Regierung bricht doch ständig Verträge, um den Euro zu retten. Was soll da die

Aufregung um solche Formalien? Aber Michael Heendorf, der Rechtsstaatsfanatiker, sieht es umgekehrt. »Ich habe mich nicht von der DDR schikanieren lassen, um mich jetzt für eine Unrechtspartei herzugeben!«

Dass man ihn auf dem Parteitag nicht in den ersten Vorstand wählt, ärgert ihn noch mehr. In kurzer Zeit vollzieht er eine Kehrtwende von grenzenloser Begeisterung zu einem hemmungslosen, destruktiven Zorn auf die AfD. Er will Lucke, diesem »Autokraten«, in den Arm fallen: Im Bundesvorstand stellt er einen Abwahlantrag gegen ihn, den Frauke Petry ihm freundlicherweise vorher geschickt hat. Der kreidebleiche Lucke springt empört auf, er ist den Tränen nahe. Er hat seinen Rucksack schon geschultert und will den Saal verlassen. Aber seine Abwahl fällt aus, alle Vorstände halten zu ihm – sogar Petry.

Der frustrierte Heendorf zieht nun alle Register: Er ruft bei der Bundestagsverwaltung an und meldet dort sämtliche Unregelmäßigkeiten. Der Referatsleiter reagiert genervt. Heendorf ruft die Justiziarin des Bundeswahlleiters an, beschwört sie, diese Unrechtspartei aufzuhalten. Vergeblich: Am 4. Juli 2013 wird die AfD zur Bundestagswahl zugelassen. Sogar eine Strafanzeige stellt der ehemalige Polizist Heendorf gegen Lucke, wegen Urkundenfälschung, die Akte schwillt auf 91 Seiten an. Das Verfahren wird eingestellt.

Frustriert verlässt Heendorf die Partei. Enttäuschung hatte ihn zur AfD getrieben, mit noch tieferer Enttäuschung geht er wieder. Auch das macht ihn zu einem AfD-Prototyp der Gründungszeit: In dieser Phase werden überall und immer wieder Mitglieder verprellt, und selten gehen sie ohne Krach. Den meisten fehlen schlicht die Geduld und die Kompromissbereitschaft, die politische Arbeit nun einmal verlangt.

Jetzt rächt sich auch, dass die AfD so viele ältere Herren angezogen hatte, die teils auf lange, erfolgreiche Karrieren zurückblicken. Sie sind es gewohnt, anderen zu sagen, wo es langgeht. Wenn die Parteifreunde nun nicht spuren wollen, dann knallt es schnell. Schon wegen kleiner Anlässe verfallen Menschen, die mit rauschhaftem Idealismus in die AfD geströmt waren, geradezu in Raserei. Manche stürmen davon, weil ihr Slogan es nicht auf ein Plakat oder in ein Programm schafft. Andere gehen, weil man sie nicht in Ämter oder auf Listenplätze wählt oder weil sie sich gemobbt fühlen.

Diesen Leuten war die AfD anfangs heilig, niemand durfte sie kritisieren. Aber nach ihrem Ausstieg gilt ihnen die junge Partei plötzlich als Ausbund an Verkommenheit, und nur zu gerne schildert man den Medien alle möglichen Sauereien. Von außen ist kaum zu durchschauen, wer im Recht ist und wer nur ein Rechthaber. Nur zwei Dinge sind klar: Es geht selten um Politik, meistens um gekränkte Eitelkeit. Und viele Konflikte lassen sich herunterbrechen auf die Grundsatzentscheidung zwischen Pragmatismus und Prinzipientreue. Ein Teil der AfD ist bereit, für das große Ganze auch mal alle fünfe gerade sein zu lassen, notfalls ein Gründungsdokument zu »korrigieren«. Der andere fordert unerbittlich für jede Situation die chemisch saubere Lösung – notfalls um den Preis, nicht zu Wahlen antreten zu können.

Vor dieser Grundsatzentscheidung stehen Politiker letztlich jeden Tag, auf allen Ebenen. Ob es nun darum geht, für einen neuen Bahnhof in Stuttgart 282 uralte Bäume zu fällen, oder ob es darum geht, für den Erhalt einer europäischen Währung Verträge zu brechen und Milliardensummen aufzubieten. Schon in der kleinen AfD spielten sich alle Dramen der großen Politik ab.

Wer diese Gründungsphase mit all ihren Fehlern und faulen Kompromissen durchhielt, entschied sich bewusst oder unbewusst für den pragmatischen, irgendwie auch vernünftigen Weg – und hatte damit schon den ersten Schritt in Richtung »Altpartei« getan.

2
Liberalismus: Beatrix von Storch

Persönliche Freiheit

Formal ist die AfD also gegründet, nun fehlt nur noch die Manpower. Allein in ihrem ersten Monat saugt die neue Bewegung 7000 Mitglieder auf, und als am Morgen des 13. April 2013 das Berliner Luxushotel »Intercontinental« seine Türen für den Gründungsparteitag öffnet, marschieren 1500 AfD-Anhänger in den Saal »Potsdam«. Ein älterer Herr schwenkt eine große Deutschlandfahne, ein weiterer trägt einen echten 100-Mark-Schein am Revers, und alle im Saal springen von ihren Sitzen auf, als Bernd Lucke die Teilnahme an der Bundestagswahl ankündigt. »Jetzt geht's los!«, skandieren sie.

Um die Fünfprozenthürde bei der Bundestagswahl überwinden zu können, werden Millionen Stimmen nötig sein. Die AfD braucht Multiplikatoren, und in der ersten Reihe im Saal »Potsdam« sitzt eine, auf deren Netzwerk sich Lucke schon früher verlassen hat: Beatrix von Storch, einst Rechtsanwältin, nun hauptberuflich Aktivistin. Den Saal hat sie untergehakt bei dem ehemaligen BDI-Präsidenten Hans-Olaf Henkel betreten, man kennt sich aus der Anti-Euro-Bewegung »Bündnis Bürgerwille«, bei der auch Lucke mitgewirkt hat.

Über dieses Netzwerk hat von Storch 7000 Deutsche für eine Klage gegen die Europäische Zentralbank (EZB) mobilisiert und angeblich Hunderttausende Mail-Adressen gesammelt. Henkel schwärmte damals über seine Mitstreiterin: »Eine tolle Frau, die alles aus persönlicher Überzeugung tut.« Und: »Mir scheinen ihre Positionen sehr liberal zu sein.«

Sehr liberal, alles aus persönlicher Überzeugung – genau dieses Bild will die Aktivistin von sich zeichnen. In Reden verweist von Storch gerne auf ihre frühere FDP-Zugehörigkeit, als die Partei noch liberal gewesen sei, und auf ihre Mitgliedschaft in der Friedrich August von Hayek-Gesellschaft, die das Erbe des namensgebenden liberalen Ökonomen pflegt.

Mit der Realität hat dieses Selbstbild der »Störchin«, wie sie AfD-intern heißt, wenig zu tun. Zwar spielt Freiheit in ihrer politischen Arbeit eine große Rolle, aber eher insofern, als dass sie sich die Freiheit nimmt, für ihre Zwecke Regeln zu ignorieren und die Wahrheit zurechtzubiegen. Nichtsdestoweniger steht von Storch für eine sehr wichtige Strömung in der Partei. Viele AfD-Mitglieder und -Wähler sagen, dass sie der Drang nach mehr wirtschaftlicher Freiheit und Meinungsfreiheit zur AfD gebracht habe. Die ganze Partei versteht sich als »liberale Kraft«, wie schon die Präambel ihres Programms zeigt: »Wir sind Liberale und Konservative«, heißt es darin, »wir sind freie Bürger unseres Landes.«

Programmatisch allerdings war die AfD nie eine wirtschaftsliberale Kraft, und auch gesellschaftspolitisch vertreten ihre Führungsfiguren liberale Werte nur, wo es ihnen gerade in den Kram passt. Versteht man Liberalismus als Weltanschauung, nach der jeder Einzelne sein Leben am besten selbst gestalten soll und Staat und Gesellschaft größtmögliche Zurückhaltung gegenüber der individuellen Persönlichkeitsentfaltung und der unternehmerischen Freiheit üben sollen, dann passt das Etikett »liberal« weder auf die AfD noch auf Beatrix von Storch.

Auf dem Gründungsparteitag zögern von Storch und Henkel noch, der AfD beizutreten. Für den Ex-Industriekapitän ist der Auftritt vor allem eine günstige Gelegenheit, mal wieder von Kameras eingefangen zu werden. Für die Frau, die später zur AfD-Vizechefin aufsteigen wird, geht es um mehr: Die neue Partei macht ihr Konkurrenz. Ihr ist klar, dass die AfD dieselben Sponsoren umwerben und dieselben Felder beackern wird, auf denen von Storch seit ihrem Studium gepflügt, gesät und geerntet hat.

Ihre Karriere als Protestunternehmerin begann für Beatrix Herzogin von Oldenburg Mitte der Neunzigerjahre auf einem Gebiet, das ihr aus familiären Gründen nahelag: der Restitution oder Entschädigung für 3 Millionen Hektar Grundbesitz, die nach dem Krieg in der Sowjetischen Besatzungszone enteignet worden waren. Von Storchs Familie väterlicherseits, die von Oldenburgs, waren nicht von Enteignung betroffen, sehr wohl aber die Familie mütterlicherseits, die Schwerin von Krosigks, darunter Beatrix' Großvater, Adolf Hitlers langjähriger Finanzminister. Die Familie hatte nach dem Krieg ein Gut in der Uckermark und mehrere Anwesen in Mitteldeutschland verloren. Wer mit von Storchs Verwandten über das Thema spricht, spürt, wie die Wut über diese Ungerechtigkeit noch immer brodelt.

Dass die CDU nach dem Mauerfall die »ostelbischen Junker« im Streit um ihre Gebiete im Stich ließ und nur mickrige Entschädigungen durchsetzte, dürfte zum ersten Bruch zwischen von Storch und den »Altparteien« geführt haben. 1996 begann ihre erste Mobilisierungskampagne, damals mit Kettenbriefen, Zeitungsanzeigen und Unterschriftenlisten. Die Aktion schlug ein: Schon zwei Jahre später konnte der Verein »Göttinger Kreis – Studenten für den Rechtsstaat e.V.«, den sie mitbegründet hatte, im Berliner Kongresszentrum Michail Gorbatschow und rund tausend weitere Gäste begrüßen.

In dieser Phase kam Beatrix nicht nur mit ihrem späteren Mann Sven von Storch zusammen, sondern knüpfte wertvolle Kontakte in das Vor-AfD-Milieu, zu betuchten Unternehmern und einflussreichen Publizisten, von denen später auch die Partei profitierte.

Nach dem Studium arbeitete sie zunächst als Anwältin für Insolvenzrecht. Aber bald habe das Politikfieber sie richtig gepackt, sagte von Storch einmal zu mir. Es sei ihr einfach spannender erschienen, das Land zu verändern, als Schriftsätze zu verfassen.

Ein Urteil des Berliner Arbeitsgerichts von Ende 2011 verrät freilich ein anderes, hässlicheres Ende ihrer Anwaltskarriere: Von Storch habe eine »verwandtschaftliche Verstrickung« in ein von ihr betreutes Insolvenzverfahren verschwiegen, heißt es da, daher hatte die Kanzlei der Juniorpartnerin einen Aufhebungsvertrag mit Abfindung angeboten. Als die Ex-Kollegen aber von Storchs Büro ausräumten, fanden sie im Schrank die »noch unbearbeitete« Originalakte eines Insolvenzverfahrens. Seit fünf Jahren hatte von Storch zu dem Fall keinen Bericht erstellt: »Die zahlreichen Sachstandsanfragen des Insolvenzgerichts haben wir lose liegend in ihrem Büro aufgefunden. Sie befanden sich zum Teil in einem Stapel alter Kopien«, klagte die Kanzlei. Nun wollte sie keinen Cent Abfindung mehr zahlen und kündigte von Storch fristlos. Die zog vor Gericht – und bekam Recht. Ihre Kündigung sei nicht »gerechtfertigt«, so das Urteil. Im Arbeitsrecht gelte das schon »im Rechtsdenken der Antike verwurzelte« Prinzip der Verhältnismäßigkeit.

So profitierte ausgerechnet die erklärte Wirtschaftsliberale, die im Land wieder »unternehmerische Eigenverantwortung und die private Haftung zur Geltung« bringen will, von der sozialen Ader der Justiz.

Als hauptberufliche Aktivistin erweiterte von Storch ihr Feld, stritt nun auch für den Schutz der traditionellen Familie vor der »Abtreibungsindustrie« und der »Homo- und Gender-Lobby«, für den Schutz der Hausfrau vor »Quoten-Terror« und den der Kinder vor »Frühsexualisierung«. Das Familienthema im weitesten Sinne ist von Storch bitterernst, anders als andere Positionen, die sie propagiert. Vielleicht liegt es daran, dass sie selbst kinderlos blieb. Mit diesen Themen band sie später auch eine wichtige, von allen anderen Parteien tief enttäuschte Wählergruppe an die AfD: Lebensschützer und erzkonservative Christen, die für ihre Anliegen auch fleißig spenden.

Herzstück der Storch-Aktivitäten ist der Verein »Zivile Koalition«, laut einem internen Strategiepapier gedacht als »Pressure Group«, die das »Interesse bürgerlicher Wähler wieder zur Geltung bringen soll«. In der Praxis bedeutet dies, Abgeordnete gezielt unter Druck zu setzen: »Befürworter werden gefördert, Neutrale werden diszipliniert, Gegner sanktioniert.« Das damals geplante Spendenaufkommen: 5 Millionen Euro im Jahr. Nicht ohne Grund galt in der frühen AfD das geflügelte Wort, dass von Storch nicht *für*, sondern *von* der »Zivilen Koalition« lebe. Die größte Wirkung entfaltete der Verein im Kampf gegen die Eurorettung, für den von Storch sämtliche digitalen Kanäle nutzte, von Facebook über YouTube bis zu Massen-Mailings. Derzeit prüft der Berliner Datenschutzbeauftragte, wie genau von Storch ihren riesigen E-Mail-Fundus akquirierte und ob bei seiner Verwaltung wenigstens die elementarsten Regeln des Datenschutzes eingehalten werden.

Auch das Finanzgebaren des Vereins ist fragwürdig. Als dem *Spiegel* im Frühjahr 2016 interne Dokumente der von Storchs zugespielt wurden, zeigte sich, dass die Vereinskonten Verschiebebahnhöfe waren: Kleine wie große Spenden von Bürgern flossen letztlich in einen Säckel, was auch immer ihr Zweck gewesen sein mochte – ob sie nun »gegen die Schuldenunion«, für »Lebensschutz in der EU« und die »Erhaltung deutscher Souveränität« oder für den »Wahlkampf AfD« gedacht waren. Sauber ist ein solcher Schmelztiegel nicht.

Sogar als üppig vergütete Europaabgeordnete (das ist sie seit 2014) bettelt von Storch immer noch in Rundmails um Geld: »Für die täglich anfallenden Kosten braucht Ihre Bürgerbewegung Ihre großherzige Unterstützung.« Dass die Chefin der »Bürgerbewegung« längst eine gut dotierte Berufspolitikerin ist, stört ihre Fans nicht.

Die Kontoauszüge zeigten, dass die von Storchs sich von ihrem Verein nicht nur die Miete zahlen ließen, sondern munter Spendengelder für private Zwecke nutzten: Hier eine Abbuchung für ein privates Abendessen, dort eine Monatskarte für den Berliner Nahverkehr, dann wieder eine Anwaltsrechnung auf den Namen von Storch oder eine Überweisung für private Stromrechnungen. Im Bundestagswahlkampf 2013 verschwanden 10 000 Euro von einem Konto der »Zivilen Koalition«, abgehoben in bar. Sven von Storch hob im Chile-Urlaub weitere 10 000 Euro ab, ohne erkennbare Rückzahlung.

Würden Vertreter einer »Altpartei« diesen Schlendrian pflegen, würde von Storch auf Facebook wohl von »griechischen Verhältnissen« schreiben und einen ihrer Lieblingssätze hinterherschieben: »Hat alles nix mit nix zu tun.« In ihrem eigenen Vereinsgeflecht hat dagegen alles mit allem zu tun: Die Vereine sind eine *family affair*, gegründet von einem stets nahezu identischen Kreis aus sieben Personen, fast alle enge Verwandte.

Das war hilfreich, als kurz vor der Bundestagswahl 2013 bekannt wurde, dass Sven von Storch satte 98 000 Euro vom Vereinskonto abgehoben hatte. Von dem Geld wurden Goldbarren gekauft. Als die Staatsanwaltschaft deshalb anklopfte, konnte von Storch beweisen, dass die sieben Vereinsmitglieder – darunter ihre Mutter, ihr Vater, ihr Cousin, ihr Gatte und sie selbst – einverstanden gewesen seien mit dem Deal, aus Sorge vor dem Zerfall des Euro.

Ob der Goldschatz heute noch im Schließfach liegt oder der Storch-Familie anderweitig dient, ist unklar. Anfragen hierzu an Beatrix von Storch ernten stets dieselbe barsche Antwort, dass »sämtliche Geschäftsvorfälle« der »Zivilen Koalition« vom Finanzamt und von Steuerberatern »geprüft und für ordnungsgemäß befunden« worden seien.

Auf Wahlplakaten warb von Storch einmal mit dem Slogan: »Wer heute Banken rettet, schlachtet morgen Ihr Sparschwein.«

Der Satz lässt sich wunderbar weiterentwickeln: Wer heute an einem gemeinnützigen Vereinskonto rumfingert, greift morgen auch in öffentliche Kassen.

Von Storch ist eine Frau voller Widersprüche. Das beginnt mit ihrer Abstammung. Formal führen die Adelsregister die von Oldenburgs in der höchsten Kategorie, auf Augenhöhe mit der Queen – mit dem Unterschied, dass die Queen noch regiert. Hätte die Familie nicht im November 1918 abdanken müssen, müsste man ihre Mitglieder heute mit »Hoheit« ansprechen. Optisch verkörpert von Storch jedoch eher das »Prinzip des stilvollen Verarmens« (Alexander von Schönburg), nämlich die Kunst, in knittriger Bluse und abgetragenem Blazer Haltung zu bewahren. Sie kann Gegner mit einem vernichtend-arroganten Blick zum Schweigen bringen, Parteigenossen mit einem Ton zurechtweisen, der einst für das Gesinde reserviert war, und ist sich gleichzeitig nicht zu schade, mit der Flüstertüte vom Verdeck eines ausrangierten Feuerwehrwagens aus die Massen zu mobilisieren. In sozialen Netzwerken lästert sie, es gebe ja leider keine »deutsche NATIONALMANNSCHAFT« mehr. In Talkshows behauptet sie, die Bundeskanzlerin werde bald nach Chile flüchten.

Feiern kann sie wie wenige in der AfD: Nachts auf dem Stuttgarter Parteitag von 2016 forderte von Storch, vom Whiskey beschwingt, den halben Vorstand zum Tanz auf: »Damenwahl!« AfD-Pressesprecher Christian Lüth haute Billy-Joel-Songs in die Tasten, Storch streifte die Pumps ab und schwofte mit dem Vize-Schatzmeister um die Bar des »Maritim«-Hotels. Aber diese Lockerheit sollte nicht trügen: Von Storch weiß genau, wo sie herkommt und wo die anderen hingehören. Ihr unerschütterliches Standesbewusstsein ist ihre große Stärke. Der Adelsstand mag abgeschafft sein, aber nicht im Kopf der Ex-Herzogin. Wenn Frauke Petry in Debatten angegriffen wird, röten sich ihre Wangen, im Zorn verhaspelt sie sich – wie jeder normale Mensch. Von Storch hat für kritische Journalisten, politische Gegner oder Tortenwerfer nur ein spöttisches Lächeln übrig. Sie findet sie so amüsant wie die wild durcheinanderkrabbelnden Kellerasseln unter einem umgedrehten Stein. Wird es doch einmal eng für sie, wie im Streit um den Schießbefehl auf Frauen mit Kindern an der Grenze, dann ist sie eben »mit der Maus abgerutscht«. Sie hält sich nur an die Regeln, die gerade passen. Die anderen werden notfalls passend gemacht.

Wirtschaftliche Freiheit

Eine entscheidende Triebkraft für die AfD-Gründung war der Ärger marktliberal eingestellter Bürger über das wirtschaftspolitische Versagen der schwarz-gelben Regierungskoalition, das man besonders der FDP anlastete. 14,9 Prozent hatten die Liberalen bei der Wahl von 2009 geholt, das beste Ergebnis seit ihrer Gründung. Aber vier Jahre später stachen in ihrer Regierungsbilanz vor allem die Steuererleichterungen für Hoteliers und die rechtlich wie ökonomisch fragwürdige Eurorettung hervor. Weder hatten sich die Liberalen sichtbar für eine große Steuer- oder Gesundheitsreform ins Zeug gelegt noch für den Schulden- oder Subventionsabbau, eine Lockerung des Arbeitsrechts oder die Beschneidung der deutschen Bürokratie.

Der Zorn der enttäuschten Mittelständler, Familienunternehmer, Manager und betuchten Bürger beflügelte die AfD-Gründung. Bernd Lucke betonte zwar stets, er sei in gesellschaftspolitischer Hinsicht »kein Liberaler«, aber er wollte die Partei in die liberale Marktlücke bugsieren. Der Gründungsvorstand stand mehrheitlich auf seiner Seite – nicht aber die AfD-Basis. Die ideologischen Gräben zeigten sich schon auf dem Gründungsparteitag. Der Liveticker der rechtskonservativen Zeitung *Junge Freiheit* dokumentiert sie:

»18.45 Uhr. Ein Redner fordert lautstark, die Privatisierung der Wasserversorgung in Europa zu verbieten. Lucke zieht mit seiner Antwort Unmut auf sich: Er will diese nicht generell verbieten und verweist auf den Telekommunikationsmarkt, wo es im Verlauf der Liberalisierung zu starken Preisrückgängen gekommen war. … Es wird erstaunlich emotional. Am Ende wird der Antrag abgelehnt.«

Die »erstaunlich emotionale« Reaktion auf Luckes Offenheit für Deregulierung ist nur ein kleines Indiz für die große Lebenslüge der AfD: Sie ist keine marktliberale Kraft, sondern war stets eine »Partei der kleinen Leute« (Alexander Gauland). Seit je finden sich in AfD-Foren Kampfansagen gegen den »Neoliberalismus« und den »Kuschelkurs« der Altparteien mit Industrie und Banken sowie Plädoyers für höhere Mindestlöhne und ein bedingungsloses Grundeinkommen. Dass Parteichefin Petry den Mindestlohn als »Jobkiller-Gesetz« ablehnte, ist lange her. Heute befürwortet sie ihn.

Lucke dürfte das erste Mal aus seinem liberalen Schlummer erwacht sein, als die AfD-Basis auf dem Parteitag von Erfurt 2014 mit großer Mehrheit gegen das transatlantische Freihandelsabkommen TTIP votierte. Fast verzweifelt warb Lucke, das Abkommen sei doch »sehr im deutschen Interesse«. Warum auf viele neue Arbeitsplätze und einen absehbaren Wohlstandsgewinn verzichten?

Die Antwort gab, stellvertretend für die Basis, Beatrix von Storch: »Dieses Abkommen ist nicht fair, und es geht zu unseren Lasten.« Schon in früheren Reden hatte sie sich gegen TTIP positioniert: »Gegen Freihandel an sich ist kein Mensch.« Aber der wahre Plan hinter TTIP sei doch, »internationale Konzerne« zu ermächtigen, die Bundesrepublik zu verklagen, falls deutsche Gesetze ihre »Profite verhindern« würden.

Die Aussage ist nicht nur eine grobe Verzerrung der TTIP-

Inhalte, sie zeigt auch, dass von Storch wenig Wert auf den Rechtsschutz privater Unternehmen gegen staatliche Eingriffe legt. Dabei ist genau dies Kern jeder freiheitlichen Marktordnung. Es gibt viele starke Argumente gegen TTIP – es fragt sich nur, ob der, der sie vorträgt, ein Liberaler ist. Aussagen wie die der »Störchin« hätten auch von Linken-Fraktionschefin Sahra Wagenknecht kommen können.

Verdächtig ähnlich klangen auch viele Aussagen von Frauke Petry und Sahra Wagenknecht in einem Doppelinterview mit der *Frankfurter Allgemeinen Sonntagszeitung* im Sommer 2016: Beide Politikerinnen sind gegen TTIP, beide wollen Geringverdiener stärken, beide wünschen sich einen starken Staat, beide warnen vor zu starken Großkonzernen und fordern höhere Renten.

Alexander Gauland warb 2014 im Landtagswahlkampf in Brandenburg denn auch gezielt um die Stimmen der Linken-Wähler: »Trotz aller Meinungsverschiedenheiten verbindet uns manches«, schrieb er. »Wir mögen keine amerikanische Dominanz und schon gar kein Freihandelsabkommen, das unsere ökologischen und Sozialstandards unterläuft.«

Die AfD-Wähler hörten die Signale auch wenig später bei der Thüringen-Wahl: Eine Auswertung von Infratest dimap ergab, dass das wichtigste Motiv der Wähler für ein Kreuz bei der AfD das Thema »soziale Gerechtigkeit« gewesen sei.

Vor allem das Parteiprogramm der AfD offenbart ihre ganze wirtschaftspolitische Widersprüchlichkeit: Das Werk enthält viele urliberale Forderungen, konterkariert sie aber mit vielen Ideen für den Ausbau staatlicher Macht. So befürwortet die AfD den Mindestlohn, ein klassisches linkes Anliegen, fordert zugleich aber eine »Obergrenze« für Steuern und Abgaben sowie einen Stufentarif bei der Einkommensteuer, der den Staat Einnahmen in Milliardenhöhe kosten könnte. Die AfD propagiert auch einen »schlanken Staat«, der sich ganz auf die innere

Sicherheit, Justiz, Steuern und Außenpolitik konzentrieren soll. Aber es soll ein starker Staat sein, mit einem teuren Sicherheitsapparat und einer größeren Bundeswehr. Ein Staat, der die Gesellschaft aktiv lenkt und alle Hebel für mehr Geburten in Bewegung setzen soll. Sogar teure DDR-Methoden klingen hier durch, etwa in der Idee, jungen Paaren eine Art »Existenzgründer«-Darlehen für Studium und Hauskauf zu gewähren, das sie durch die Geburt von Kindern »zurückzahlen« können. TTIP lehnt die AfD ab, sie will aber gleichzeitig »Handelsschranken in Europa und weltweit abbauen«. Allerdings würde die AfD zur Abschottung gegen Flüchtlinge die deutschen Grenzen schließen – auch wenn Lastwagen mit Handelswaren dann an Grenzübergängen stundenlang im Stau stünden.

Der Vorteil dieses ideologischen Patchwork-Programms ist, dass beide Lager, Etatisten wie Liberale, im AfD-Programm Argumente finden und bei ihren Anhängern für die Partei werben können. Der Nachteil zeigte sich, als Beatrix von Storch sich im ZDF in der Frage verhedderte, ob sie nun eigentlich für oder gegen den Mindestlohn sei. Das Programm der Bundes-AfD ist dafür, das Programm ihres Landesverbands Berlin dagegen. »Ich glaube, man kann sich da jetzt verbeißen, aber das löst die Probleme der Menschen nicht«, eierte von Storch unter dem Gelächter der Zuschauer herum. Sie hätte sich leicht damit rechtfertigen können, dass man in der Politik eben auch mal Kompromisse schließen muss. Aber das hätte verdächtig nach »Altpartei« geklungen.

Der Liberalismus in der AfD ist also keine Strömung, er ist eher ein Rinnsal, und er ist nationalliberaler Prägung. Diese politische Haltung geht davon aus, dass individuelle Freiheit nur von einem starken Staat garantiert werden könne. Und dass der Einzelne sich diese Freiheit verdienen, und zwar erarbeiten muss.

In wirtschaftlicher Hinsicht stehen die Nationalliberalen

aber vor einer Frage, die schon Thilo Sarrazin aufwarf: Wie ist mit denen umzugehen, die zum Erhalt des starken Staates keinen Beitrag leisten, die Arbeitslosen beispielsweise? Sollen diese Kostgänger die gleiche Freiheit und die gleichen Rechten genießen wie die Leistungsträger? Oder soll nur mitbestimmen und mitessen, wer zum deutschen Wohlstand beiträgt?

Sarrazin hat diese demokratische Gretchenfrage zwar nie beantwortet, aber er macht in seinen Büchern sehr deutlich, dass es legitim sei, sie zu stellen, insbesondere mit Blick auf integrationsunwillige Migranten.

Die AfD hat dazu keine offizielle Position. Wenn sie für Volksentscheide wirbt, knüpft sie das Stimmrecht nicht an die Leistungsbilanz der Bürger. Aber die Idee ist schon eingesickert in die Partei. Sie kam von nationalliberalen Vordenkern wie dem Publizisten André Lichtschlag, der 2006 in der *Welt* forderte, man solle allen »Nettostaatsprofiteuren« das Wahlrecht entziehen – allen Arbeitslosen, aber auch allen Beamten. Nur Akteure der Privatwirtschaft sollten mitbestimmen dürfen. AfD-Mitgründer Konrad Adam pflichtete ihm wenig später, ebenfalls in der *Welt*, bei: »Das Übergewicht der Passiven lähmt auf die Dauer auch die Aktiven und zerstört den Willen zur Zukunft.«

Wäre diese Meinung mehrheitsfähig, dann wäre eine große Zahl der AfD-Anhänger von Wahlen ausgeschlossen. Schon deshalb dürfte die Partei die wirtschaftliche Leistungsfähigkeit so schnell nicht mit der demokratischen Teilhabe verknüpfen.

Sehr wohl verknüpfen AfD-Politiker aber die soziale Gerechtigkeit und die nationale Frage. Dieser Aspekt taucht vor allem in Björn Höckes Reden auf, etwa auf einer Demonstration in Erfurt im Herbst 2016: »Die einzige Partei der sozialen Gerechtigkeit für uns Deutsche, das ist die AfD. Der Asyl-Tsunami wird uns mittelfristig eine Billion Euro kosten. Die Altparteien verschenken unser Geld und sie zerstören die sozialen Sicherungssysteme.« Deutschland stehe deshalb vor einer »neuen sozialen Frage«, so Höcke, die auch nur »wir Deutsche« beantworten könnten. »Bei dieser neuen sozialen Frage geht es in erster Linie nicht darum, ob das Volksvermögen von oben nach unten, von Jung nach Alt oder von Alt nach Jung verteilt wird. Es geht in erster Linie … um die Verteilung unseres Volksvermögens von innen nach außen, also vom Inland ins Ausland.«

Genauer gesagt: von den Volkszugehörigen zu den Außenstehenden. Von den Deutschen zu den Ausländern. Es ist ein unverhohlen nationalistischer Sozialismus, den Höcke predigt – kurzum: Nationalsozialismus. Diese Haltung ist in der AfD fraglos mehrheitsfähig.

Meinungsfreiheit

Political Correctness

Im Frühjahr 2016 lädt die AfD Thor Kunkel in ihre Bundesgeschäftsstelle ein. Der Bestseller-Autor und Chef einer Werbeagentur im Schweizer Kanton Wallis soll Ideen für den Wahlkampf in Berlin liefern. Da er schon mal einen Skandalroman veröffentlichte über Nazis, die Pornofilme drehen, kennt er sich aus im Geschäft mit Tabubrüchen.

Kunkel hat klare Vorstellungen, wie die AfD in den Wahlkampf gehen soll: ohne spießige Kandidatenfotos auf blauem Grund, ohne Gähnslogans über Freiheit und Sicherheit. Seine Präsentation stellt die AfD als extraterrestrischen Superhelden dar, als aufrechten, ständig missverstandenen »Silver Surfer«, der das Land von einem übermächtigen Geflecht aus Medien und Politikern befreit, der die Gleichschaltung der Bürger durch Multikulti-Ideologie und politische Korrektheit beendet. Die AfD sprengt eure Fesseln, das müsse die Kampagne ausdrücken, sagt Kunkel. Die Markenbotschaft der Partei fasst er in einem Satz zusammen: »Das wird man doch wohl sagen dürfen.«

Auf der Basis von Kunkels Manifest lässt die AfD sich eine Kampagne entwickeln, die einzigartig im Berliner Wahlkampf ist. Auf ihren Plakaten sagt eine blonde Frau: »Damit es auf dem nächsten ›Karneval der Kulturen‹ nicht wieder zu Übergriffen auf Frauen kommt, wähle ich diesmal die AfD.«

Ein bärtiger Hippie sagt: »Mein marokkanischer Dealer kriegt sein Leben komplett vom Staat finanziert. Irgendwas ist in Deutschland oberfaul, deshalb wähle ich die Alternative.«

Ein junger Muslim sagt: »Ich wähle die AfD, weil ich weiß, was der Islam bedeuten kann, wenn wir nicht aufpassen. Meine deutschen Freunde, lasst uns diese tolle Stadt Berlin, unsere Heimat, beschützen!«

Sympathische Berliner hetzen hier gegen Minderheiten, manchmal hetzt auch Randgruppe gegen Randgruppe. Die Botschaften sind auf geniale Weise subtil und tabulos. Sagen diese Kunstfiguren nicht die Wahrheit? »Das wird man doch wohl sagen dürfen!«

Kunkel hat den Nerv der AfD-Anhänger getroffen. Wenn es ein Thema gibt, das wirklich alle vereint und mobilisiert, dann ist es die Meinungsfreiheit, der Kampf gegen Political Correctness. Das Thema überspannt alle sozialen Schichten – ein Handwerker möchte ebenso wie ein Topmanager flapsige Sprüche ohne drohende Moralkeule reißen. Auch international eint das Thema alle populistischen Bewegungen: In den USA siegte Donald Trump damit, in Österreich die FPÖ und in Frankreich legte der Front National zu. Auch die AfD wird mit diesem Thema 2017 Erfolge feiern.

Wie wichtig die Meinungsfreiheit schon auf dem Gründungsparteitag in Berlin war, zeigt abermals der Live-Ticker der *Jungen Freiheit:*

»18.20 Uhr: Bernd Lucke rechtfertigt die Streichung des Begriffes ›Gängelung‹ im Kontext der Meinungsfreiheit in Deutschland aus dem Parteiprogramm. Manchmal müsse man sich verbal etwas zurücknehmen. Zudem gäbe es keine von der Bundesregierung betriebene Einschränkung der Meinungsfreiheit. Lucke provoziert damit erstmals leisen Widerspruch unter den AfD-Mitgliedern.«

Es gibt keine staatliche Gängelung der Meinungsfreiheit? Dass sich bloß »leiser Widerspruch« gegen diese Aussage Luckes regte, muss noch der Anfangseuphorie der AfD-Gründer geschuldet gewesen sein. Die meisten im Saal dürften felsenfest vom Gegenteil überzeugt gewesen sein. Hatten sie nicht seit Jahren Indizien gesammelt?

- Der Abstieg von FDP-Mann Rainer Brüderle wegen seiner Sprüche über die Oberweite einer *Stern*-Reporterin.
- Die »Nachrichten« der »linksversifften« Medien, die viele Bürger als pure Meinungsmache und Regierungspropaganda empfanden.
- Und natürlich die politische Korrektheit, derentwegen aus Studenten »Studierende« wurden, das Wort »Neger« aus Mark Twains Romanen getilgt wurde und sogar Gott plötzlich weiblich sein konnte.

An sich ist das Anliegen der Political-Correctness-Bewegung sympathisch: Jeder soll seine Mitmenschen anständig und respektvoll behandeln, niemand für angeborene Schwächen, wegen seiner Religion oder Hautfarbe herabgewürdigt werden. Diese Prinzipien, die auf dem Papier auch jeder AfD-Anhänger unterschreiben würde, sollen aber nach der Idee der Political Correctness auch aktiv kommuniziert werden. Starke sollen ihren Respekt vor den Schwachen ausdrücken, indem sie sich abschätzige Sprüche verkneifen. Das bedeutet Selbstkontrolle, eine gewisse Einschränkung der sprachlichen Freiheit, den Verzicht auf lange selbstverständlich verwendete Begriffe.

Anfangs dürften viele Deutsche bereitwillig Rücksicht genommen haben, aber schnell wurden die »Sprachzensoren« vielen zu übergriffig. Auf »Neger« kann man ja verzichten, aber wieso auch auf »Negerkuss« oder »Mohrenkopf«? Warum überall Binnen-I, Sternchen oder Unterstriche? Warum darf EU-Kommissar Günther Oettinger nicht lästern, dass alle Chinesen gleich aussähen mit ihren Schlitzaugen und schuhcremeschwarzen Haaren?

Die Pflicht zur Toleranz fühlt sich für viele im AfD-Milieu an wie Unterdrückung, den Respekt für Minderheiten sehen sie als Marginalisierung der Mehrheit. Was als einfacher Überdruss begann, wuchs zu einem Gefühl der Bedrohung, bei manchen bis zu der wahnhaften Paranoia, dass Staat und Medien gezielte Gehirnwäsche betreiben würden. Dass gerade eine AfD-Regierung bereit zur Gehirnwäsche wäre, sehen sie freilich nicht. Die Forderung der AfD Sachsen-Anhalt nach einem »Familienkundeunterricht«, der Kindern »alle sozialen, biologischen, medizinischen und politischen Fragen des Ehelebens« nahebringen soll, wird als vernünftig beklatscht.

Die Fans der Political Correctness sind zu weit gegangen, das sagen sogar Grünen-Politiker wie Winfried Kretschmann. Sie haben sich so sehr in Details verrannt, dass das Pendel nun zurückschwingt: Jetzt gilt es als mutig, unanständig zu sein. Viele Deutsche wollen sich überhaupt nicht mehr zügeln. Sie schmähen Politiker als »Falschgeld-Eliten« und »Systemlinge«, Journalisten als »Dummschwätzer« und »Mietmäuler«, und Gerichte als »Hure Justizia«.

Besondere Freude bereitet es im AfD-Milieu, Muslime zu provozieren, weil die »Eselficker« und »Türkenschlampen« immer so schön beleidigt reagieren. Seht her, heißt es dann, die sind unserer liberalen Kultur nicht gewachsen. Die eigene Intoleranz wird umdefiniert und pseudolegitimiert als Mittel, die Intoleranz der anderen aufzudecken. Ihre Beleidigungen verstehen diese Kreise als Präventivschläge.

Das AfD-Milieu pflegt insofern ein paradoxes Verständnis von Freiheit, nämlich ein im Kern unfreies, intolerantes und autoritäres. Es ist ein ausgrenzender Vulgärliberalismus, der ganze Wissenschaftszweige wie die Klimaforschung mit einem Handstreich vom Tisch fegt. Wer sich gegen deftige Sprüche nicht behaupten kann, heißt es in der AfD, sei der Meinungsfreiheit eben nicht gewachsen. Wenn aber ein Mitarbeiter der Werbeagentur »Scholz & Friends« Unternehmen dazu aufruft, rechte Blogs nicht auch noch mit Werbung zu unterstützen, ist das keine Meinungsfreiheit, die ertragen werden muss, sondern »Denunziantentum«. Dann gönnt die rechte Szene dem Werber für seine Meinung auch ein paar Morddrohungen. Mit Liberalismus hat diese Haltung nichts zu tun, eher mit Sozialdarwinismus.

Diese Weltanschauung ist nicht auf die Partei oder ihre Online-Arenen beschränkt, sie grassiert auch in bürgerlichen Horten des Liberalismus. Anfang 2015 verließ der Autor Michael Miersch sein Blog-Portal »Achse des Guten«, weil er eine Stimmung wahrnahm, die »kaum noch etwas gemein hat mit der ursprünglich liberalen, weltoffenen und aufgeklärten Haltung dieses Autorenblogs«.

Der vulgäre Freiheitsdrang erfasste 2015 auch die liberale Friedrich August von Hayek-Gesellschaft. Vergeblich warnte deren Vorsitzende Karen Horn in einem Artikel in der *Frankfurter Allgemeinen Sonntagszeitung* vor einer »rechten Unterwanderung« ihrer Organisation. »Wo nur kommt der Brass auf Ausländer in den eigenen Reihen her? Das Schönreden von Diskriminierung?«, klagte Horn. »Was da am rechten Rand wächst, hat den Namen Liberalismus nicht verdient.« Doch Horn scheiterte. Auf dem Jahrestreffen der Hayek-Gesellschaft wurde sie als Gegnerin der Freiheit niedergebrüllt und musste ihr Amt räumen. Mit ihren schönen Beinen könne sie doch bei der FDP anheuern, höhnte man ihr hinterher.

Ein Jahr später musste der Vorstand der Hayek-Gesellschaft erkennen, dass Horn recht gehabt hatte: Man hatte sich jede Menge Freiheitsfeinde an Bord geholt. Beatrix von Storch wurde gebeten, freiwillig auszutreten – aber sie lehnte ab. Nun will man sie rauswerfen, über eine eigens neu geschaffene Klausel in der Vereinssatzung. Doch ob die mittlerweile sehr AfD-freundliche Mitgliedschaft dafür votiert, ist ungewiss.

Den Streit in dieser kleinen, elitären Gesellschaft kann man als stellvertretend für eine große Unsicherheit im gesamten bürgerlichen Milieu sehen: Für Meinungsfreiheit ist jeder irgendwie, aber wo ist die Grenze? Und was, wenn ich selbst einmal jenseits der Grenze stehe? Nicht nur die Pöbler und Hetzer bangen um ihre »Meinungsfreiheit«. Jeder dritte Deutsche hat Angst, seine politische Meinung öffentlich nicht frei äußern zu können, ergab der »Freiheitsindex« des Heidelberger John Stuart Mill Instituts im Herbst 2016. Es war der höchste Wert seit der Wiedervereinigung. Dabei gab es wohl seit der Wiedervereinigung nie eine Zeit, in der die Deutschen so aggressiv pöbeln durften wie jetzt.

AfD-Funktionäre bestätigen ihre Anhänger in diesem Verfolgungswahn, wie Frauke Petry Ende 2014 in einer Landtagsrede: »Ich behaupte nicht, dass die Situation heute mit der in der DDR gleichzusetzen ist. Aber wir bewegen uns atmosphärisch im Empfinden vieler Bürger in genau die gleiche Richtung, die wir vor 1989 erlebt haben.« Wer eine von der Mehrheit abweichende Meinung äußere, werde als »rechtspopulistisch, fremdenfeindlich, rassistisch, nazi, homophob« diffamiert.

Das AfD-Milieu sieht eine solche Aussage nicht als die krasse Übertreibung, die sie ist, sondern als Wahrheit. Dabei kann von einer Rückkehr des Unrechtsstaats DDR, in dem Andersdenkende systematisch bespitzelt, eingesperrt und gefoltert wurden, wohl kaum die Rede sein in einem Land, in dem Facebook-Nutzer unbehelligt über brennende Flüchtlingsheime frohlocken können oder die Kanzlerin ungestraft als »Fotze« beschimpft werden kann.

Aber AfD-»Liberale« sind eben wie die Männer, die Herbert Grönemeyer besingt: »Außen hart und innen ganz weich.« Für sie grenzt es an eine persönliche Beleidigung, dass ein Facebook-Nutzer zwischen sechzig gleichwertigen »Geschlechtern« wählen kann. Warum freuen sie sich nicht, sich ihres eigenen Geschlechts so sicher zu sein? Für diese Leute fühlt sich jeder Widerspruch wie Ausgrenzung an, und allein die Tatsache, dass die Mehrheit in manchen Bereichen anders denkt als sie, gilt vielen als Verfolgung. Aber nicht jede Minderheit ist eine unterdrückte Minderheit. Und schon gar nicht ist die Minderheit zwangsläufig im Recht. Aber solange die AfD-»Liberalen« ihre Ansichten nicht auf allen Kanälen unwidersprochen verkündet und beklatscht sehen, gibt es für sie keine wahre Meinungsfreiheit.

Wegen dieser Haltung protegiert die AfD, dieser »Führerbunker der Meinungsfreiheit« (Harald Martenstein), einen Autor antisemitischer Schriften in ihren Reihen. Wegen dieser Haltung begann der Abstieg von Bernd Lucke, als er die Basis aufforderte, sich von wirren Verschwörungstheoretikern wie den Reichsbürgern zu distanzieren. Denn »Abgrenzeritis« in jeder Form ist AfD-Mitgliedern ein Gräuel.

Für Friedrich August von Hayek bedeutete Liberalismus, »andere in ihrer eigenen Weise glücklich werden zu lassen und an jener Toleranz konsequent festzuhalten«. Die AfD hält konsequent an der Intoleranz fest.

Wahrheit und Lüge

Die AfD lebt von der Überzeugung ihrer Mitglieder, dass die reale Welt und deren Darstellung in den Medien nichts mit einander zu tun hätten. Diese Überzeugung musste die Partei nicht erst wecken, viele Bürger haben diesen Eindruck seit Jahrzehnten. Ihr Ärger gilt vor allem den öffentlich-rechtlichen Sendern, die doch »mit unserem Gebührengeld« nicht informieren, sondern die Deutschen »erziehen« wollten.

Die Kritik zielt auf die Talkshows, in denen Euro-, Gender- und Islamkritiker stets in der Minderzahl zu sein scheinen und aus Sicht des AfD-Milieus unfair als »antieuropäisch«, »homophob« oder »islamophob« abgestempelt würden. Es geht weiter mit öffentlich-rechtlichen Sendungen über die rechte Szene, in denen die Moderatorin sagt: »Also ich weiß nicht, wie es Ihnen geht, aber mir jagt dieser Bericht mehr als einen Schauer über den Rücken.« Und es reicht bis hin zur »Tagesschau«, die nach dem Eindruck der AfD-Wähler immer nur kulleräugige Flüchtlingskinder zeige, aber nie die finster blickenden jungen Männer.

Viele dieser Vorwürfe sind überzogen – die Meinung einer Kleinpartei, die nicht im Bundestag sitzt, muss in einer Talkshow nicht gleichgewichtig mit einer Regierungspartei vertreten sein. Aber viele Kritikpunkte sind eben auch berechtigt, und mittlerweile hört man sie selbst von Senderchefs und Print-Chefredakteuren.

Durch die augenscheinlich zögerliche Berichterstattung über die Kölner Silvesternacht beispielsweise sehen sich viele AfD-Mitglieder zusätzlich bestätigt. Dass die Taten erst Tage später bundesweit bekannt wurden, gilt ihnen als Beweis, dass die Deutschen einer auf links gedrehten medialen Meinungsdiktatur ausgesetzt seien. Dabei lag die Langsamkeit der medialen Maschinerie an ganz anderen Gründen: In der Silvesternacht zog die dramatische Evakuierung des Münchner Bahnhofs wegen einer Terrorwarnung viel mehr Aufmerksamkeit auf sich. Hinzu kam, dass die Kölner Polizei die Taten zunächst verschwieg, sodass Nachrichtenagenturen sie nicht vermelden konnten. Lokale Kölner Medien berichteten zwar früh, aber überregionale Sender und Zeitungen – die zudem während der Feiertage dünn besetzt waren – konnten zwangsläufig erst später nachziehen. Unter diesen Umständen sind drei Tage Verspätung durchaus erklärbar. Aber im AfD-Milieu finden rationale Argumente, zumal wenn es um die Presse geht, schwer Gehör.

Es ist eine Standardmethode der AfD, über soziale Medien unerwünschte Berichte regelrecht abzuschießen. Erscheint ein Interview nicht in der gewünschten Länge, verbreitet Frauke Petry es eben samt empörter Kommentierung über Facebook. Als ein voreiliges Zitat von ihr in der *Welt* über mögliche »brutale« Rentenkürzungen für Ärger in der AfD sorgte, schrieb sie auf Facebook, man habe ihre Aussage »stark gekürzt« und verfälscht. Die *Welt* konnte das Gegenteil belegen – aber die Klarstellung ging in den Kommentaren empörter AfD-Fans unter.

Zum Glück der AfD verfolgen immer mehr Deutsche die Nachrichten nur noch über soziale Medien. In den Vereinigten Staaten gelte das bereits für 44 Prozent der Bürger, für nahezu die Hälfte der erwachsenen US-Bürger sei Facebook die wesentliche Quelle für Nachrichten, meldete das *Handelsblatt*. In dieser »geschlossenen Abteilung des Internets« (Evelyn Roll) lassen sich Einzelfälle problemlos zu Trends hochstilisieren. Artikel aus der »Mainstream-Presse« werden hier nur verbreitet, wenn sie ins Weltbild passen.

Weil seriöse Medien den vielen Gerüchten und Vorurteilen, etwa über Taxi fahrende Flüchtlinge, keinen Raum geben, weil sie aus einer Vergewaltigung nicht flächendeckende Übergriffe machen, verstärkt sich für AfD-Anhänger der Eindruck einer »Lückenpresse«. Aber auch hier gilt: »Jeder hat das Recht auf eine eigene Meinung, aber niemand hat das Recht auf eigene

Fakten« (Evelyn Roll). Was schlicht falsch oder gelogen ist, darf die Presse nicht nur ignorieren, sie muss es tun.

Bei der AfD werden Journalisten dafür ignoriert und ausgebremst. Dass Medien von Parteitagen ausgeschlossen werden, ist nur ein Beispiel. Von Anfang an versuchte die AfD, eine aus ihrer Sicht »faire«, mit anderen Worten positive Berichterstattung zu erzwingen. Als Ukip-Chef Nigel Farage 2014 vor der AfD-Jugend auftrat, verschickte die »Junge Alternative« (JA) an TV- und Radiojournalisten einen detaillierten Knebelvertrag: Niemand dürfe mehr als zehn Minuten Filmmaterial veröffentlichen, und wer mehr als drei Minuten senden wolle, müsse darin sichtbar und hörbar auf die Internetseite der JA verweisen. Die Strafe bei Zuwiderhandlung: 10 000 Euro.

Wenn die seriöse Presse nicht spuren will, suchen AfD-Fans sich genehmere »Fakten« auf Portalen wie *Epoch-Times.de*, *Compact-online* oder bei Veröffentlichungen des Kopp-Verlags. Hier werden auch Falschmeldungen *(Fake News)* nicht korrigiert, wie etwa die Berichte über ein angeblich von Flüchtlingen vergewaltigtes deutsch-russisches Mädchen, die sich als Erfindung herausstellten. Die offensichtliche Parteilichkeit und die teils wilden Manipulationen der Wahrheit in diesen Hetzportalen stört das AfD-Publikum nicht. Denn hier wird ja die eigene Partei gefeiert und die eigene Meinung bestätigt.

Auch Beatrix von Storch betreibt ihre eigene postfaktische Propagandaseite namens *freiewelt.net*. Sie erinnert an die amerikanische Plattform *Breitbart*, die Donald Trumps Wahlsieg förderte. Auf *freiewelt.net* findet man die schlechtesten Nachrichten des Tages, zusammenkopiert aus anderen Portalen, verdreht, verzerrt und auf Krawall gebürstet. Hier wird der Weltuntergang täglich aufs Neue beschworen – und Schuld sind die Flüchtlinge, die Euro-Schummler und das »Establishment«. Dazu gibt es Interviews des Von-Storch-Teams mit von Storch selbst (»Sie haben der Bundeskanzlerin mehrfachen Rechtsbruch vorgeworfen. Was meinen Sie damit?«) und Umfragen wie: »Sehen Sie Merkel noch in der Lage, die Regierung zu führen?« (94 Prozent: Nein).

Meinungsfreiheit bedeutet für Beatrix von Storch, die Realität der eigenen Meinung anzupassen, beispielsweise bei ihrem Lieblingsthema, der »Frühsexualisierung« von Kindern. So schildert von Storch ihren Zuhörern gerne, dass sogar die Bundeszentrale für gesundheitliche Aufklärung heute schon in einer Broschüre Sexaufklärung und Masturbation für Kindergartenkinder fordere.

Tatsächlich gibt es eine Broschüre, nur enthält sie nichts dergleichen, sondern lediglich eine Tabelle über die Entwicklungsstufen kindlicher Sexualität. Pädagogen sollten sich bewusst machen, dass schon Kleinkinder unter drei Jahren masturbieren – von Storch macht daraus »Förderung der Masturbation ab dem Kleinkindalter«. Aus dem Hinweis auf die wissenschaftliche Tatsache, dass kleine Jungs (und Mädchen) einander gerne anfassen, wird in den Reden der AfD-Politikern »die Vermittlung von Homosexualität im Kindergarten«. Und aus der Information, dass schon Grundschulkinder fragen, wie die Babys gemacht werden, wird bei von Storch »die Vorbereitung auf das erste Mal in der Grundschule«. Geht es nach der AfD-Frau, sollten Erzieher und Lehrer auf dieses natürliche kindliche Verhalten wohl am besten gar nicht reagieren, vielleicht die Flucht ergreifen oder sich die Ohren zuhalten. Von Storchs Schilderung dieser angeblichen Abgründe kommen unter dem Denkmantel der Meinungsfreiheit daher – dabei praktiziert sie nichts als vorsätzliche Wählertäuschung. »Wahrheit« ist eben auch für eine Partei mit »Mut zur Wahrheit« ein dehnbarer Begriff.

Auch jenseits der Medienwelt wirft die AfD der linken Mehrheitsgesellschaft vor, die Wahrheit zu verdrehen. Und auch hier sind ihre Vorwürfe teilweise berechtigt: Friedliche, gemäßigte Parteimitglieder werden mitunter von ihren Arbeitgebern kaltgestellt, dürfen in Fußballvereinen plötzlich nicht mehr die Kindermannschaft trainieren. Kneipenwirte, die AfD-Veranstaltungen ausrichten, werden boykottiert, es gab Brandanschläge. Der Mainzer AfD-Fraktionschef Uwe Junge wurde von vier Männern angegriffen und verprügelt, Bundessprecher Jörg Meuthen wurde mit einer tiefgefrorenen Torte beworfen. In Berlin wäre ein Parteimitarbeiter um ein Haar verunglückt, weil jemand alle Reifenmuttern an seinem Auto gelockert hatte.

Mit Linksradikalen wie in der Berliner Rigaer Straße werde geduldig verhandelt, klagt die AfD, aber mit ihnen mache man kurzen Prozess. Der Vorwurf lässt sich nicht ganz von der Hand weisen. Um es mit dem Historiker Ernst Nolte zu sagen: »Was sind das für Menschen, die gegen rechts in dem Sinne polemisieren, dass sie eine Rechte überhaupt nicht akzeptieren wollen? Das sind doch totalitäre Gedanken, die der Idee einer pluralistischen Demokratie, die man sonst so hoch erhebt, direkt widersprechen.« Es gibt in Deutschland ein radikal linkes Milieu, das den Drang verspürt, alles, was irgendwie rechts ist, einfach ohne weitere Differenzierung kaltzustellen, auch die Harmlosen, die Friedlichen, die Ungefährlichen. Einzige Gewinnerin in diesem Spiel ist die AfD.

Übergriffe auf die Partei lassen die politische Konkurrenz meistens kalt. Als die Betreiber eines linksradikalen Internetportals im vergangenen Mai gut 2000 Namen, Adressen, Handynummern und E-Mail-Adressen der Teilnehmer eines AfD-Parteitags veröffentlichten – »Gute Jagd an alle«, schrieb ein Kommentator dazu –, kritisierte weder der für Datenschutz zuständige Innenminister Thomas de Maizière den krassen Eingriff in Persönlichkeitsrechte noch Justizminister Heiko Maas. Man schien der Partei den Ärger zu gönnen.

Da fällt es der AfD auch leicht, ihre Verantwortung für rechte Gewalt herunterzuspielen. In Talkshows hat Frauke Petry für jeden Vorwurf, ihre Partei schüre Ressentiments und säe

Gewalt, Gegenbeispiele für linke Angriffe parat. Dabei sprechen die Zahlen gegen die AfD: Nach der jüngsten BKA-Statistik von Mai 2016 wächst zwar in beiden politischen Lagern die Gewaltbereitschaft. Doch im rechten Milieu sind insbesondere die Steigerungsrate und Schwere der Taten viel größer als im linken.

Im Spannungsfeld von Wahrheit und Lüge spielt Justizminister Maas eine besondere Rolle. Wenige Politiker lösen im AfD-Milieu solche Wutgefühle aus wie der Sozialdemokrat. AfD-Wähler regt auf, dass Heiko Maas eine linksradikale Band auf Facebook für ihr Engagement gegen rechts lobt, obwohl diese schon vom Verfassungsschutz beobachtet wurde und singt: »Deutschland verrecke, das wäre wunderbar.« Wie kann der Minister diese Band feiern, aber die patriotischen Pegida-Spaziergänger als »Schande für Deutschland« bezeichnen? Wieso stört sich Maas nicht an hasserfüllten Liedtexten, wenn er doch auch gegen hate speech in sozialen Netzwerken kämpft?

Wegen solcher Widersprüche traut die rechte Community dem Justizminister jede erdenkliche Schandtat zu – und rechten Nachrichtenportalen fällt es leicht, seine Amtshandlungen als Angriffe auf die bürgerliche Freiheit zu überzeichnen. Das gilt besonders für Maas' Kampagne gegen Hassreden im Internet. 2015 forderte der Justizminister Facebook, Twitter und YouTube auf, entschlossener gegen Beleidigungen, Cybermobbing, Holocaust-Leugnung oder fremdenfeindliche Hetze vorzugehen. Eigentlich eine Selbstverständlichkeit, zumal die blumigen Verhaltenscodices der Anbieter all dies klar verbieten. Tatsächlich sind die US-Netzwerkgiganten heillos überfordert mit der Kontrolle ihrer Standards, sodass Nutzer aus dem rechten wie linken Milieu Opfer von Hassattacken oder voreiliger Zensur werden. Maas will, dass Betroffene und Zeugen die Vorfälle leichter melden können und dass strafbare Inhalte nach 24 Stunden aus dem Netz verschwinden.

Rechte Nachrichtenportale machen daraus den Aufbau einer »Zensurindustrie« zur »aktiven Mundtotmachung jeder Opposition« (»Tichys Einblick«) oder eine »Internet-Putzkolonne«, die schnurstracks zum »Verfassungsbruch« und zu »staatlicher Willkür« führe (»Achse des Guten«). Für das Publikum ist diese Panikmache nichts als die Wahrheit. Allerdings manövriert Maas sich auch selbst in die Rolle, die rechte Angreifer ihm zuschreiben: Als Bündnispartner für seine Anti-Hass-Taskforce wählte er ausgerechnet eine Stiftung, deren Vorsitzende in jungen Jahren Stasi-Informantin war. So wurde das Bild des Spitzel-Ministers erst richtig rund.

3
Nationalismus: Alexander Gauland

Heimatlosigkeit

Gäbe es die Angela Merkel von 2002 noch, wäre Alexander Gauland wohl heute noch CDU-Mitglied. Vor 15 Jahren hielt sie im Bundestag eine Klartextrede über das Zuwanderungsgesetz der rot-grünen Regierung, wie sie heute wohl nur AfD-Politiker halten würden. »Ihr Gesetz bietet keine Begrenzung von Zuwanderung«, wetterte Merkel. Dabei sei doch klar: »Bevor wir neue Zuwanderung haben, müssen wir erst die Integration der bei uns lebenden ausländischen Kinder verbessern.« Die damalige Oppositionsführerin schloss mit den Worten: »Mit uns haben Sie die Alternative!«

Die Kanzlerin von heute sagt, dass die Flüchtlinge »nun einmal da« seien, dass sich Deutschlands Grenzen nicht sichern ließen und dass, wer den Islam fürchtet, einfach öfter mal mit der Blockflöte Weihnachtslieder spielen solle. Merkels alte CDU hatte Multikulti für gescheitert erklärt, ihre neue CDU will selbst multikulti sein, nämlich »jünger, bunter und weiblicher«. Und auf Wahlpartys darf der Generalsekretär nicht einmal mehr ein Deutschlandfähnchen schwenken.

So kann eine konservative Partei die Mitte erobern, aber so verliert sie eben auch Wähler und Mitglieder wie Gauland, der die CDU nach vierzig Jahren Mitgliedschaft verließ. Das Milieu, für das er in der AfD steht, reicht von gemäßigten Konservativen über glühende Patrioten bis hin zu strammen Nationalisten, Rechtspopulisten und Rechtsextremen. Sie alle vereint das Gefühl, dass Politiker nicht bloß nach Art der Technokraten Probleme lösen sollen. Politik hat für sie immer auch eine ästhetische, emotionale Komponente: Ein Staat wie Deutschland dürfe keine Schwäche zeigen und schon gar nicht die Kontrolle verlieren, ein Staat wie Deutschland müsse sich Respekt verschaffen, im Innern wie nach außen.

Im Weltbild der AfD-Konservativen wehren deutsche Grenzbeamte illegale Migranten ab, anstatt sie wie Fremdenführer ins Land zu eskortieren. Dieses AfD-Milieu teilt auch die Ansicht, dass deutsche Politiker nicht Weltpolizei spielen sollen, sondern dass deutsche Interessen für sie stets Vorrang haben müssen – nur variieren der Ton und die Schlussfolgerungen aus dieser Haltung enorm: Die Konservativen sorgen sich, dass »wir« die Flüchtlingskrise »nicht schaffen«, die Patrioten schmerzt die »Sorge um unser schönes Land«, für die Nationalisten hat Merkel das Volk verraten und verkauft, und noch weiter rechts sieht man eine »Diktatorin« eine »Umvolkung« betreiben, an deren Ende die Deutschen »fremd im eigenen Land« sein werden.

Gauland hat all diese *buzzwords* schon verwendet, das macht ihn zur Identifikationsfigur für Rechte aller Radikalisierungsstufen. Aber auch in gemäßigten AfD-Kreisen genießt der Parteivize eine präsidiale Autorität. Das liegt weniger an seinen majestätischen Auftritten im immer gleichen braun karierten Sakko mit der immer gleichen dunkelgrünen Krawatte mit goldenen Hunden, als an seiner extrem vorsichtigen Kommunikation. Mails liest Gauland nur in ausgedruckter Form, und selbst verschickt er keine, auch keine SMS. In einer Partei, deren Machtkämpfe oft genug durch unvorsichtige Tweets, flapsige Facebook-Kommentare oder Wutmails mitten in der Nacht ausgelöst wurden, ist diese IT-Abstinenz eine Lebensversicherung – viele Nickeligkeiten bekommt Gauland gar nicht mit. Bei größeren Konflikten schafft er sich auf diese Weise Bedenkzeit. Notfalls mimt er die Unschuld vom Lande: »Ach wirklich? Das habe ich noch gar nicht mitbekommen!«

Sein Gesundheitszustand ist auch für enge Parteifreunde ein Geheimnis. Gaulands Aktenkoffer sei eine Art tragbarer Apothekenschrank, berichten sie. An seiner Wohnungstür in Potsdam hänge ein Zettel mit der Checkliste: »Brille, Handy, Schlüssel«. Gelegentlich nickt der AfD-Funktionär in Sitzungen ein, aber im entscheidenden Moment ist er doch wieder hellwach. Auf Parteitagen tapst Gauland noch zu später Stunde im Bademantel über die Hotelflure, für ein nächtliches Kardio-Training im Pool. Wie lange wird er noch an der AfD-Spitze mithalten können? Dieses Thema ist eines der wenigen, bei denen Gauland seinen britischen Humor verliert.

Die CDU dürfte er auch aus einer gewissen Kränkung heraus verlassen haben, weil er sich trotz seiner langen Parteimitgliedschaft nicht mehr geschätzt fühlte. Der AfD-Grandseigneur mag bescheiden auftreten – aber er möchte mindestens so gut behandelt werden, wie er sich selbst findet. Insofern ist Gauland der Prototyp einer weiteren AfD-Gruppe: der zornigen alten Herren. Wo der 76-Jährige allerdings im persönlichen Gespräch freundlich, nachdenklich und interessiert ist, können seine gleichaltrigen Parteifreunde rechthaberisch und sauertöpfisch sein. In einer Allensbach-Studie von Mai 2016 stimmten 71 Prozent der AfD-Anhänger der Aussage zu: »Die Politiker haben keine Ahnung, das könnte ich besser als die.«

Anders als etwa sein Ex-Parteifreund Hans-Olaf Henkel war Gauland nie ein Mann der ersten Reihe, er wirkte meistens im Hintergrund mit. Für den hessischen CDU-Politiker Walter Wallmann war er Büroleiter im Frankfurter Rathaus, er war Umweltstaatssekretär und Staatskanzleichef. Obwohl er in der erzkonservativen Hessen-CDU politisch sozialisiert wurde, war Gauland nie ein Linkenfresser. Zum Ärger seiner Parteifreunde hielt er eine schützende Hand über manchen linken Kulturschaffenden, zeigte sich immer tolerant und offen für Andersdenkende.

Deshalb staunen Gaulands alte Freunde nun über seine neuen, radikalen Töne. Wie kann er Flüchtlinge als »Barbaren« bezeichnen und verkünden: »Wir können uns nicht von Kinderaugen erpressen lassen«? Wo ist der gebildete Humanist geblieben? Seine Tochter, eine Pastorin, findet diese Worte nur »schrecklich«. Gaulands Weggefährten verweisen auch auf seine Reise nach Hongkong, von wo er in den Siebzigerjahren 250 vietnamesische »Boatpeople« nach Hessen holte. Erbärmliche Zustände hätten dort geherrscht, berichtete Gauland damals erschüttert nach der Rückkehr. »Nissenhütten mit drei Betten übereinander, die Luft ist zum Schneiden.«

Wer fragt, wie dieser Mann heute die syrischen Flüchtlinge ablehnen kann, übersieht, dass Gauland damals nur eine genau festgelegte Zahl von Menschen nach Deutschland holte. Er hatte sie auch sorgfältig ausgewählt: Elektriker, Uhrmacher, Schneider, Mechaniker habe er mitgebracht, berichtete er der Presse stolz. Nur nützliche Flüchtlinge, keine Analphabeten. Damit lag Alexander Gauland schon damals voll auf Linie der heutigen AfD.

Außerdem hatte er in seiner hessischen Zeit nur dienende Funktionen, auf seine persönliche politische Überzeugung kam es nicht an. Seine Ansichten dürften sich auch über die Jahre nicht groß geändert haben, die Aussagen von heute führen sie logisch fort. Aber früher sah Gauland eben weniger Gefahren für Deutschland. Es gab weniger Anlass, Alarm zu schlagen, hartherzig zu sein, brachiale Töne vom Stapel zu lassen. Die herrschende Politik war schließlich auch seine Politik.

Deutschland sah vor dreißig Jahren eher so aus, wie Gauland sich das Land vorstellte: mit mehr Ordnung, mehr Ruhe, mehr Stabilität. Keine sperrangelweit offenen Grenzen, keine EU-Diktate aus Brüssel, keine Globalisierung, keine Political Correctness.

2013 war alles längst anders, und Konservative wie Gauland

gingen teils auch aus Pflichtgefühl in die AfD, um die Nation zu verteidigen. In den Reden Bernd Luckes ging es um die deutsche Volkswirtschaft, die Staatsschulden, die europäische Wettbewerbskultur. Wenn Gauland gegen die Eurorettung argumentierte, erinnerte er an Deutschlands Ansehen in der Welt, die Demütigung der Griechen, die Schädigung deutscher Interessen – stets schlug er den Bogen von der Wirtschaft zu Volk und Nation.

Das ausgeprägte Nationalgefühl der Gauland-AfD erklärt auch ihr große Verständnis für Russland: Der konservative Parteiflügel ist nicht abgeschreckt von Moskaus Eroberungsdrang oder der systematischen Beschneidung der Bürgerrechte in Russland. Diesen Leuten imponiert, mit welcher Entschlossenheit ein Wladimir Putin für die nationale Souveränität seines Landes eintritt, wie er der Krim wieder ihren »historisch angestammten Platz« in Russland zuweist. Für die AfD-Konservativen rangiert die nationale Identität über dem Völkerrecht – beinahe so, wie für viele Muslime ihre Religion über dem Grundgesetz steht. Diese Parallele würden freilich die wenigsten zugestehen.

Grenzziehung

Wir hier drinnen

Wer seine Liebe zur deutschen Nation so offensiv propagiert wie die AfD-Patrioten, muss auch erklären können, was die deutsche Identität ausmacht, wer Deutscher ist. Reicht es, einen deutschen Pass zu haben, wie die türkischstämmige Integrationsministerin Aydan Özoğuz? Oder ist ein echter Deutscher nur, wer deutsche Eltern hat? Aber was ist dann mit Akif Pirinçci, Sohn eines türkischen Paares, der als deutscher Bürger dieses Land flammend liebt? Und was ist umgekehrt mit dem deutschen Salafisten Pierre Vogel, dessen Ideologie eindeutig deutschen Werten widerspricht?

Man könnte das Thema als überflüssig und altmodisch abtun, ginge es nicht um eine ernste Angelegenheit: In der Frage nach der deutschen Identität liegt das Einfallstor für Rechtsideologen in der AfD.

Der Parteiführung fehlte stets der intellektuelle Unterbau für diese Art der Sinn- und Identitätssuche; für Rechenmeister wie Bernd Lucke waren solche Fragen ohnehin kaum interessant. Am ehesten hat den Unterbau Gauland, der seine Wahlplakate mit Zitaten aus Fontanes »Wanderungen durch die Mark Brandenburg« füllte: »Das Beste aber, dem du begegnen wirst, das werden die Menschen sein.«

Schlüssig sind aber selbst Gaulands Antworten auf die Identitätsfrage nicht, das zeigte 2016 ein Interview mit dem *Spiegel*. Darin sprach er von »kulturfremden« Personen, und als wir nachhakten, wer denn fremd für ihn sei, folgten Antworten, die man getrost als großes Kuddelmuddel bezeichnen kann: »Kein Europäer ist mir fremd, Amerikaner auch nicht. Menschen aus dem Inneren der Türkei sind mir dagegen fremder«, sinnierte Gauland, das gelte auch für deutsche Muslime – außer natürlich für die »vielen klugen Fernsehjournalistinnen, die einen türkischen oder iranischen Namen haben«. Warum fühlt sich für ihn Dunja Hayali vertraut an, aber nicht eine deutsch-türkische Bankberaterin oder ein arabischstämmiger Autohändler? Gute Frage, keine Antwort.

Auch das AfD-Programm verdeutlicht, wie schwer es der Partei fällt, das aus ihrer Sicht »Eigene« der deutschen Nation auf den Punkt zu bringen. Jürgen Kaube, Herausgeber der *FAZ*, fasste das Ergebnis ironisch zusammen: »Wenn von dem erhaltenswerten Deutschland gesprochen wird, sind ›tempo-offene‹ Autobahnen, Atommüllendlager und die Abschaffung des Naturschutzes inbegriffen. Gefährdet wird die Heimat offenbar vor allem von Einwanderern, Gewerbesteuern, englischsprachigen Studiengängen und Windrädern.«

Überall in ihrem Programm will die AfD schützen, bewahren, einhegen – nur was? Und für wen?

Björn Höcke versuchte 2016 in einer Rede vor dem rechten Parteiflügel zu erklären, wie eine neue deutsche Kultur aussehen könnte. Es müsste eine Kultur »des Verwebens von Ideen« sein, »aus allen Kulturen hin zu wieder neuen Gebilden, die ja nicht zwangsläufig in der einen langweiligen Weltkultur enden müssen«.

Klartext statt solchem Geschwurbel kann Götz Kubitschek liefern. Der 46-jährige rechtsintellektuelle Publizist ist der wichtigste Vordenker der AfD und ein langjähriger Freund Höckes. Mit Fragen um die deutsche Identität befasst er sich seit Jahrzehnten – erst als Journalist für die rechte *Junge Freiheit*, später als Verleger rechtsintellektueller Literatur und Zeitschriften und als Chef des von ihm mit begründeten »Instituts für Staatspolitik« (IfS).

Deutsch zu sein, predigt der ehemalige Bundeswehroffizier Kubitschek seinen Anhängern, hat nichts mit Paragraphen und Pässen zu tun. Deutscher ist, wer sich loyal zu Deutschland verhält, es notfalls mit der Waffe verteidigt und sich bedingungslos mit der Kultur und Geschichte dieses Landes identifiziert. Wenn Kubitschek freilich die deutsche Geschichte Revue passieren lässt, wie 2015 in einer Rede auf dem Deutschen Burschentag, dann kann es passieren, dass die Zeit des Nationalsozialismus nur in Form von drei Wörtern vorkommt: »Und dann: Hitler.«

Der Rechtsideologe distanziert sich von der NS-Ideologie ausdrücklich, seine Helden sind die Verschwörer des 20. Juli um Stauffenberg. Die »Neue Rechte«, wie sie Kubitschek verkörpert, interessiert sich nicht für Rassenlehre, will keine Schädel oder Nasen vermessen, Völker unterwerfen oder dem Weltjudentum den Kampf ansagen. Aber sie will Deutschland den Deutschen lassen, und hier verschwimmen die Grenzen zum Rechtsextremismus.

Zentral ist für dieses Milieu die Lehre des »Ethnopluralismus«: In jedem Land solle die heimische Ethnie die dominierende sein, zu viel Vermischung sei zu vermeiden – zum Wohle der nationalen Identität. Man muss sich nur anstelle von »Ethnie« die »jüdische Rasse« denken, und es wird ungemütlich.

»Wer Deutschland nicht liebt, soll Deutschland verlassen«, rufen die Demonstranten auf AfD- wie auf Pegida-Demonstrationen. Wer sich nicht in die Volksgemeinschaft nach diesem Verständnis einreihen will oder ethnisch nicht dazugehört, könnte sich eines Tages unter einer AfD-Herrschaft mit Kubitschek als Berater als Verräter oder Ausgestoßener wiederfinden. Einen Vorgeschmack darauf liefern die Reden des amerikanischen Rechtsideologen und Trump-Unterstützers Richard Spencer, der bereits »friedliche ethnische Säuberungen« forderte.

Kubitschek und seine Jünger werden zwar sehr vage, wenn es um die praktischen Konsequenzen ihrer Lehre geht. Nie rufen sie zu Gewalt auf. Aber sie haben größtes Verständnis, wenn die Volksseele kocht und sich ein Ventil sucht, und sie tragen auf subtile Weise dazu bei: In seinen Schriften und über seine rechte NGO »Ein Prozent« hämmert Kubitschek seinem Publikum ein, dass physische Gegenwehr legitim sein kann gegen eine Politik, die so offensichtlich dem Volk schade. »Es ist eine Lust, zornig zu sein und der Politik die Zähne zu zeigen!«, brüllte der Verleger vor Pegida-Anhängern. Und die Menge brüllte begeistert zurück: »Widerstand!« Diese Rhetorik hat die AfD längst übernommen, was sie zu einer ernsthaften Gefahr für den gesellschaftlichen Frieden macht. Denn die Grenzen dieses »zivilen Ungehorsams« werden weniger laut hinausgebrüllt.

Kubitschek hat einer ganzen »Identitären Bewegung« (IB) in Deutschland Leben eingehaucht: Jungen Männern mit hippen

Frisuren, Heidegger im Kopf, Popmusik im Ohr und ironisch-fremdenfeindlichen Sprüchen auf dem T-Shirt: »Ab in den Süden – Remigration«. Die Frauen lassen sich auf romantischen Blumenwiesen fotografieren, flechten ihr langes Haar zu altmodischen Zöpfen. Mit den tumben Glatzköpfen der NPD haben diese modernen Wandervögel nichts zu tun, sie sind kreativ, belesen und rhetorisch gewandt. Auch sie können wohl nicht erklären, was genau die deutsche Identität ausmacht, sie spüren aber umso intensiver, wem sie fehlt: den Migranten.

Um die IB gedeiht eine neue Subkultur, mit Video-Blogs, Zeltlagern, Kleinverlagen und natürlich Seminaren auf dem kubitschekschen Rittergut Schnellroda, Sachsen-Anhalt. Unter seiner Ägide wurden die IB-Leute sichtbar, sie sprengten mit ihren Aktionen Theatervorführungen, blockierten die Grünen-Parteizentrale, bestiegen das Brandenburger Tor. Der Verfassungsschutz beobachtet Kubitscheks Bewegung, die nur wenige hundert aktive Mitglieder hat, sehr genau – und das bedeutet eine Gefahr für die AfD. Denn viele Parteimitglieder und Funktionäre, allen voran die erzkonservative »Patriotische Plattform« der AfD, sympathisieren mit der IB, mischen dort mit, wünschen sich den Zusammenschluss der Gruppen zu einem »Widerstandsgebäude« (Götz Kubitschek).

Offiziell gilt in der AfD deshalb eine Kontaktsperre, auch für die Parteijugend. Inoffiziell gedeiht die Freundschaft mit dem Vordenker und seinen Jüngern, verbindet man sich über soziale Netzwerke und trifft sich auf Demos und Stammtischen. Während die frühe AfD zu Kubitschek noch klar auf Distanz ging – der Vorstand um Lucke blockierte dessen Parteieintritt –, sind die Kontakte heute völlig selbstverständlich. Bei Kubitscheks jüngster »Sommerakademie«, zu der 130 Teilnehmer größtenteils aus dem IB-Umfeld kamen, schauten gleich zwei AfD-Landeschefs vorbei, Björn Höcke und André Poggenburg.

Kubitschek berät die AfD-Politiker, aber nur der rechte Flügel hört auf ihn. Denn dieser Flügel will die AfD nicht verhandeln und eines Tages vielleicht sogar koalieren sehen, er will die kompromisslose Fundamentalopposition zu einem System, das er verabscheut. Diese Lehre spricht die Karrieristen in der AfD, die Diäten, Dienstwagen und hübsche Büros schätzen, überhaupt nicht an.

Kubitschek flüstert den AfD-Funktionären keine explizit antidemokratischen Inhalte ein – auch er hat kein alternatives Staatsmodell parat. Aber wie ein Kind gegen eine Sandburg tritt, tritt er mutwillig gegen die Demokratie. Ein bisschen Verunsicherung und Zerstörung darf es schon sein. Diese Unruhe im Land, »Uns gefällt sie, nicht wahr?«, rief Kubitschek vor den Pegida-Demonstranten. Und wenn Björn Höcke sagt, dass er nach einem Wahlsieg die »verbrauchte Altelite entsorgen« wolle, dann sind das auch Kubitscheks Gedanken, das ist seine Diktion.

Kubitschek Wahlheimat ist eine AfD-Hochburg; in »seiner« Region erzielte die Partei fast 40 Prozent, sogar im winzigen Dorf Schnellroda wurde schon ein AfD-Kreisverband gegründet. Er lebe bewusst nicht in seiner alten Heimat Ravensburg, erzählte Kubitschek einmal auf einer Veranstaltung seines Antaios-Verlags: »Es war die glücklichste Entscheidung, vom Ort her gesehen, in den Osten zu ziehen. Was ich in Schnellroda tun kann, wäre so im Westen nicht möglich. Irgendeine Pastorin, irgendeine Bürgerinitiative, irgendein hysterisches Lehrerkollegium würde sich in meine Wade so verbissen haben, dass ich keinen Schritt mehr gehen könnte.« In Schnellroda dagegen könne er sich bewegen »wie ein Fisch im Wasser«. Hier ist die Demokratie eben noch vergleichsweise jung und unerfahren, hier leben kaum linksgrüne »Gutmenschen«, die der wirren Idee verfallen sind, dass Angela Merkels Politik dem Volk guttut. Kubitschek hält es für sträflichen Irrsinn, dass die Kanzlerin das »ganz und gar Fremde« ins Land einbrechen ließ.

Letztlich haben er und die AfD aber nur eine Marktlücke gefüllt: Die etablierten Parteien ließen das Thema Patriotismus und deutsche Identität brachliegen. Lange war es auch nicht nötig gewesen, dieses Thema aufzugreifen. Abgesehen von den immer mal wieder aufflammenden Debatten über eine deutsche Leitkultur (Friedrich Merz) wähnte man sich sicher im Haus Europa, in dem Fragen nach Nation oder gar Volksidentität – zumal der deutschen – als längst überwunden galten.

Ein Vakuum tat sich auf, das zunächst nur die Neue Rechte zu füllen wusste. Und später die AfD. Die Botschaft ihrer Ideologen verfängt in besten bürgerlichen Kreisen, und das seit Jahren. Schon 2011 warnte der Bielefelder Soziologe Wilhelm Heitmeyer in seiner Langzeitstudie »Deutsche Zustände« davor, dass eine »explosive Situation« in der Gesellschaft entstehen könne. Viele Bürger hätten das Gefühl von Stabilität und das Vertrauen in die Politik verloren, es gebe »ernste Warnsignale« für ihre »Anfälligkeit für rechtspopulistische Mobilisierungen«. Viele taten diese Analyse als Panikmache ab. Vier Jahre später haben sich Heitmeyers Studien komplett bewahrheitet.

Laut einer Umfrage von Infratest dimap aus dem Jahr 2016 sind im AfD-Milieu rechtsextremistische Einstellungen deutlich ausgeprägter als in anderen Wählerkreisen. Im Rahmen einer Befragung waren AfD-Anhängern Aussagen vorgelegt worden, die gruppenbezogene Fremdenfeindlichkeit, Antisemitismus, Sozialdarwinismus, Chauvinismus und eine Verharmlosung des Nationalsozialismus ausdrückten. Zum Beispiel: »Auch heute ist der Einfluss der Juden noch zu groß«, oder: »Es gibt wertvolles und unwertes Leben.« 28 Prozent der befragten AfD-Anhänger stimmten diesen Aussagen zu.

Ihr da draußen

In seinem Buch »Anleitung zum Konservativsein« von 2002 warnte Alexander Gauland, Konservatismus und Nationalismus könnten eine »unheilige Allianz« bilden. In der AfD war diese Allianz von Anfang an angelegt, seit Luckes Sturz wird sie nun für jedermann sichtbar gepflegt.

Ein starkes Nationalgefühl ist zwangsläufig mit Abgrenzung verbunden, mit der Vorstellung von »uns hier drinnen« und »denen da draußen«. AfD-Politiker haben diesen Abgrenzungsgedanken jüngst noch ideologisch unterfüttert durch den Begriff der »Volksgemeinschaft«, der schon in der NS-Zeit Identität stiften sollte. Der Abgrenzungsgedanke zieht sich durch sämtliche politischen Positionen der AfD, und es gab ihn schon in der Gründungsphase. In der eurokritischen Partei steckte immer schon die AfD, die Masseneinwanderung als Verrat am Volk sieht. Das zugrunde liegende Gefühl war der Nationalismus, der erst deutsche Rentner gegen griechische in Stellung brachte, dann deutsche Kinder gegen muslimische und heute deutsche Arbeitslose gegen Flüchtlinge.

In ihrer Weihnachtsansprache 2014 warnte die Bundeskanzlerin vor dem ausgrenzenden Nationalismus der Pegida-Bewegung und ihrem Ruf »Wir sind das Volk«: »Tatsächlich meinen sie: Ihr gehört nicht dazu – wegen eurer Hautfarbe oder eurer Religion«, sagte Merkel. Aber für viele AfD-Anhänger (Pegida-Anhänger sowieso) steht außer Frage, dass Muslime und Migranten »nicht dazugehören«. Wer diese Tatsache leugnet, hat aus ihrer Sicht den Mut zur Wahrheit verloren.

Von Thilo Sarrazin lernte die Partei, dass es in der Politik zulässig – wenn nicht zwingend – ist, gesellschaftliche Gruppen nach ihrer Herkunft oder Religion zu bewerten, nach ihrer »historischen Identität« und ihren »Integrationsaussichten«, wie es im AfD-Grundsatzprogramm heißt. Zu fördern sind aus Sicht der Partei Gruppen, die Deutschland Wohlstand bringen oder Geld sparen. Alle anderen sind zu sanktionieren und zu reduzieren. Das Individuum mit seinen ganz eigenen Stärken oder seiner besonderen Hilfsbedürftigkeit kommt in diesem Bild nicht vor.

Der ausgrenzende Kollektivismus der AfD trifft nicht nur religiöse oder ethnische Minderheiten, er kann alle erdenklichen Gruppen treffen, wie das Parteiprogramm sehr deutlich zeigt:

- Wenn zu viele »inländische Hochqualifizierte« auswandern, dann muss dieser Exodus »reduziert werden«, schreibt die AfD – egal, welche Motive den einzelnen Wissenschaftler treiben.
- Wenn zu viele »Asylantragsteller« in »das soziale System einwandern«, muss die »schrankenlose Möglichkeit des Familiennachzugs« unterbunden werden, die unerwünschte Gruppe also möglichst klein gehalten werden – ohne Rücksicht darauf, welche Familien individuell schutzbedürftig sind oder nicht.
- Und da die Geburtenrate »unter Migranten mit > 1,8 deutlich höher liegt« als unter »deutschstämmigen Frauen«, will die AfD gegen diesen Zustand mit Geld und guten Worten arbeiten, bis die Geburten der »einheimischen Bevölkerung« wieder »ein tragfähigeres Niveau erreichen«.

Was aber die Ursachen dieser deutschen Kinderlosigkeit angeht, dass dahinter komplizierte Entscheidungen von Frauen wie Männern stehen und höchstpersönliche Zwänge und Präferenzen, das spielt für die AfD keine Rolle. Denn an erster Stelle steht für sie eben nicht das Individuum, sondern der Output des Kollektivs, zu dem es zählt.

Auch in dieser Hinsicht kann die AfD auf die Gedanken von Kubitschek und seiner Frau, der Autorin Ellen Kositza, zurückgreifen. »Der Rechte ist nicht egalitär«, sagte Kositza 2016 dem

ZDF. »Er geht nicht davon aus, dass alle Menschen gleich sind.« Denn es gebe nun einmal Unterschiede zwischen Männern und Frauen oder Europäern und Afrikanern, und es sei »ein großer Fehler, alles in eins zu mengen«. Aber, betonte Kositza, das bedeute keinesfalls, »dass damit ein Unterdrückungsimpuls von oben nach unten gemeint ist. Überhaupt nicht.«

Kositza spricht die große Lebenslüge der Nationalisten gelassen aus. Nur unterscheiden wollen sie – nicht unterdrücken. Nur die Eigenheiten der Deutschen achten, nicht die Afrikaner abwerten. Als ob auf die Gruppenbildung nicht zwangsläufig die Frage nach der Gruppenwertigkeit folgen würde. Wozu müsste man sonst unterscheiden?

Wie weit der unterdrückerische Impuls der AfD noch gehen könnte, zeigt ein Buch, das ihr Vordenker Kubitschek vor sechs Jahren veröffentlichte. In »Deutsche Opfer, fremde Täter« schildert er in gruseligen Details die »Alltagsgewalt integrationsunwilliger oder -unfähiger Ausländer« gegen Angehörige des deutschen »Staatsvolks«: die Schläge türkischer Jugendlicher auf einen Busfahrer oder die Vergewaltigung einer Rentnerin durch einen Nordafrikaner. »Die deutschen Opfer haben keine Lobby unter ihren in der Politik tätigen Landsleuten«, klagen Kubitschek und sein Co-Autor Michael Paulwitz.

Hier findet genau die ethnisch-nationale Herabsetzung statt, die Kositza leugnet: Straftaten von Ausländern sollen verwerflicher als die von Deutschen sein, denn nur die eine Tätergruppe gehört ja wirklich hierher. Dabei ist es die größte Errungenschaft des Rechtsstaats, dass er genau diese Kategorien ignoriert, dass ausländische Räuber nicht härter und deutsche Vergewaltiger nicht milder bestraft werden.

Die AfD folgt Kubitscheks Denkmuster, wenn die Partei den Mord an einer Studentin in Freiburg durch einen 17-jährigen Flüchtling anprangert, »deutsche« Mörder jedoch nicht. Oder wenn AfD-Abgeordnete parlamentarische Anfragen stellen, wie viele Ausländer in deutschen Gefängnissen sitzen. Dieses Denkmuster zeigte sich auch in Reaktionen von AfD-Leuten auf die Unruhen in Bautzen: Die Flüchtlinge hätten angefangen, deshalb seien sie auch an der Eskalation schuld, war für die Partei klar. Wenn betrunkene Ausländer deutsche Frauen anbaggern, dürfen sie auch durch die Straßen geprügelt werden.

Die Vordenker der AfD gehen längst noch weiter. Kubitschek fordert bereits in seinem Buch »Deutsche Opfer, fremde Täter«, dass jegliche Zuwanderung nach Deutschland eingedämmt werden müsse, und zwar aus sozialen Gründen: »Der deutsche Sozialhilfeempfänger ist eben immer noch einer von uns«, heißt es dort, »und die Erziehungskraft unseres Volkes reicht derzeit noch nicht einmal für die eigenen Leute aus.«

Diese Ideologie steht zwar nicht im offiziellen AfD-Programm. Aber sie schwingt mit, wenn etwa Beatrix von Storch in einer Talkshow unwidersprochen behauptet: »Wir geben 15 Mal mehr aus für einen unbegleiteten minderjährigen Flüchtling als für einen Hartz-IV-Empfänger. Das Verhältnis stimmt nicht, da kommt etwas ganz in die Schieflage.«

Der Krieg »wir gegen die« ist von der AfD längst erklärt.

Globalisierung

»Krise des Weltverstehens«

»Wir gegen die«, dieses AfD-Gefühl gilt nicht nur im Verhältnis der Deutschen zu ausländischen Mitbürgern. Es zeigt sich auch im Verhältnis der Deutschen zum Rest der Welt: AfD-Konservative sind Globalisierungsskeptiker. Ihre Liebe zum deutschen Staat ist das Gegenstück zu ihrem Unbehagen über die gefühlte Auflösung jeglicher Grenzen, ob geografisch, politisch oder kulturell. Viele trieb die Sehnsucht nach einem überschaubaren, ruhigen Leben in die AfD. Vielen ist die entgrenzte Hochdruckwelt unheimlich: die unerträglichen Arbeitszeiten, nur damit ein US-Konzernriese seine Rendite einfährt. Der Druck auf Eltern, die beide arbeiten müssen, um irgendwie über die Runden zu kommen, ohne dabei ihren Erziehungsauftrag aus den Augen zu verlieren. Aus Sicht der AfD feuert die Politik, gerade die CDU, diese Entwicklung noch an, mit Kita-Ausbau, Frauenquote und Fremdbetreuung schon im Säuglingsalter. Die Welt dreht sich schneller, die Generationen verlieren den Bezug zur jeweiligen Welt des anderen. Im Oktober 2013, ein halbes Jahr nach Gründung der AfD, veröffentlicht das Karriereportal *Linkedin* eine Umfrage, wie gut deutsche Eltern die Berufe ihrer Kinder kennen. Das Ergebnis: Mehr als ein Drittel hatte »Probleme, den Job der eigenen Kinder zu beschreiben«. Eltern konnten nicht sagen, was genau ihre Söhne und Töchter den ganzen Tag machten. Das Phänomen heißt »Generationenkluft«.

Traditionell ist Globalisierungskritik eine linke Domäne, aber für die AfD-Anhänger gilt dies nicht – schließlich wollen sie nicht umverteilen, sondern eine Umverteilung ihres Wohlstands zugunsten der Armen verhindern. In den Fußgängerzonen ihrer Heimatstädte verkraften AfD-Leute die Folgen der Globalisierung noch einigermaßen: Hier gibt es jetzt eine Salsa-Bar, den Klamottenladen mit T-Shirts »Made in Taiwan«, das Multiplex-Kino und den Spätkauf mit dem schweigsamen vietnamesischen Verkäufer. Die deutsche Leitkultur finden sie notfalls auf »3sat« und in der Philharmonie. Schwieriger wird es, wenn die Folgen der Globalisierung existenzbedrohend werden. Wenn Arbeitsplätze verlagert werden und ganze Landstriche ökonomisch veröden.

Diese Folgen hatten lange nur bestimmte Schichten zu tragen, deren Jobs wahlweise wegrationalisiert oder in Billiglohnländer transferiert wurden. Doch seit einigen Jahren spüren auch privilegierte Schichten die Kehrseite der Globalisierung. Plötzlich kann man nicht sicher sein, dass das isländische Tagesgeldkonto morgen noch existiert oder die gesamte Währung. Ein Konflikt irgendwo in der Ukraine scheint auch Deutschlands Sicherheit zu bedrohen. Und Wohlstandsflüchtlinge finden mithilfe ihrer Smartphones den Weg in den goldenen Norden. Dazu kommt eine Identitätskrise, die gerade wohlhabende Deutsche infolge der Globalisierung erleiden. Wenn alles *one world* ist, wenn jeder Kaffee bei Starbucks gleich schmeckt und die Klamotten gleich aussehen, wie drücke ich meine Individualität aus?, fragen sie sich.

Im harmlosen Fall wird aus diesem Gefühl nur der Drang, entweder möglichst bei jedem neuen Modetrend ganz vorne mit dabei zu sein oder sich klar dagegen abzugrenzen, indem die gute alte Zeit mit hochwertigem Handwerk und ebenso hochwertigen Lebensmitteln beschworen wird. Den *worst case* schilderte Alan Posener in der *Welt:* »Im Kampf gegen ›McWorld‹, die einheitliche Welt der Business Lounges und Luxushotels, Bürohochhäuser und Villenviertel, in der sich die Meritokraten wohlfühlen, entstehen in den muslimischen Gesellschaften Dschihadisten, in den westlichen Gesellschaften Populisten.«

Schon Alexander Gaulands Buch »Anleitung zum Konservativsein« war eine Kampfansage an die international verflochtene Welt. Es sei Aufgabe konservativer Parteien, schrieb er schon 2002, »Gewöhnungsprozesse möglich zu machen«, den Bürgern »Entschleunigung« zu bieten. Das ist sicher etwas, das sich die meisten von uns wünschen. Doch erst die AfD verknüpfte das Erreichen dieses Ziels mit der Flüchtlingspolitik.

Zum Beispiel Alexander Gauland, als er im Sommer 2016 eine Rede im brandenburgischen Elsterwerda hielt, bei der er die globalisierungskritischen Gefühle seiner ostdeutschen Zuhörer und ihre Angst vor Flüchtlingen gezielt anzapfte: »Herr Schäuble erklärt uns, das sei eben das Rendezvous mit der Globalisierung. Er erklärt uns, wenn wir Waren exportieren könnten, dann müssten wir auch Menschen importieren und aufnehmen. Denkt einmal daran zurück, dass wir lange eine Bundesrepublik hatten, die exportierte und wo kein Mensch auf die Idee gekommen ist, zu sagen, und nun müsst ihr auch die ganzen fremden Menschen aufnehmen.«

Dass die Deutschen ausgerechnet für ihre Wirtschaftskraft »bestraft« werden, indem sie Ausländer durchfüttern sollen – erst die Griechen, nun die Armutsmigranten – ist für AfD-Anhänger egal welcher sozialen Schicht eine Beleidigung. Wofür haben sie jahrelang geschuftet, ob in verantwortlicher Position oder in prekären McJobs, wenn am Ende ein Fremder genauso gut dasteht? »Die kriegen alles umsonst«, diesen Satz hört man sehr oft im AfD-Milieu.

Dabei können viele Bürger noch nicht einmal Nachteile nennen, die sie persönlich in der Euro- oder Flüchtlingskrise erlitten hätten. Entscheidend ist für sie, dass sie irgendwann Nachteile erleiden *könnten*. »Die Misere« dieser Leute, schrieb der Politikwissenschaftler Frank Deckert einmal, »rührt aus empfundenen Verlustängsten, dem Gefühl, zu den benachteiligten und abstiegsbedrohten Gruppen zu gehören.«

Im Frühjahr 2016 besuchte ein ZDF-Team Siegfried V. aus Nordrhein-Westfalen, der sich in einem Zuschauerbrief über die aus seiner Sicht zu positive Berichterstattung über die Lage im Land beschwert hatte. Der Film zeigt einen Mann mit Designerbrille, der sein Reihenhaus vorführt, den gepflegten Garten, die gemütliche Kaffeetafel im Wohnzimmer. Ein gutes Leben fing die Kamera ein, kein Verkehrslärm war zu hören, nur Vogelgezwitscher und das leise Klirren von gutem Porzellan. Trotzdem war Siegfried V. unzufrieden. »Das war hier mal eine richtig gutbürgerliche Wohngegend«, klagt er. Jetzt gebe es so viele Sozialwohnungen hier, alles sei »versifft.« Zu diesen Worten schwenkt die Kamera über blühende Sträucher, gemähte Rasen und hell gestrichene Häuserwände – versifft sieht anders aus.

Was hatte sich also konkret für V. verschlechtert? »Ich fühle mich persönlich ein wenig benachteiligt durch viele Dinge. Wir haben gekämpft darum, dass die Schulklassen kleiner werden. Wir sind abgebügelt worden.« Aber kaum seien die Flüchtlingskinder da, habe es »über Nacht« Tausende neue Lehrerstellen gegeben.

Persönlich hatte Siegfried V. also keine Benachteiligung erlebt. Aber er musste beobachten, dass andere plötzlich Vorteile bekamen, die man ihm verweigert hatte. Parteimitglied oder nicht, hier sprach der typische AfD-Nationalist: Der will vielleicht spenden, aber nicht teilen.

Hart ausgedrückt ist es ein Futterneid, der bei Manchen extreme Ausmaße annimmt. Schon winzige, symbolische Vorteile wollen sie den Flüchtlingen nicht gönnen. Auf einer CDU-Veranstaltung Ende 2016 trat ein Parteimitglied mit seiner neunjährigen Tochter ans Mikrofon: Angela Merkel habe doch neulich diesem kleinen Afghanen die Hand gegeben. Ob sie nicht auch mal ein deutsches Kind wie zum Beispiel sein Mädchen begrüßen wolle?

Es ist brandgefährlich, dass kein Politiker Wählern wie Siegfried V. vermitteln kann, warum Deutschland seinen Wohlstand mit Fremden teilt. Dass ein kleiner Teil gefahrlos an Flüchtlinge abgegeben werden kann – zumal Deutschland einen großen Teil dieses Wohlstands der Armut anderswo in der Welt verdankt. Man könnte V. auch sagen, dass die neuen Stellen für Pädagogen verhindern sollen, dass Flüchtlingskinder genau jene vermeintlichen Wege beschreiten, die Thilo Sarrazin beschrieb.

Für viele AfD-Wähler sind all dies aber keine legitimen Argumente. Warum sind die Fremden überhaupt hier, fragen sie. Hätte Merkel sie aufgehalten, müsste man sich nicht um ihre Integration sorgen. Für diese Kreise zählt auch nicht, dass die wenigsten Deutschen akut von echter Armut bedroht sind, dass sie nie Hunger, Kälte und Obdachlosigkeit erleiden werden. Das sei ja wohl selbstverständlich, heißt es. Schließlich gehörten die Deutschen in dieses Land und um sie, und nur um sie, müsse man sich kümmern.

Das Pack

Die globalisierungskritische Haltung eint das AfD-Milieu über alle sozialen Lager hinweg, auch wenn Nichtakademiker die unbequemen Seiten der Globalisierung viel schmerzhafter spüren. Für viele Menschen Sachsen-Anhalts reichte es, dass sie bei der international agierenden Solarfirma Q-Cells in Bitterfeld-Wolfen Solarmodule bauten. Zehn Jahre ging das Geschäftsmodell gut, 1,35 Milliarden Euro Umsatz machte Q-Cells in seinen besten Zeiten. Weltmarktführer waren die Bitterfelder, bis die Chinesen unschlagbare Dumpingpreise boten. Ein südkoreanisches Unternehmen rettete Q-Cells aus der Insolvenz, von 2300 Mitarbeitern durften 800 bleiben.

Noch schlimmer erging es dem Kaufhauskonzern Arcandor, dessen Insolvenz 43 000 Mitarbeiter traf, oder der Baumarktkette Praktiker: 7600 Mitarbeiter aus 200 Filialen wurden arbeitslos, als Praktiker im AfD-Gründungsjahr 2013 pleiteging.

Eine Praktiker-Filiale stand im sächsischen Heidenau, und sie steht zwei Jahre später immer noch leer, als der Freistaat Sachen beschließt, hier 700 Flüchtlinge einzuquartieren. Jetzt schließt sich der Kreis für die Heidenauer: Erst hat ihnen die Globalisierung die Jobs genommen, nun bringt sie ihnen die Fremden.

So, wie viele Heidenauer es sehen, ist es Notwehr, als sie im Sommer 2015 die Bundesstraße 172 blockieren, Polizisten mit Steinen und Flaschen bewerfen. Eine Woche später besucht die Bundeskanzlerin den Ort. Zwei Gruppen von Demonstranten erwarten sie, eine steht vielleicht 200 Meter vom Eingang der Flüchtlingsunterkunft entfernt, die zweite oben an der Landstraße, vor dem Gelände eines Real-Marktes, der noch geöffnet ist.

Wie sich später herausstellen wird, ist die Gruppe unten bei der Halle die friedliche. Hier trägt ein Vater seinen kleinen Sohn auf den Schultern, eine Frau kommt gerade von der Musikschule, wo sie ihre Enkelinnen abgeliefert hat. Ein pensionierter Gartenbaumeister kommt von seiner morgendlichen Fahrradtour, er trägt noch den Helm auf dem Kopf.

In der Protestgruppe oben vor dem Real-Markt ist auf mitgebrachten Plakaten zu lesen: »Merkel Volksverräterin«. Die Gruppe unten ist höflicher: »Bitte, Frau Bundeskanzlerin«, steht auf einem Plakat, »wir brauchen einen offenen Dialog, wie viele Flüchtlinge Deutschland verkraftet!« Ein Mann hält einen Karton hoch, wie man ihn in Supermärkten bekommt. Auf die Vorderseite hat er geschrieben: »Heidenau wirkt!«. Auf der Rückseite steht gedruckt: »Prodotti Selezionati«.

Der Mann heißt Fritz, ist pensionierter Bauingenieur und mit einer Italienerin verheiratet, die früher für die Vereinten Nationen gearbeitet hat. Ja, die sei auch Migrantin, räumt er ein, aber Christin und Europäerin, und hochqualifiziert. »Nicht *so* eine«, sagt der 74-Jährige und zeigt auf drei Frauen mit Kopftuch, die gerade in die Unterkunft gehen.

Der Gartenbaumeister mischt sich ein: »Die Rechnung ist doch ganz einfach. Deutschland wird sich zum Schlechteren verändern, je mehr Migranten kommen. Die deutsche Kultur wird verdrängt, wenn die Muslime sich hier breitmachen.«

Direkt vor den Männern macht sich schon einer breit: Ein gebürtiger Afghane in der Uniform der niedersächsischen Polizei schirmt die Gruppe ab, zum Schutz der Kanzlerin, die gerade heranrollt. Als die Bodyguards die Autotür öffnen, brechen die Demonstranten in Buhrufe und Pfiffe aus. »Wir sind das Volk! Wir sind das Pack!« Die Irritation in Merkels Gesicht ist auch aus 50 Meter Entfernung erkennbar. Sie begrüßt den Chef des Roten Kreuzes, den sächsischen Ministerpräsidenten Stanislaw Tillich, den Bürgermeister von Heidenau, aber nicht die

Demonstranten. Ihnen winkt sie nur kurz zu, krampfhaft gegen die Pfiffe anlächelnd. Dann verschwindet sie schnellen Schrittes in der Praktiker-Halle.

Als die Kanzlerin nach einer Stunde wieder auftaucht, tritt sie vor die Mikrofone und Kameras, weit weg von den Bürgern. Die ziehen ihre Handys aus der Tasche und verfolgen das Statement im Livestream der Nachrichtensender. Sie hören Merkel sagen, das Verhalten der gewaltsamen Protestler neulich sei »beschämend und abstoßend« gewesen. Es gebe »keine Toleranz gegenüber denen, die die Würde anderer Menschen infrage stellen«.

Da gehen die Heidenauer in die Luft. »Eine Sauerei ist das! Das gibt's ja wohl nicht!« – »Wir sind also schuld? Die brechen doch die Gesetze!« – »Die schaut uns nicht mal mit dem Arsch an!« Für sie sieht es aus, als hätte die Kanzlerin erst ihre Bürger links liegen lassen und sie dann noch getadelt. Und als würde Merkel sich lieber die Nöte dieser Fremden anhören als die ihres eigenen Volkes.

Verständnis für Menschen, die Molotow-Cocktails auf Flüchtlingsheime bejubeln, ist in der Tat kaum angebracht. Merkel hat recht, es kann keine Toleranz geben für Leute, die unter politischem Protest verstehen, Straßen zu sperren, Polizisten zu verletzen und Flüchtlinge mit Gewalt zu vertreiben. Trotzdem bleibt der Eindruck, dass hier keine bürgernahe Kanzlerin sprach, sondern eine kühle, distanzierte Regierungschefin.

Im Sommer des Flüchtlingsjahres 2015 trifft Merkel ihre Wähler vor allem bei »Bürgerdialogen«, einer Art Staatsbetriebsversammlung. Auf dieser vom Kanzleramt sorgsam choreografierten Veranstaltungsreihe erstarren die meisten Teilnehmer vor Ehrfurcht, sobald sie mit ihren Fragen an der Reihe sind. Nur einmal stören die Tränen eines palästinensischen Flüchtlingsmädchens den Ablauf. Bürger vom Kaliber mancher

Heidenauer trifft Merkel dabei nicht. Wer weiß, vielleicht würde ein Gespräch mit ihnen auch nur zum Fiasko. Viele wollen in Wahrheit keinen Dialog, sie wollen Seelenmassage und die sofortige Umsetzung ihrer Forderungen. Aber, wie es in einem amerikanischen Sprichwort heißt: *»You can't have your cake and eat it too.«* Die Wutpatrioten wollen vom Kuchen der Globalisierung essen und ihn gleichzeitig vor sich auf dem Teller behalten. Sie wollen Deutschlands Abschottung bei gleichzeitigem Erhalt eines Wohlstands, den nur eine weltoffene Volkswirtschaft liefern kann.

Nur wer redet überhaupt noch mit den Protestlern außer der AfD? Sogar SPD-Vizekanzler Sigmar Gabriel beschimpfte sie als »Pack«. Dass weder Sozialdemokraten noch Linke eine Kommunikationsebene mit den »kleinen Leuten«, ihrer alten Zielgruppe, finden, ist gefährlich.

Mit den Folgen eines solchen Repräsentationsdefizits befassten sich 2016 zwei sehr persönliche Bücher, das eine von einem amerikanischen, das andere von einem französischen Autor. Ihre Lebensläufe zeigen faszinierende Parallelen: In »Rückkehr nach Reims« beschreibt der französische Intellektuelle Didier Eribon das Arbeiter- und Kleinbürgermilieu seiner Heimatstadt, das sich aus Protest dem Front National zuwendet. Und in »Hillbilly Elegy« erzählt der Investmentbanker J. D. Vance die Geschichte seiner bitterarmen Familie aus Ohio, die für eine Handvoll Dollar in Fabriken, Bergwerken und auf Feldern schuftete.

Sie bilden die Zielgruppe, für die der Trump-Slogan *»Make America great again«* keine hohle Phrase ist, sondern wie eine Verheißung klingt. Wenn man schon auf nichts in der eigenen Existenz stolz sein kann, will man wenigstens stolzer Patriot sein dürfen.

Der deutsche Sozialstaat verhindert, dass die Bürger unseres Landes wie die Hillbillys von J. D. Vance in die krasse Armut rutschen. Aber die Sprachlosigkeit, teils auch Wurschtigkeit der etablierten Parteien im Umgang mit den Globalisierungsverlierern eröffnet der AfD den Spielraum, den Donald Trump oder der Front National längst besetzt haben. Es sei »tragisch«, sagte Didier Eribon der *Zeit,* dass die Arbeiterklasse in Europa erst für den Front National, die AfD oder den Brexit stimmen müsse, um auf sich aufmerksam zu machen: »Es gibt in Europa sehr viele Menschen, die marginalisiert sind, die verzweifelt sind, die über das, was in ihrem Leben vor sich geht, wütend sind. ... Diese Leute haben kaum eine Möglichkeit, sich Gehör zu verschaffen: Wenn man keine Arbeit hat, kann man nicht streiken.«

Es hilft auch nichts, dass Meinungsforscher wie die des Allensbach-Instituts feststellen: »Die materielle Zufriedenheit wächst, die Sorgen um die Sicherheit des eigenen Arbeitsplatzes bewegen sich auf niedrigem Niveau.« Entscheidend ist ihr nächster Halbsatz: »Der Zukunftsoptimismus ist steil zurückgegangen.« Auch wenn sich nur 19 Prozent der Ostdeutschen Sorgen um ihren Job machen – diese 19 Prozent dürften sich am ehesten von der AfD angesprochen fühlen.

In Bitterfeld, am ehemaligen Standort der Solarfirma Q-Cells, stimmte jeder Dritte bei der Landtagswahl für die AfD. Der MDR machte damals eine Straßenumfrage, was die Bürger sich von der Partei erhofften. Ein Mann schilderte mit berührender Offenheit seine Hoffnung, »dass wir auf dem zweiten Arbeitsmarkt, die jetzt Schwierigkeiten haben, gesundheitlich wie auch immer, längerfristig Arbeit bekommen. Und das vielleicht nicht nur für einen Appel und ein Ei, dass es auf jeden Fall finanziell ein bisschen aufwärts geht mit uns.«

In der Fundamentalopposition kann die AfD diese Hoffnung nicht erfüllen, der Mann wird zwangsläufig enttäuscht werden. Für welche Partei wird er bei der nächsten Wahl stimmen?

Teil III
Die Radikalisierung.
Wie die AfD wurde, was sie ist

1
Der Ökonom: Bernd Lucke

Der neue Sound

Die Wurzeln der alten AfD wachsen in der neuen weiter. Es gibt keinen Bruch zwischen der einstigen Professorenpartei und der Partei der Fremdenfeinde, sie sind ein und dasselbe Gewächs. Das zeigt sich allein daran, dass im Bundesvorstand noch immer viele Funktionäre der ersten Stunde sitzen. Und wie schon die Parteigründer werden auch neue AfD-Anhänger von Enttäuschung und Angst, Vulgärliberalismus und Nationalismus getrieben. Nur brechen diese Gefühle jetzt roher und ungehemmter hervor.

Wer schon vom schlechten Management der Energiewende enttäuscht war, den muss der Kontrollverlust des deutschen Staates in der Flüchtlingskrise erst recht verstören.

Wer schon in der Eurokrise Angst hatte, das ganze Land könnte in die Armut stürzen, ängstigt sich auch leichter vor einem Bürgerkrieg.

Wer für sich die Freiheit beansprucht, »Neger« zu sagen, ist eher geneigt, auch Sprüche über »zionistische und freimaurerische Cliquen« (Wolfgang Gedeon) als freie Meinungsäußerung zu tolerieren. Und wer die deutsche Identität schon durch die EU-Bürokratie gefährdet sah, wird sie erst recht gegen eine »Umvolkung« verteidigen.

Die AfD zeigte auch schon immer eine wesentliche Eigenschaft jeder populistischen Bewegung, die der Politikwissenschaftler Jan W. Müller wie folgt beschrieb: »Populisten erheben den Anspruch, als Einzige das wahre Volk zu vertreten. Wettbewerber um die Macht und alle Bürger, welche die Populisten nicht unterstützen, werden verteufelt.« Anfangs hörte man von der AfD noch keine Verteufelung, sondern nur die moralische Diskreditierung der Konkurrenten als abgehobene und verkrustete »Altparteien«. Heute bezeichnen AfD-Politiker Angela Merkel als »Kanzler-Diktatorin«, und auf ihren Demonstrationen ertönt das Schmähwort der »Volksverräter«. »Diese totale moralische Disqualifizierung des politischen Gegners macht die AfD populistisch und bedenklich«, sagte Müller in einem *Spiegel*-Interview im Herbst 2016.

Obwohl die neue AfD also die alte logisch fortsetzt, muss sich in der Partei etwas verschoben haben. Die AfD der Gründerzeit hätte heftig diskutiert, ob man ernsthaft die Verbringung der Flüchtlinge auf ferne Inseln fordern sollte. Ob man mit Ukip, FPÖ und Front National paktieren sollte und ob man die Spendengala eines Unternehmers aus dem NPD-Milieu nicht meiden sollte. Nicht so die neue AfD.

Eine enorme Verrohung hat die Partei erfasst bis hoch in die Spitze, wo gemäßigte Funktionäre wie Jörg Meuthen die alltäglichen Ausfälle achselzuckend hinnehmen: Eine Stuttgarter Abgeordnete darf ungestraft vor einem »schleichenden Genozid« an den Deutschen warnen, ein Hamburger Bürgerschaftsmitglied Musliminnen als »Frauen in Müllsäcken« diffamieren, ein Gemeinderat aus Lahr Verständnis dafür zeigen, dass manche Bürger am liebsten »Merkel und ihr Kabinett am nächsten Baum aufhängen« wollten.

»Bubenstücke« seien das, sagen die gemäßigten Vorstände, nicht repräsentativ. Dabei sind sie selbst mancherorts längst in der Minderheit. Dank ihrer Zurückhaltung werden Kontakte von AfD-Leuten zu rechten Pro-Parteien, zur »Identitären Bewegung«, zu den »Reichsbürgern« oder zu Hooligan-ähnlichen, islamfeindlichen Gruppen wie der »German Defence League« zur Normalität. Wie konnte die innerparteiliche Toleranz für rechte Umtriebe so groß werden?

Bei der Antwort auf diese Frage spielt die Haltung von Bernd Lucke eine zentrale Rolle. Immer wieder traf der Parteigründer in der frühen AfD-Zeit scheinbar kleine Entscheidungen mit großen Folgen. Mein Kollege René Pfister und ich zeichneten sie Anfang 2015 in einem *Spiegel*-Artikel nach, für den wir auf einen Fundus von Tausenden E-Mails der AfD-Führung zurückgreifen konnten. Sie dokumentierten, wie Lucke im Umgang mit den Rechten Haken schlug, sie mal an die AfD zu binden versuchte, dann wieder auf Distanz gehen wollte.

Weil der Weg nach rechts schleichend verlief, wirkten viele Beispiele banal. »3000 Mails durchsucht und nichts wirklich Verfängliches gefunden«, spottete ein Journalistenkollege der *FAZ* damals auf Twitter: »So sorry. Das war ja eine Qual.«[2]

Aber die kleinen Schritte waren verhängnisvoll, weil das rechte Milieu die neue Partei genau auf Schwachstellen beobachtete, wie ein Blog-Artikel des Rechtsintellektuellen Götz Kubitschek zeigt. Er stammt vom 13. März 2013 – also aus dem ersten Lebensmonat der AfD:

> *»11.50 Uhr – Anruf eines befreundeten Redakteurs: Wie diese neue Partei einzuschätzen sei, diese ›Alternative für Deutschland‹? … Meine Antwort ist so konservativ, dass ich mir selbst ein bisschen fremd werde, während ich sie gebe: Dass es nämlich völlig egal sei, ob sich diese Leute … je ein Bein ausgerissen hätten für unser Land: wenn es ihnen nur jetzt gelänge, Deutschland ein wenig vor dem zu bewahren, was der Komplex ›Euro‹ noch alles anrichten könnte. Denn dieses Thema ist das feine Thema, das Türöffner-Thema, und unsere The-*

2 In dem Mail-Fundus hatten wir auch Nachrichten dieses Kollegen an Bernd Lucke gefunden, die durchaus zum Thema passten. Etwa diese: »Ich wünsche Ihnen, dass die AfD sich konsolidiert und nicht vor lauter Angst eine stromlinienförmige Partei wie die anderen wird. Mit Sorge sehe ich eine gewisse Abgrenzungsmanie gegen demokratische Rechte.«

men (Identität, Widerstand, Gender-, Parteien- und Ideologiekritik) kommen hintendreingepoltert, wenn wir nur rasch und konsequent genug den Fuß in die Tür stellen. Sollen sie also machen, sollen sie sich ruhig ein bisschen von uns … distanzieren, wenn es hilft, diese Partei zunächst in der Nähe der Mitte zu platzieren. Das Volk, das Partei-Volk, will längst mehr, und diesmal soll und wird es mehr bekommen.«

Vier Jahre später ist Kubitscheks Vorhersage eingetroffen. Die Frage ist, ob die Rechtsideologen ihre Themen der AfD unterjubeln, ob sie hartnäckig »den Fuß in die Tür stellen« mussten oder ob die Tür nicht von Anfang an einen Spalt geöffnet war.

Natürlich kann man Bernd Lucke nicht allein dafür verantwortlich machen, dass Extremisten sich in der AfD einnisteten. Aber anders als viele Parteifreunde war er, der »Kontrollfreak« (Gauland), in der Anfangsphase in jede entscheidende Situation irgendwie involviert. Jeder Millimeter, um den er den Spalt für die Rechten erweiterte, war verlorener Boden, der sich nicht zurückgewinnen ließ.

Der schmale Grat

Der BWL-Professor Alexander Dilger, zeitweise Landessprecher der AfD Nordrhein-Westfalen, kennt Bernd Lucke seit 1992. Die beiden saßen zusammen im Graduiertenkolleg für Angewandte Mikroökonomik an der Freien Universität Berlin. Dilger sagt, er hätte damals wohl jedem einen Vogel gezeigt, der Lucke eine Karriere als Politiker prophezeit hätte. »Bernd war eher ein Nerd, der sich kaum an politischen Debatten beteiligte.« Aber in dem späteren Politiker Lucke erkannte Dilger viele Seiten des jungen Wissenschaftlers wieder, zum Beispiel die Unerbittlichkeit, mit der er seine Positionen verteidigte. Lucke sei sehr gut darin, sich die Wahrheit »winkeladvokatorisch« zurechtzubiegen. Dilger vergleicht ihn in dieser Hinsicht mit einem Jesuiten.

Die Welt des jungen Lucke ist die Ökonometrie, um angewandte Statistik geht es dabei, knallharte Mathematik. Für seine Habilitation »Beiträge zur Theorie und Empirie realer Konjunkturzyklen« hantiert er mit Matrizen, die ganze Tische überlappen. Es muss den kühlen Rechner irritiert haben, wie hartnäckig sich die Euroretter der Logik der Zahlen verweigerten.

Als sich Lucke 2013 in die Politik stürzt, lernt er völlig neue Naturgesetze des Erfolgs kennen. Bislang hatte er vor gelangweilten Studenten gesprochen, jetzt hängen Tausende Erwachsene gebannt an seinen Lippen, auch wenn der Professor gar kein Experte für Währungspolitik ist. »Die Leute haben Lucke angebetet in der Anfangszeit, das hat ihm nicht gutgetan«, sagt Dilger.

Die junge Partei liebt den Chef, obwohl er keine Wärme ausstrahlt. Der Volkswirt spricht noch nüchterner als die Physikerin Merkel, aber seine Anhänger spüren, dass er aus vollem Herzen für das Land kämpft. Sein Herz allerdings hängt nicht an der AfD. Andere Politiker mögen ihre Parteien ihre »politische Heimat« nennen, aber Luckes Gefühlswelt ist reserviert für seine Gattin und die fünf Kinder.

Kurz nach seinem Sturz als Parteichef gibt er dem *Spiegel* ein Interview in seinem Privathaus in Winsen an der Luhe. Wir fragen ihn, wie es sich für ihn anfühlt, dass seine AfD ihn so brutal vertrieben hat. »Och, da gibt es nicht viel zu fühlen«, sagt er. Das sei nicht schön, aber jetzt müsse man eben vorausschauen. Die AfD war für Lucke immer ein Instrument zur Erfüllung einer Aufgabe, und als das Gerät nicht mehr nach Gebrauchsanweisung funktionieren will, baut Lucke eben ein neues: die ALFA-Partei, heute aus namensrechtlichen Gründen »Liberal-Konservative Reformer« (LKR) genannt.

Für die AfD erweist sich der Ökonom als denkbar bester und schlechtester Gründer zugleich. Der beste, weil er enormen Einsatz zeigt und absolut integer ist. Er hat keine außerehelichen Affären, trinkt und raucht nicht, hat keine Schulden, hinterzieht keine Steuern, pflegt keine Kontakte zu Lobbyisten. Aber Lucke bringt die Parteifreunde auch zur Verzweiflung mit seiner Halsstarrigkeit, seiner Rechthaberei und seinem Geiz. Legendär ist die Weihnachtsfeier 2014 in der AfD-Bundesgeschäftsstelle, nach der Lucke die Rechnung beglich, sich eine Quittung geben ließ und der verdutzten Bedienung 0,00 Euro Trinkgeld gab.

Fehler räumt der Parteichef selten ein, falsch liegen vor allem die anderen. Wenn die Mitstreiter seinen Willen nicht befolgen, bricht Lucke mitunter in Tränen des Zorns aus, stürmt aus dem Raum wie ein beleidigtes Kind. Als sich am Abend der Bundestagswahl 2013 um 18 Uhr zeigt, dass der AfD laut erster Hochrechnung die entscheidenden 0,3 Prozentpunkte fehlen, weint der Parteisprecher im Backstage-Raum des Berliner »Maritim«-Hotels bitterlich. Er weigert sich, vor die Kameras zu treten. Erst nach Bekanntgabe des amtlichen Endergebnisses werde er wieder öffentlich auftreten, verkündet Lucke. Seine Mitstreiter beschwören ihn. »Du musst da jetzt raus, Bernd!« – »Nein!« – »Doch!«

Lucke lässt sich schließlich erweichen, aber er ignoriert die vorbereiteten Redemanuskripte: eines für den Fall »Fünf Prozent plus X«, das andere für »Fünf Prozent minus X«. Lieber spricht er frei, weiß er doch selbst am besten, was nun zu sagen ist. Am nächsten Tag melden alle Medien seinen Satz: »Wir haben so viel an Entartung von Demokratie und Parlamentarismus in den letzten vier Jahren erlebt.« Wusste Lucke, was er da sagte? Auch enge Weggefährten sind sich bis heute nicht sicher. Fest steht, dass Lucke im Sommer der Parteigründung den Schritt vom Professor zum Populisten vollzieht.

Der AfD-Gründer muss im Frühsommer 2013 eine Gleichung lösen, die auf die Quadratur des Kreises hinausläuft: Einerseits will er die Partei nach rechts abgrenzen und für bürgerliche Kreise wählbar machen. Andererseits verrinnt die Zeit bis zur Bundestagswahl. Will die AfD nicht vier Jahre in der außerparlamentarischen Opposition herumdümpeln, muss sie schnell bekannt werden und so viele Wähler wie möglich anlocken.

Das Scheunentor öffnen, aber alle schwarzen Schafe ausfiltern – beides zugleich kann nicht gelingen, muss der Mathematiker Lucke begriffen haben. Es kann nur 1 oder 0 geben, alles oder nichts. Der Parteichef entscheidet sich für eine AfD der offenen Grenzen. Per Rundmail verordnet er: »Ins Wahlprogramm gehören nur Punkte mit Schmackes. D. h. die Punkte, die populär sind (weil sie richtig sind) und die uns von den anderen abheben. Sprachlich müssen wir dem Volk aufs Maul schauen.« Umgehend antwortet ein Vorstandskollege: »Haben wir nicht die Chuzpe, einen ungebremsten Zuzug von Ausländern in unsere Sozialsysteme abzulehnen?« Das Thema sei »zu wichtig und zu ernst, um auf dem Altar der Political Correctness geopfert zu werden«. Doch, stimmt Lucke zu, da habe der Kollege recht.

Der Parteichef fordert auch, im AfD-Wahlkampfslogan stärker den »Protestgedanken« auszudrücken – »ruhig auch aggressiv«, etwa mit dem Spruch: »Politiker sind machtgeil«. »Wir müssen noch einmal einen Tabubruch begehen«, hämmert er den Mitstreitern ein. Die können Lucke nur mit Mühe davon abbringen, in einen Hungerstreik gegen die Euro-Politik zu treten. Lucke schwebt vor, sich in einer Wohnung nahe dem Berliner Gendarmenmarkt einzuquartieren und dort unter ständiger Beobachtung von Kameras wie ein norddeutscher Mahatma Gandhi zu hungern – so lange, bis Merkel einlenkt und die Griechen aus dem Euro wirft. Eine absurde Idee, ächzen die Parteifreunde.

Dafür verbrennt die AfD unter Luckes Führung falsche Euroscheine vor dem Brandenburger Tor, unweit des Berliner Bebelplatzes, wo einst Bücher verbrannt wurden. Die ähnliche Symbolik muss auch einem Technokraten wie Lucke bewusst gewesen sein. Er weiß auch, dass diese Brachialkommunikation nicht das Bildungsbürgertum mobilisiert. Nicht ohne Grund verlangt er, den »Löwenanteil« der Parteiwerbung bei RTL zu schalten, nicht bei n-tv.

Trommeln gehört für Kleinparteien zum Geschäft. Aber jetzt rächt sich, dass der AfD-Chef kein Gespür hat für die in der Politik so wichtigen Zwischentöne. Bei einem Auftritt erklärt der Hochschullehrer, dass bei vielen Migranten mangels Bildung eine Integration niemals klappen werde: Sie »bilden eine Art sozialen Bodensatz – einen Bodensatz, der lebenslang in unseren Sozialsystemen verharrt«.

Dem *Handelsblatt* sagt er: »Grundsätzlich ist es gut, wenn jemand uns wählt und nicht die NPD.« Was er meint: Lieber sollen sie uns wählen als die Rechtsextremen. Wie es klingt: Wir sind auch für NPD-Wähler eine Option. Wie soll man Lucke auch anders verstehen, wenn ein AfD-Slogan nahezu wortgleich ist mit dem der Nationaldemokraten: »Wir sind nicht das Weltsozialamt«?

Die Brandmauer

In der Zeit nach der AfD-Gründung strömen die Neumitglieder nur so in die Partei. Schnell verlieren die Organisatoren den Überblick, mit wem sie da Politik machen. Der Mitgliederbeauftragte meldet stolz, dass alle sechs Minuten ein neuer Aufnahmeantrag eingehe. Lucke macht das nervös: »Für den Parteivorstand sind bis heute bereits über 100 Kandidaturen eingegangen, Tendenz ungebrochen steigend«, schreibt er den

Landeschefs Anfang April. »Die weitaus meisten Kandidaten sind uns völlig unbekannt.«

In dieser Phase gelangen viele Personen in die Partei, die zwar große Stücke auf ihre Meinungsfreiheit halten, auf »falsch verstandene Toleranz« aber umso weniger. Die AfD-Gründer hatten versucht, in der Satzung eine Brandmauer gegen rechte Überläufer einzuziehen: Eine Aufnahme früherer NPD- und DVU-Mitglieder ist tabu. Allerdings »vergisst« mancher Antragsteller, diese Vormitgliedschaft anzugeben.

Für Mitglieder anderer Organisationen, »welche durch deutsche Sicherheitsorgane als extremistisch eingestuft« worden waren, soll es eine Einzelfallprüfung mit persönlichem Gespräch geben. Lucke persönlich entwickelt dafür eine Liste mit Prüfungsfragen. Durch dieses Sicherheitsnetz könnten doch wohl nur Einzelfälle rutschen, findet er.

Für solche Tests allerdings fehlt oft schlicht die Zeit. Manche Fälle finden die AfD-Gründer auch amüsant, wie den jenes Greises, der in seinen Aufnahmeantrag einträgt: »Letzte Partei: NSDAP«. Weitere Mitgliedschaften in politischen Organisationen: »1940: Wehrmacht, 1942: Waffen-SS.« In der AfD-Geschäftsstelle lachen sich die Mitarbeiter kringelig.

Weniger leicht lassen sich die Neuzugänge aus rechtskonservativen Burschenschaften einschätzen, die diese Mitgliedschaft auch nicht offenlegen müssen. Deshalb öffnet sich die AfD auch radikalen Zirkeln wie der Münchner Danubia, der Hamburger Germania oder der Alten Breslauer Burschenschaft der Raczeks zu Bonn. Letztere hatte 2011 auf dem Deutschen Burschentag beantragt, bei neuen Verbindungsbrüdern mehr auf die »deutsche Abstammung« zu achten. Aus diesen Kreisen gesellte sich zum Beispiel der spätere Parteischiedsrichter Dubravko Mandic zur AfD, der US-Präsident Barack Obama in Facebook-Foren als »Quotenneger« schmähte und erklärte, inhaltlich unterscheide die AfD sich nicht groß von der NPD.

Vergeblich fordert Pressesprecherin Dagmar Metzger in einer Bundesvorstandssitzung, die AfD müsse auch Zugänge aus rechten Splittergruppen ablehnen, wie aus der Sarrazin-Partei »Die Freiheit«, aus der Schill-Partei oder den Pro-Parteien. Der Antrag fällt durch, denn in jedem Landesverband besetzen solche Leute längst wichtige Positionen: In Nordrhein-Westfalen ist ein ehemaliger Schatzmeister der Republikaner eine große Stütze. In der brandenburgischen Parteispitze sitzen ein Ex-Vorstand der »Freiheit« sowie ein Ex-Republikaner, der sich auch im revanchistischen sudetendeutschen Witikobund engagierte.

Auch die Facebook-Administratorin der AfD kam aus der »Freiheit«, ebenso wie der spätere rheinland-pfälzische Landeschef Uwe Junge. In Petrys Verband Sachsen engagieren sich besonders viele Überläufer der Anti-Islam-Partei. Sie bauen die Kreisverbände auf, organisieren Parteitage, kandidieren auf der Bundestagsliste, und Petrys Landesvorstand dankt ihnen nach der Wahl für ihren großen Einsatz.

Wohl auch deshalb reagiert Petry so empört, als Lucke irgendwann doch per Pressemitteilung einen »allgemeinen Aufnahmestopp« für »Freiheit«-Mitglieder verkündet. »Ich habe von der PM aus der Presse!!! erfahren und bin ziemlich sauer!«, mailt Petry einem Parteifreund. An Lucke schreibt sie: »Ich verstehe emotional, dass du offenbar unter Druck gewesen bist.« Aber: »Wenn wir nicht ganz schnell zu einer gemeinsamen Führung der Partei finden, wird dies nicht der letzte Schaden dieser Art gewesen sein.« Am Ende rudert Lucke zurück. Vom Aufnahmestopp ist nun keine Rede mehr.

Vor den Rechten warnen darf aber auch nur Lucke selbst, auf Warnungen anderer hört er ungern. So erzählt ein befreundeter Unternehmer Lucke und Pressesprecherin Metzger im Sommer vor der Bundestagswahl 2013 von den Plänen rechter Seilschaften, die AfD zu unterwandern: Er habe bei einem Dinner in einem Berliner Edelrestaurant ein Mitglied dieser Netzwerke getroffen, berichtet der Unternehmer, einen lässigen Typ mit Lederjacke. Der habe ganz unverblümt erzählt, dass seine patriotische Vereinigung die AfD als letzte evolutionäre Chance für Deutschland und für den Schutz der deutschen Identität vor kultureller Zerstörung sehe. Seine Verbündete säßen in allen AfD-Landesverbänden, habe der Mann geprahlt, und würden nach der Wahl ganz andere Themen anschneiden als den Euro.

Was für eine Räuberpistole, lacht Lucke und winkt ab. Alles sei unter Kontrolle.

Wenig später schicken ihm zwei besorgte AfD-Mitglieder aus Brandenburg eine Mail. An Wahlkampfständen hätten sie von erschreckend vielen Leuten gehört: »Wir werden euch wählen, und wenn ihr in den Bundestag kommt, werden wir Mitglied der AfD. Sind wir erst einmal … in der Mehrheit, werden wir den richtigen Kurs für die Partei vorgeben.« Diese Leute seien alle Ex-Mitglieder rechter Parteien und anderer »obskurer Organisationen«, schreiben Luckes Parteifreunde. »Uns steht eine große Unterwanderung von nicht gewünschten neuen, stark rechtslastigen Mitgliedern bevor.«

Anstelle des Vorsitzenden antwortet einer seiner Vertrauten: Jens Eckleben aus Hamburg. Auch er kam von der »Freiheit«, was er freilich in seiner Antwort nicht erwähnt. Die Sorge der Parteifreunde könne er nicht teilen, schreibt Eckleben. Die AfD habe 16000 Mitglieder, wie sollten da ein paar Überläufer aus Kleinstparteien die Macht übernehmen können? »Sorge macht mir vielmehr das von Ihnen anscheinend viel zu sorglos verwendete Vokabular von linksextremistischen Ideologen«, tadelt Eckleben die Parteifreunde. Damit ist die Angelegenheit erledigt.

Dabei warnt kurz vor der Bundestagswahl sogar der Hamburger Landeschef Jörn Kruse öffentlich: »Es lässt sich leider nicht leugnen, dass sich in mehreren Ländern systematisch rechte Gruppen formieren, die auf Inhalte und Image unserer Partei Einfluss nehmen wollen.« Die Gruppe sei zwar klein, dafür aber »gut vernetzt und sehr aktiv«.

Aktiv ist das rechte Netzwerk in der AfD bis heute, nur längst nicht mehr klein. Zwar kommen in der Gründungsphase beileibe nicht nur Extremisten, viele Überläufer sind bloß erzkonservativ. Aber mit ihnen tröpfelt eine Agenda in die Partei hinein, die wenig mit Luckes Euro-Protest zu tun hat. Diesen Mitgliedern geht es um mehr, sie wollen das Rad insgesamt zurückdrehen, den links-grünen Mainstream entmachten, und manche wollen auch vermeintliche Irrwege wie die Homo-Ehe, die Abtreibungsregeln oder Deutschlands Nato-Mitgliedschaft beenden.

Gerade die »Freiheit«-Überläufer hatten nicht umsonst zuvor eine Anti-Islam-Partei gegründet. Auch in der AfD üben sie kompromisslos, unversöhnlich und pauschal Kritik an muslimischen Zuwanderern, die sie in AfD-Gremien wie der »Integrationskommission« mit biblischem Zorn vortragen. In internen Mails und Foren fordern diese Leute, die AfD müsse den Islam als »Zeitbombe« anprangern, und verweisen auf die hohe »Kopfabschneiderquote« in den »Affenstaaten der Mohammedaner«. Im Gegensatz zum Islam sei die heilige Inquisition ja wohl ein »Muster an klarem Denken und Beweisführung«.

Sind diese Neuen erst etablierte Parteifreunde, haben sie erst im Wahlkampf mitgeholfen, kann man ihnen nur schwer die Tür weisen. Es sind auch diese frühen AfD-Mitglieder, die heute ihren Hass und ihre Angst vor Überfremdung in Facebook-Kommentaren, in Stadträten und auf Marktplätzen austoben.

Im Kreisverband Göppingen erwirken die Rechtsausleger ein Parteiausschlussverfahren gegen die »Integrationsbeauftragte« der AfD, die Muslima Bouchra Nagla – eine moderne Geschäftsfrau, die mehrsprachig arbeitet und kein Kopftuch trägt. Ein Anlass für den Ausschluss ist, dass Nagla als AfD-Funktionärin an einem muslimischen Fastenbrechen teilnahm. Verzweifelt schreibt einer ihrer Unterstützer an Lucke: »Die braune Gesinnung ist (in Göppingen) mit deutlicher Mehrheit vertreten. Ich frage mich ernsthaft, ob das in der ganzen AfD … so ist.«

Viele solcher Fälle werden öffentlich, aber die Kritik der Medien erzeugt nur eine Wagenburgmentalität in der Partei. Liberale Mitglieder geraten als Nestbeschmutzer unter Druck. Parteischiedsrichter Dubravko Mandic droht ihnen in einem Facebook-Post 2014 sogar mit Parteiausschluss: »Im politischen Kampf ist es wie im Gefecht: Die Reihen müssen geschlossen gehalten werden. Jedes Mitglied, welches insbesondere mit uns feindlichen Presseorganen an negativer Propaganda gegen die AfD mitwirkt, läuft Gefahr, den Tatbestand des parteischädigenden Verhaltens zu erfüllen.«

2
Die Lager der AfD

Karrieristen und Ideologen

Der Durchbruch der Rechten lässt sich auch mit der Typologie der AfD-Mitglieder erklären. Auf Parteiveranstaltungen trifft man stets dieselben drei Typen von Funktionären: Ideologen, Karrieristen und Idealisten. Die Einteilung ist zugegebenermaßen grob, manche Charaktere passen in keine dieser Schubladen, und es gibt jeden Typus in milderen und krasseren Formen. Aber insbesondere die Führungsriege der Partei zerfällt bis heute weitgehend in Karrieristen und Ideologen. Zwischen ihnen wird sich der Machtkampf in der AfD entscheiden.

Anders als die »Fundis« und »Realos« bei den Grünen unterscheiden sich die Ideologen und Karrieristen der AfD nicht nach ihren politischen Zielen – eher danach, dass die eine Gruppe überhaupt politische Ziele verfolgt, die andere primär persönliche.

Zu den Ideologen zählen alle, die mit der AfD das Land nach ihrem Weltbild gestalten wollen. Grundsätzlich gilt dies wohl für alle Politiker – wollen nicht auch die Grünen die Gesellschaft mit Veggie Day und Frauenquote umgestalten? Man kann die Vorstellungen der AfD-Ideologen keinesfalls pauschal als verfassungsfeindlich oder auch nur unzulässig abtun. Größtenteils sind sie einfach Ansichtssache oder eben eine Glaubensfrage.

Die Besonderheit dieser Gruppe ist aber, dass für sie Politik nicht »mit der Betrachtung der Wirklichkeit beginnt« (Kurt Schumacher), sondern mit dem Impetus, die Wirklichkeit ihren politischen Zielen anzupassen – und dafür sind ihnen auch ungehörige Mittel recht. Dies bedeutet, im Dienst der eigenen Überzeugung Fakten zu ignorieren (Themen Russland oder Klimawandel), bürgerliche Freiräume zu beschneiden (Themen sexuelle Selbstbestimmung und Geburtenrate), Stimmungen durch Desinformation und Agitation zu schüren (Themen Islam und Integration). Und es bedeutet den Drang, unerwünschte Entwicklungen möglichst im Hauruckverfahren zu revidieren, selbst wenn das mit enorm hohen Kosten für die Allgemeinheit verbunden ist (Themen Euro, EU- und Nato-Mitgliedschaft). Die Haltung dieser Gruppe steht damit im krassen Gegensatz zum Selbstbild einer AfD als Partei des gesunden Menschenverstands.

Die Ideologen sind nicht zwangsläufig alle Verbündete, dafür sind ihre Ansichten und Ziele zu unterschiedlich. Eine Beatrix von Storch, die dafür eintritt, betuchte Erben vor dem Fiskus zu beschützen, passt nicht ohne Weiteres zu Alexander Gauland oder Björn Höcke, die ihre Partei als soziale Kraft sehen. Noch gehört zu den Ideologen in gewisser Weise auch ein Bernd Lucke, der sich im blinden Vertrauen auf ökonomische Rechenmodelle am Euro abarbeitet. Was diese Gruppe vereint, ist ihre vulgärliberale Abneigung gegen »Redeverbote« und »Zensur« – mit der sie freilich vor allem Zweifel oder Kritik an der eigenen Position abwehren wollen.

Viele Protagonisten eint auch eine intolerante, abfällige Haltung gegenüber Andersdenkenden. Eine Haltung, die die AfD sicher nicht exklusiv einnimmt, es wird ihre Vertreter auch bei der Linken oder der CSU geben, nur scheint mir bei der AfD ihre Dichte besonders ausgeprägt. So ausgeprägt wie die gleichzeitige Beteuerung, gerade keiner Ideologie anzuhängen, sondern rein faktenbasiert zu argumentieren. Sarrazinistisch eben.

Für viele Ideologen sind lukrative Mandate oder dicke Dienstwagen nicht der entscheidende Antrieb für die politische

Arbeit, sondern höchstens positive Nebeneffekte der ansonsten oft so schmerzhaften Pflicht, das Land zu »retten«. Manche verachten ihre Parteifreunde regelrecht dafür, dass sie sich von den Vorzügen des Politikerlebens korrumpieren und von der reinen Lehre ablenken lassen. Der unschöne Alltag der Politik mit Kompromissen und Postengerangel im Hinterzimmer ist ihnen ein Gräuel. Björn Höcke ermutigt seine rechten Anhänger zwar, in der Partei Einfluss zu nehmen und für gute Listenplätze zu kandidieren. Aber er ermutigt sie gerade nicht, über eine geheime WhatsApp-Gruppe eine Wahlversammlung zu steuern, wie die Gegenseite es tut.

Angenehm an den Ideologen ist: Man weiß immer, woran man ist. Wenn es um die Sache geht, spielen sie mit offenen Karten – im Gegensatz zu den Karrieristen in der AfD. Die Winkelzüge und wechselnden Loyalitäten dieser Ultrapragmatiker wie Frauke Petry oder Marcus Pretzell sind für Außenstehende schwieriger nachzuvollziehen. Die Karrieristen verstehen unter politischer Arbeit in erster Linie, Mehrheiten für die eigenen Zwecke zu organisieren. Dafür spielen sie mal im liberalen Lager mit Forderungen nach mehr unternehmerischer Freiheit und einer offenen Gesellschaft, dann wieder leben sie im Kreise autoritärer Nationalisten ihre patriotische Seite aus oder funken antiamerikanische Töne in Richtung der Putin-Fans. Letztlich stehen sie für alles und nichts.

Wie es sich für Karrieristen gehört, ist die AfD ihnen ein Mittel zum beruflichen Fortkommen, oft auch eine Rettung aus finanziellen Engpässen oder einer beruflichen Sackgasse. Um dies zu kaschieren, erfinden sie notfalls politische Gründe: So wird Leif-Erik Holm, Fraktionschef der AfD in Mecklenburg-Vorpommern, in Parteikreisen dafür bedauert, dass der Privatsender Antenne MV ihn ja wegen seines AfD-Engagements entlassen habe. Dabei war Holm dort nur freier Mitarbeiter, und der Sender teilte mit, Holm sei freiwillig gegangen.

Erst viel später habe man von seiner Parteimitgliedschaft erfahren.

AfD-Karrieristen haben wie jedermann das Recht, sich beruflich neu zu erfinden und politische Aufstiegschancen zu nutzen. Auch gegen Ehrgeiz als menschliche Eigenschaft spricht an sich nichts. Ohne Ehrgeiz wäre Angela Merkel heute vielleicht eine unbekannte Physikerin im akademischen Mittelbau und Günther Jauch ein unbekannter Moderator bei irgendeinem Frühstückssender. Entscheidend ist, welche Prinzipien man dem Ehrgeiz zu opfern bereit ist.

Viele AfD-Karrieristen sind bereit, dafür den »Mut zur Wahrheit« zu opfern: Die Wahrheit nämlich, dass die AfD vielerorts von Rechtsideologen gesteuert wird. Und die, dass der Erfolg der Partei zu großen Teilen auf populistischen Versprechungen und dem Schüren von Ängsten und Ressentiments beruht. Gerade in der Gründungsphase hat diese Haltung viele rechte Scharfmacher beschützt. Denn auf kritische Fragen antworteten die Karrieristen nur: »Was heißt das überhaupt für Sie, rechts?« Um alsdann die AfD zur »rechten demokratischen Partei« oder »Pegida-Partei« zu erklären.

Die ehrgeizige AfD-Fraktion sieht die xenophobe Hetze ihrer Parteifreunde auf Facebook, hört die Nazi-Terminologie und die rohen Schmähungen gegen politische Gegner. Diese Leute wissen um die Allianzen von AfD-Mitgliedern mit Neonazis, Hooligans, Bürgerwehren und Kameradschaften. Vielleicht schaudert es sie, aber das eigene Ziel fest im Blick ziehen sie die Sache durch.

Ein bisschen erinnert diese Gruppe an die junge Frau aus dem Märchen über den bösen Ritter Blaubart: Wie Blaubarts Ehefrau haben die Karrieristen eine kleine Kammer aufgeschlossen. Darin liegen Leichen, Beweise für die Missetaten ihrer Kollegen. Aber anders als Blaubarts Frau gelingt es den AfD-Leuten, die Tür unbemerkt wieder zu schließen. Sie teilen mit Blaubart weiter Tisch und Bett und reden sich ein, dass er doch ein ganz netter Typ sei, solange man ihn nicht reizt.

Beide AfD-Gruppen sind ähnlich stark, und beide verabscheuen und brauchen einander: Die Karrieristen profitieren davon, dass die Ideologen Tabus brechen, auf den Marktplätzen auf die Pauke hauen und so große Wählergruppen an die Partei binden. Das bringt Stimmen, Mandate, Einfluss und Geld. Umgekehrt profitieren die Ideologen davon, dass die Karrieristen die bürgerliche Fassade der Partei stützen, in Talkshows *bella figura* machen und sich gelegentlich behutsam vom Narrensaum der AfD distanzieren.

Mitunter weiß man nicht, welcher Gruppe man den Erfolg gönnen soll. Es ist auch schwer zu sagen, welche derzeit die Oberhand hat. Den zahlenmäßigen Vorsprung der Karrieristen dürften die Ideologen mit Entschlossenheit und in Geschlossenheit wettmachen.

Die Idealisten

Zwischen den Eiferern und den Ambitionierten steht eine dritte Fraktion, für die sich schwer ein guter Name finden lässt – »Idealisten« trifft es nur leidlich gut. Dazu zählen AfD-Mitglieder, die sich der Existenz und Macht der anderen Gruppen entweder nicht bewusst sind oder sie nicht wahrhaben wollen. Diese Gruppe meint ihre politische Arbeit wirklich gut – viele sind genau die »Gutmenschen«, die die AfD so gerne schmäht. Beharrlich halten sie am Selbstbild der alten AfD fest: als Bündnis zur Erneuerung der Demokratie.

Zum Beispiel Kay Gottschalk aus Hamburg. Der Fünfzigjährige trägt die Mitgliedsnummer 75, ist also ein AfD-Mann der ersten Stunde. Als leitender Angestellter einer großen Versicherung braucht er die Partei weder als Einkommensquelle noch zur Befriedigung seiner Ambitionen. Als seine AfD-Arbeit bekannt wurde, bekam Gottschalks Arbeitgeber anonyme Anrufe: »Wissen Sie, dass bei Ihnen ein Nazi arbeitet?« Sein Chef versicherte dem AfD-Mann umgehend, er müsse sich um seine Zukunft in der Firma keine Sorgen machen.

Gottschalk hat in seinem Landesverband Hamburg kein Vorstandsamt und kein Bürgerschaftsmandat, dafür setzt er sich in der Bezirksversammlung Hamburg-Mitte für die Belange von Schrebergärtnern und für den sozialen Wohnungsbau ein. »Klar, es gibt ein paar Irre in der AfD«, sagt Gottschalk. Aber die werde man in den Griff bekommen.

Allein 2016 hat der Jurist und Betriebswirt fast dreißig AfD-Parteitage geleitet, vom Kreisparteitag in Mölln bis zum Stuttgarter Bundesparteitag. Mitglieder wie er sind das Rückgrat der AfD. Meistens arbeiten sie im Hintergrund; sie schreiben Anträge und Programme, kleben Plakate, führen die Kassen, pflegen die Internetseiten, organisieren Kundgebungen oder beschützen Parteifreunde als Security. Dabei treten sie freundlich und kompetent auf – und wirken angesichts der Ziele und Methoden ihrer Mitstreiter mitunter erstaunlich naiv. Oder eben wie unbeirrbare Idealisten.

Viele dieser Mitglieder haben die AfD längst frustriert verlassen. Aber viele halten noch durch. »Einer muss es doch richtig machen«, schrieb mir ein solcher AfD-Mann im Herbst 2016: »Ich bin nun mal bekennender Konservativer und Patriot. Wo finde ich das denn in deutschen Parteien? Wenn die AfD etwas Gutes bewegen soll, dann muss man sie sauber halten. Versuchen will ich das – ergebnisoffen.«

Die Satzung

Der Abstieg von Bernd Lucke und das Ende der gemäßigten AfD begannen schon 2014, im zweiten Lebensjahr der Partei. In diesem Jahr der Konsolidierung mussten sich viele der AfD-Mitglieder noch mühsam aus dem tiefen Loch hervorarbeiten, in das sie nach der gescheiterten Bundestagswahl gefallen waren. Sie hatten fest mit einem Erfolg gerechnet, manche sogar schon in Berlin Wohnungen gesucht. Lucke hatte bereits mit der Bundestagsverwaltung korrespondiert, es gab erste Mitarbeiterlisten. Was es nicht gab, war einen Plan B.

Rivalen und Neider hatte Lucke von Anfang an, wie jeder Parteichef. Aber vor der Bundestagswahl hatte das Ziel des Einzugs in den Bundestag die AfD diszipliniert.

Nach dem Scheitern an der Fünfprozenthürde brechen Enttäuschung und Frust umso stärker hervor, und sie finden ein Ziel: den Bundessprecher. Im Zwischenjahr vor der AfD-Spaltung verliert Lucke an der Basis seinen schützenden Nimbus als genialischer Heilsbringer. Viele werfen ihm vor, die AfD zu sehr auf »Mainstream« gepolt zu haben, zu wenig über den Islam, die traditionelle Familie oder die Klimalüge gesprochen zu haben.

Zwar kann Lucke noch einen Erfolg bei der Europawahl im Mai 2014 einfahren, aber es ist ein wertloser, trügerischer Sieg. Im AfD-Milieu gilt das EU-Parlament nur als machtlose »Quasselbude«, und nach seiner Wahl in just dieses Parlament sitzt der Parteichef politisch gesehen auf dem Mond. Pflichtbewusst, wie Lucke ist, steckt er viele Stunden in die parlamentarische Sacharbeit, die in der AfD daheim niemanden interessiert.

Derweil fahren in Sachsen, Thüringen und Brandenburg die Landeschefs Frauke Petry, Björn Höcke und Alexander Gauland teils zweistellige Wahlergebnisse ein – mit genau den Themen, die Lucke scheute. Jetzt will die AfD den »Asylbewerberzustrom reduzieren«, fordert die »Drei-Kind-Familie als Standard«, Volksabstimmungen über Minarette und einen Kampf gegen »Ausländerkriminalität«. Manchmal heißt es auch nur schlicht »Wir sind das Volk« oder »Unser Land geht vor« – Slogans, gegen die niemand etwas sagen kann, von denen aber alle wissen, dass sie etwas zum Schwingen bringen sollen. Ein Gefühl nämlich, das für Nicht-Volkszugehörige wenig Gutes bedeuten kann.

Lucke ging zwar auch mit dem Slogan »Mut zu Deutschland« in die Europawahl, aber intern will er jetzt entschlossener gegen die Rechten vorgehen. Damit erreicht er freilich in erster Linie eine Annährung seiner Gegner untereinander. Im Jahr 2014 verbünden sich zwei AfD-Lager: Die Ideologen wie Beatrix von Storch oder Alexander Gauland und die Karrieristen wie Frauke Petry und Marcus Pretzell nehmen Lucke in die Zange.

Zur ersten Machtprobe wird die neue Parteisatzung. Luckes Entwurf sieht anstelle von drei Bundessprechern eine Einerspitze vor – an wen er dabei wohl denkt? Dieser Parteichef hätte nach Luckes Regelwerk eine viel größere Macht, außerdem könnte der Bundesvorstand leichter in Landesverbände hineinregieren, wenn diese »in wesentlichen Fragen gegen die politische Zielsetzung der Partei« handeln. In einer AfD ohne Grundsatzprogramm wäre diese Klausel eine Allzweckwaffe.

Auf dem Bundesparteitag von Erfurt im Frühjahr 2014 kommt es zur offenen Konfrontation. Zum ersten Mal steht der erschrockene Parteichef einer Wand aus Wut gegenüber. Ihm war nicht klar, wie schlecht die Stimmung geworden ist. Um eine Niederlage zu verhindern, streicht er das Satzungsthema von der Tagesordnung. Erst nach einer dreiviertelstündigen Zornesrede gegen die Medien ist der Parteichef wieder obenauf. Die Presse habe die AfD ständig verunglimpft und ihr den Einzug in den Bundestag vermasselt – ein klarer »Missbrauch der Pressefreiheit«, schimpft Lucke. Der Saal jubelt, auch wenn das Wort »Lügenpresse« damals noch niemand benutzt.

Der Streit um die AfD-Satzung und die Einerspitze wird das ganze Jahr 2014 bestimmen. Denn als die Pegida-Bewegung auf der Bildfläche auftaucht, wird der Streit um Parteiformalien plötzlich ideologisch aufgeladen. Nun gibt es ein praktisches Beispiel dafür, wie ein alleiniger Chef Lucke die politische Ausrichtung der AfD steuern könnte. Denn der Bundessprecher will mit den »Spaziergängern mit dem albernen Namen« nicht paktieren, sie sind ihm zu derb und zu plump. Aber Patrioten wie Gauland oder Höcke erkennen sie sofort als »natürliche Verbündete«. Petry schwankt, will Pegida nach Art der Karrieristen mal einbinden, dann wieder auf Distanz gehen – je nachdem, was gerade den größeren Nutzen bietet.

Nach Luckes Sturz wird das Verhältnis der AfD zu den »Spaziergängern« kein großes Thema mehr sein. Die neue AfD hält längst eigene Großdemonstrationen ab, auf denen das Publikum, die Reden und die Sprechchöre denen der Pegida-Veranstaltungen zum Verwechseln ähnlich sind. Auf einer Demo von Björn Höcke im Herbst 2016 in Erfurt steht ein Pegida-Funktionär auch ganz selbstverständlich mit auf der Bühne. Es ist zusammengewachsen, was geistig nie getrennt war.

Ende 2014 allerdings bietet Pegida noch Anlass zum Streit. Die Frage, wie »rechts« die AfD sein will, liegt nun offen auf dem Tisch. Lucke will die Basis mit einer Rundmail auf einen moderaten, seriösen Kurs zwingen. Alle AfD-Mitglieder sollten dem »politischen Extremismus« abschwören, der Ausländerfeindlichkeit, der religiösen Intoleranz und der Diskriminierung von Minderheiten. Auch die Reichsbürger und Verschwörungstheoretiker will Lucke so aus der AfD treiben. Eigentlich fordert Lucke Selbstverständlichkeiten, doch die Vorstandskollegen stoppen ihn. Noch nicht einmal Extremisten und Wirrköpfe wollen sie ausschließen – es dürfe keine Denkverbote geben. Was sie nicht explizit sagen: Es könnte ja Stimmen kosten.

Zum Jahreswechsel eskaliert der Machtkampf in der AfD endgültig. Lucke erzwingt ein Treffen aller Kreisvorsitzenden, um sie auf seinen Kurs und seine Satzung einzuschwören. Daraufhin rechnen seine Gegner um Petry und Gauland in einem offenen Brief mit ihm ab:

> *»Wir haben durch die letzten Wahlen unsere Parteibasis enorm verbreitert. Es sind Menschen zu uns gestoßen, die nicht allein Alternativen zum Euro suchen, sondern auch zu vielen anderen Fehlentwicklungen in unserem Land. ... Es sind Menschen, die eine islamische Überfremdung fürchten, und solche, die sich ein europäisches Haus nicht gegen Russland wünschen. ... Dies alles, lieber Bernd Lucke, sind Themen, die eine Persönlichkeit allein nicht glaubwürdig repräsentieren kann, vor allem dann nicht, wenn sie diese nicht inhaltlich vertritt.«*

Die Botschaft an den AfD-Chef: Troll dich in deine Euro-Ecke!

Zur Entscheidung kommt es Anfang 2015 auf einem Mammutparteitag in Bremen. Der Ort im hohen Norden liegt denkbar ungünstig, die meisten der gut 3000 Teilnehmer müssen bei der Anreise Hunderte Kilometer überwinden. Noch dazu müssen sie in zwei getrennten Sälen tagen, weil keine Halle in Bremen alle AfD-Leute fassen kann. Deshalb sitzt eine Gruppe im »Maritim«-Hotel, die andere in einem Musicaltheater, und beide Säle sind per Videokonferenz verbunden. Allein die Absprachen, welche Parteivorstände in welchem Saal sitzen sollen, geraten komplizierter als jede Nahost-Friedenskonferenz.

Nach stundenlangen Debatten über Formalien und Geschäftsordnungsanträge verhilft die Basis Luckes Satzung mit einem hauchdünnen Vorsprung zur nötigen Zweidrittelmehrheit. Künftig wird die AfD eine Einerspitze haben. Kaum wird sein Sieg verkündet, springt der Parteichef jubelnd von seinem

Sitz auf. Die Last, die von ihm abfällt, ist so gewaltig, dass Lucke alle Vorsicht vergisst: Er zeigt sich ungewöhnlich emotional, strahlt, reckt die Fäuste in die Luft, fällt seinen Mitstreitern um den Hals.

In diesem Moment legt der siegreiche Parteichef die Grundlage für seine finale Niederlage. Denn der Machtkampf hat in der AfD tiefe Wunden geschlagen. Dass Lucke seinen Triumph jetzt so unverhohlen auskostet, lässt viele seiner Unterstützer grübeln, ob sie auf den richtigen Mann gesetzt haben.

3
Der Geschichtslehrer: Björn Höcke

Die Kreide

Schon in der frühen AfD gibt es einen emotionalen Gegenpol zu Bernd Lucke: Björn Höcke, zum Zeitpunkt der Parteigründung 41 Jahre alt, verheirateter Vater von vier Kindern und Lehrer für Geschichte und Sport. Wo Lucke nüchtern klingt wie eine Bach-Fuge, tönt Höcke schwärmerisch wie ein Schubert-Lied. Wo der Ökonom in Fakten und Zahlen denkt, denkt der Historiker in Jahreszahlen, Symbolen, Mythen.

Seine Reden sind akustische Ausflüge in eine lang verdrängte Zeit, und wer kein Fan ist, den packt leicht das Schaudern: »3000 Jahre Europa, tausend Jahre Deutschland – ich gebe euch nicht mehr her«, orgelt der Mann aus Thüringen auf den Marktplätzen. »Der Syrer hat noch sein Syrien, der Afghane noch sein Afghanistan und der Senegalese noch seinen Senegal. Wenn wir unser Deutschland verloren haben, dann haben wir keine Heimat mehr!« Als stünde Deutschlands Untergang bevor und als hätten nicht gerade die Flüchtlinge »ihr Syrien« durch Bürgerkrieg und IS-Terror verloren.

Das TV-Magazin »Monitor« schnitt Passagen aus Höckes Reden gegen Auftritte des Nazi-Agitators Joseph Goebbels und zeigte beängstigende Ähnlichkeiten in Wort und Ton. Lauscht man Höckes Stimme, meint man, Fackeln lodern und Uniformierte marschieren zu sehen. Björn Höcke ist kein »Nazi« im historischen Sinne, kein Antisemit oder Hitler-Fan. Aber er ist ein glühender »Anti-Islamist«, ein nationaler, revanchistischer »Sozialist« und ein extremer Rechter.

Es dauert eine Weile, bis Höcke seine Haltung in der AfD zeigt. Anfangs wirkt er einfach wie ein komischer Vogel, zum Beispiel, als er bei der Sonntagabend-Talkrunde von Günther Jauch eine Deutschlandfahne über die Armlehne seines Sessels drapiert. Oder als er auf seiner ersten Pressekonferenz in Berlin den verdutzten Journalisten verkündet: »Jetzt können Sie mich zitieren: Höcke sagt, Doppelpunkt, Anführungszeichen unten: Die politische Korrektheit liegt wie Mehltau über unserem Land.« Der AfD-Mann würde den »geistig-moralisch kastrierten Schreiberlingen« ihre Berichte eben am liebsten diktieren wie ein Lehrer seinen Schülern die Hausaufgaben.

Dass der Thüringer mit der AfD viel mehr vorhat als gepflegte Eurokritik, begreifen die Parteifreunde spätestens am Abend der Landtagswahl 2014. In der Euphorie über fast 11 Prozent schreit ihr Spitzenkandidat mit irrem Blick und überschnappender Stimme: »Von hier und heute beginnt eine neue Epoche in der Parteiengeschichte!«

Höckes Gesicht ist weich, jungenhaft fast, mit großen hellblauen Augen und einem verträumten Lächeln. In seiner alten Schule schätzte man ihn als pflichtbewusst und fürsorglich. Schüler durften ihn notfalls zu Hause anrufen, er war sogar Vertrauenslehrer. »Ich will Deutschland dienen«, diesen Satz von Angela Merkel hat auch Höcke verinnerlicht.

In der AfD kann er aber auch knallhart sein, das erlebte Michaela Merz im Frühjahr 2014. Die damalige AfD-Chefin in Thüringen lag im Clinch mit einem Vorstandskollegen. Es war die Eskalation einer Rivalität, die schon lange brodelte, und es war absehbar, dass Merz und ihr Gegner auf Dauer nicht harmonieren würden. Deshalb entschied Parteichef Lucke kurzerhand, der vernünftige Höcke möge entscheiden, welcher der Streithähne zurücktreten sollte. Höcke zierte sich – »Ich habe mich in meinem Leben noch nie so schwer mit einer Entscheidung getan« –, um dann der »lieben Michaela« nach Art des

Vertrauenslehrers ein Abschiedszeugnis zu schreiben. »Ich sehe vieles an Dir, was ich schätze«, mailte Höcke. »Deine Unbedingtheit, Deine Lebenszugewandtheit, Deine Kraft. Trotzdem macht die Konstellation eine Entscheidung notwendig. Ich bitte Dich, zurückzutreten. Du musst Dich ins Schwert stürzen.«

Der letzte Satz drückt Höckes Art, Politik zu machen, perfekt aus: Ungern führt er Delinquenten aufs Schafott. Nein, sie mögen sich bitte selbst ins Schwert stürzen. Höcke will Richter sein, aber kein Henker.

Im persönlichen Gespräch wirkt der AfD-Mann scheu, fast gehemmt, Mitstreiter beschreiben ihn als empfindlich und nachtragend. Dass die »heute-show« ihn nur »Bernd Höcke« nennt und viele Medien den falschen Namen aus Schludrigkeit übernehmen, kränkt ihn. »Mein Name ist *Björn* Höcke!«, schreit er auf einer Demo frustriert ins Mikrofon.

Die Häme gegen Höcke hat gefährliche Konsequenzen: Jetzt sieht sich der Gekränkte im Recht zurückzuschlagen. Wenn die Medien ihn, den unbescholtenen Bürger, zum Teufel der Nation machen dürfen, muss er sich ja wohl auch nicht mäßigen. Dann darf er Merkel schon mal als »Pattex-Frau« schmähen, als »Trulla aus der Uckermark«, die »in der Zwangsjacke aus dem Bundeskanzleramt abgeführt« werden müsse.

Dass der biedere Lehrer zum Marktschreier wurde, zeigt, wie sehr ihn die Zustände in Deutschland gequält haben müssen. Der AfD-Politiker, der sich selbst einmal als »kleinen Prediger« bezeichnete, tickt wie ein langhaariger, abgerissener Weltuntergangsprophet, der auf der Straße sein Plakat schwenkt: »Das Ende ist nah!« Beide hoffen, dass ihre Prophezeiung nicht eintritt. Aber ach, da ist schon das Donnergrollen des »heraufziehenden Gewitters« zu hören, wie Höcke im Herbst 2015 vor der AfD-Parteijugend klagte: Durch die niedrige Geburtenrate und die Masseneinwanderung »stellt sich zum ersten Mal nach tausend Jahren die Frage nach *Finis Germaniae*«.

Der Historiker Höcke muss wissen, dass dieser Begriff von Wilhelm Marr geprägt wurde, einem antisemitischen Vordenker der Nationalsozialisten. Für Marr war ein Überlebenskampf zwischen Deutschen und Juden unausweichlich. Sollten die Juden siegen, träte das *Finis Germaniae,* das Ende der deutschen Volksgemeinschaft, ein. Ihrer Vernichtung könnten die Deutschen nur entgehen, war Marr überzeugt, indem sie ihrerseits die Juden vernichteten.

Hat sich Höcke damit also doch als Antisemit geoutet? Dieser Schluss scheint mir zu kurz gegriffen. Zwar spricht dafür, dass er eine begeisterte »Lektüreempfehlung« für das teils antisemitische Pamphlet seines Parteifreundes Wolfgang Gedeon ausgab. Er wolle Gedeon »ausdrücklich gratulieren«, schrieb Höcke auf Facebook. Es gebe also Gleichgesinnte in der AfD, »schön, wenn man nicht alleine ist«. Höcke sagte auch öffentlich, dass er Christentum und Judentum als »Antagonisten« sehe. Aber er hegt keinen Hass oder gar Vernichtungsphantasien gegen Juden. Parteifreunde berichten, dass Höcke die Juden (ähnlich wie Sarrazin) für ihre »übergroße Intelligenz und Kreativität« lobe.

Höckes Sorge gilt anderen Feinden. Für ihn ist die Asylpolitik eine »große Gleichschaltung im Menschenrechts- und Religionsextremismus«. Die Deutschen holten sich aus extremer Menschenfreundlichkeit ihre Feinde selbst ins Land. Anders als Marr erwartet Höcke also keinen Überlebenskampf mit den Juden, sondern mit den Muslimen – was die Sache unter dem Strich nicht besser macht.

Dazu passt, dass Höcke auf Facebook schon die Frage aufwarf, ob man die Öffnung eines Landes für die Masseneinwanderung nicht als »Völkermord« bewerten müsste. Dazu passt auch, dass seine wichtigsten Projekte als Landtagsabgeordneter ein Buch gegen den Islam und die Verhinderung einer Moschee in Erfurt waren. In diese Ideologie passen auch Höckes Ausführungen über die Geburtenraten von Afrikanern, deren Vermehrungsstrategien er mit der Tierwelt verglich.

Über Muslime spricht Höcke längst im Jargon der NS-Ideologen: Flüchtlings- und Asylbewerberheime nennt er »Feuchtbiotope«, in denen »Keime des Fundamentalismus« grassierten. Das Land möge »erwachen«, fordert er, endlich müsse eine »Tat-Elite« – so nannte sich auch die Waffen-SS – die regierende »Pseudo-Elite« ablösen. Sein Weltbild kann man nur als rassistisch und völkisch bewerten.

Das Schwert

Das Fundament für Höckes Weltbild wurde wohl schon in seiner Kindheit in Neuwied angelegt. In seiner Familie habe die Vertreibung der Großeltern aus der Region Kaliningrad immer eine große Rolle gespielt, erzählte er als neu gewählter Abgeordneter einem Thüringer Privatsender. Als kleiner Junge habe er gerne in dem »riesigen großen Bett« zwischen den Großeltern gelegen und die Geschichten »aus der alten Heimat« gehört. Ein *Zeit*-Reporter entdeckte auf den Todesanzeigen für Höckes Großmutter und Vater noch die »Elchschaufel«, das Wappen der Landsmannschaft Ostpreußen.

Viele deutsche Familien teilen dieses Vertreibungsschicksal, ohne dass sich ihre Kinder und Enkel zu Rechtsideologen entwickelt hätten. Der Unterschied: In der Familie Höcke wurden das Trauma und die Sehnsucht nach der alten Heimat nicht verdrängt oder verarbeitet, sondern durch ständige, intensive Rekapitulation am Leben gehalten. »Transgenerationale Weitergabe« nennen Historiker das Phänomen, wenn ein Vertreibungsschicksal identitätsstiftend wird – bis in die Generation der Enkel. Den Familien, die sich wie die Höckes nicht aus der Erinnerung an erlittene Ungerechtigkeiten lösen können, attestierte der Historiker Andreas Kossert eine »mentale Obdachlosigkeit«.

Vielleicht schwingt deshalb in Höckes Reden immer wieder die Naturmystik mit, die Sehnsucht nach dem deutschen Wald, sonnigen Lichtungen und verträumten Seen, wo die Seele gesunden kann. Orte wie das idyllische Bornhagen, Höckes bewusst gewähltes Heimatdorf an der hessisch-thüringischen Grenze: knapp 300 Einwohner, ein Kirchlein, eine tausendjährige Burgruine und eine Fachwerk-Gaststätte, in der das Wild noch samt Fell und Klauen am Haken in der Kühlkammer hängt. Von der Burgruine, die Hollywood-Produzenten als Kulisse für den Film »Der Medicus« aussuchten, hat man bei klarem Wetter einen atemberaubenden Blick über sanfte Hügel und sattes Grün. So deutsch fühlen sich wenige Orte an.

Doch seine mentale Obdachlosigkeit konnte Höcke auch hier nicht heilen. Schon als Lehrer suchte er die Nähe Gleichgesinnter, etwa auf Veranstaltungen der »Jungen Freiheit« oder der Wandervogel-Bewegung. 2011 beteiligte er sich an der Gründung einer »Deutschen Patriotischen Gesellschaft«, die ähnlich ausgerichtete Gruppen vernetzen wollte, jedoch letztlich keine großen Aktivitäten entfaltete. Fruchtbarer ist dagegen eine Freundschaft, die Höcke vor mehr als 15 Jahren schloss: Auf einer Veranstaltung anlässlich der Gründung von Götz Kubitscheks »Institut für Staatspolitik« seien die beiden Männer sich zum ersten Mal begegnet, heißt es. Das rechtsintellektuelle Milieu ist in dieser Zeit noch klein, es gibt wenige Kreise, in denen Gleichgesinnte sich finden, und die beiden Männer sind auch noch fast gleich alt.

Es beginnt ein intensiver Briefwechsel. Erst ein vorsichtiges Abtasten, dann die immer größere Offenlegung der eigenen Gedanken und Sorgen bis zur Entdeckung einer Seelenverwandtschaft.

Bis heute sind die Rechtsintellektuellen einander eng verbunden, tauschen sich aus, wandern zusammen durch den Thüringer Wald.

Kubitscheks dörfliches Leben in Schnellroda muss Höcke inspiriert haben, nach Bornhagen zu ziehen. Der Ort lag nicht nur in optimaler Nähe zu Höckes Schule. Ehe sechzig Flüchtlinge in eine alte Kaserne einquartiert wurden, waren die Deutschen hier im Eichsfeld unter sich. In der Gegend fand Höcke gleichgesinnte Nachbarn wie Thorsten Heise vor. Den bundesweit einflussreichen Neonazi und NPD-Funktionär kennt Höcke je nach Schilderung nur flüchtig oder recht gut.

Dem Soziologen Andreas Kemper fällt Ende 2014 auf, dass der AfD-Mann in seinen Reden verquaste Formulierungen benutzt, die sonst nur in Pamphleten auftauchen, die Thorsten Heise publiziert. Beispielsweise den Begriff der »sich aufpotenzierenden Krisendynamiken«, oder der »schöpferischen Polarität« heterosexueller Beziehungen. Oder seltene Fremdwörter wie »Entelechie«, »Homöostase« oder »Entropie«. Unter den Artikeln in Heises Heften steht aber nicht Höckes Name, sondern »Landolf Ladig«. Kemper findet zahlreiche Indizien dafür, dass der seltsame Name ein Pseudonym von Höcke sein muss.

Inhaltlich sind die Ladig-Texte laut Kempers Analyse noch krasser als die Höcke-Reden: Deutschland sei in beiden Weltkriegen überfallen worden, heißt es da, weil die Fremdmächte neidisch auf den Fleiß und Erfolg der Deutschen gewesen seien, weil das Nazireich die erste Antiglobalisierungsbewegung gewesen sei. Die Glut dieser Bewegung sei nicht erloschen, nach der Revolution könne man sie wieder schüren.

Heise dementiert, dass Höcke der Autor war – Landolf Ladig sei eine »nette ältere Person«. Höcke dementiert ebenfalls, aber er gerät in der AfD unter starken Druck. Der Bundesvorstand fordert eine eidesstattliche Erklärung, dass er nicht hinter Ladig stecke. Höcke schweigt und duckt sich weg. Der Thüringer ist kein Kämpfer, dafür ist er auch zu ehrpusselig und harmoniebedürftig.

Von ihm sieht man in der AfD grundsätzlich nur Auftritte, deren Choreografie und Ton er kontrollieren kann. Anstatt vor den Mitgliedermassen auf einem Bundesparteitag zu reden, wandert Höcke lieber demonstrativ mit großer Verspätung in die Halle, bis ganz nach vorne, und nimmt huldvoll die spontanen Standing Ovations der Parteifreunde entgegen. Auch für den Bundesvorstand kandidierte er lieber nicht, es hätte ja schiefgehen können. Viele Kameraden nervt diese Zurückhaltung, sie wünschen sich mehr Angriffslust. »Der ist ein Abstauber«, klagen sie.

Es ist diese Facette von Höckes Persönlichkeit, die sich so gut ergänzt mit der des ehemaligen Oberleutnants Götz Kubitschek. Der hat sich so oft mit Verbündeten überworfen und auf verlorenem Posten gekämpft, dass ihm wenige Gegner Angst einjagen dürften. Auch hat Kubitschek in der AfD nichts zu gewinnen oder zu verlieren, deshalb kann er auch mal voranstürmen und die Burg erobern und dem Freund Björn dann großzügig die Ehre überlassen, seine Fahne auf der höchsten Zinne zu hissen. Wie im Fall der Erfurter Resolution.

Die Resolution

Anfang 2015 sieht alles so aus, als würde Bernd Lucke den Machtkampf in der AfD gewinnen. Er hat seine Satzung auf dem Bremer Parteitag durchgebracht, und deren Arsenal kommt wenig später erstmals zum Einsatz: Götz Kubitschek und seiner Frau Ellen Kositza wird die Mitgliedschaft in der AfD verweigert.

Der Verband Sachsen-Anhalt hatte die beiden zwar aufgenommen, doch die Bundesspitze nutzt ihr neues Vetorecht und wirft sie wieder hinaus. Sie mögen bitte ihre Mitgliedsausweise zurückschicken, schreibt ihnen Bundesgeschäftsführer Georg Pazderski. Als brauchte Kubitschek ein blaues Stück Plastik, um Einfluss in der AfD zu haben.

Das Veto des Vorstands ist eine Kampfansage, die die Ideologen nicht ignorieren können. Wenn sie jetzt kuschen, fürchten sie, könnte Lucke ihre Fraktion bald in noch grundsätzlicheren Fragen ausbremsen. Zunächst leisten sie nur publizistischen Widerstand. In zwei Online-Artikeln beschreibt Ellen Kositza, »wie ich 294 Stunden dachte, AfD-Mitglied zu sein«. Die Fangemeinde erfährt alle peinlichen Details, von den Kommafehlern in Pazderskis E-Mails bis zu Luckes hilfloser Begründung, dass Kubitscheks »schwarzes Hemd« und seine »braune Uniformjacke« doch eindeutig faschistisch seien. Tatsächlich liebäugelt das Paar mit entsprechenden Ideen. Aber mit so einem Dünnbrettbohrer, wissen die beiden, haben sie leichtes Spiel.

Der nächste Schritt ist eine Erklärung des rechten AfD-Flügels, der »Patriotischen Plattform«: »Die AfD wird entweder mit Götz Kubitschek sein oder sie wird gar nicht sein!«

In der AfD-Geschäftsstelle gehen bald viele empörte Mails und Anrufe ein. Aber auch nicht allzu viele. Es scheint, als könnte Lucke das Problem aussitzen. Was wollen die Rechten schon tun? Die Entscheidung ist unanfechtbar.

Einen Vorstoß unternimmt Björn Höcke noch. Ende Februar treten er und Lucke im Oberbürgermeister-Wahlkampf in Köthen in Sachsen-Anhalt auf. Nach der Kundgebung setzen beide sich in einem Hotel zusammen, das Gespräch wird mehrere Stunden dauern.

Höcke will ganz grundsätzlich wissen, welchen Raum der Parteichef den Nationalkonservativen überhaupt in der AfD einzuräumen gedenkt. Kann Lucke nicht verstehen, dass die AfD keine Veranstaltung für Ex-Industrielle, Technokraten und Professoren sein darf, die sich bei der erstbesten Gelegenheit als Steigbügelhalter der »Altparteien« andienen? Höcke fordert auch, dass bei der nächsten Vorstandswahl endlich Vertreter des rechten Parteiflügels in die Parteispitze gelangen müssten.

Lucke schüttelt den Kopf. »Nein«, sagt er kühl, »diese Strömung will ich nicht im Vorstand haben.« Das sei nicht seine AfD. Nicht einmal den kleinen Finger will der Ökonom den Rechten reichen. Das Gespräch markiert den endgültigen Bruch zwischen den Parteifreunden.

Man kann also nicht sagen, Lucke sei nicht gewarnt worden. Aber er wiegt sich in Sicherheit, denn er hat doch gerade in Bremen eine Zweidrittelmehrheit für seine Satzung mit der Einerspitze errungen. Höcke unterschätzt er immer noch als den gehemmten Lehrer, der eine kleine, verblendete Minderheit anführt. Lucke liegt falsch. Er ahnt nicht, welche Folgen es hat, Höcke in die Ecke zu drängen.

Der Thüringer kehrt zutiefst frustriert von dem Treffen in Köthen zurück. Im rechten Flügel breitet sich Katerstimmung aus. Allen ist klar, es muss etwas passieren. Nur was? Die erlösende Idee liefert Kubitschek, wobei er als Ideengeber nie in Erscheinung treten wird. Nur wenige Eingeweihte wissen Bescheid. Wie alles ablief, kann man sich wohl folgendermaßen vorstellen: Kubitschek erklärt seinem Freund Höcke, dass sich die versprengten Rechten in der AfD jetzt sammeln müssten. Ein Manifest muss her, das jeder unterschreiben kann. Dann wird sich zeigen, sagt der Verleger, wer wirklich zu euch gehört, wie stark ihr seid. Kubitschek liefert selbst den ersten Entwurf, und in der Folgezeit geht das Dokument zwischen wenigen Vertrauten hin und her, wird gekürzt, gefeilt und poliert.

Kubitscheks Verhalten wirkt selbstlos, als Hilfe für den Freund in Not, dabei treiben den Rechtsintellektuellen auch eigene Interessen. Der Autor strebt zwar weder nach Geld noch nach Posten in der AfD. Aber ihm geht es um Resonanz, um Wirkmacht. Lange Zeit reichte sein Einfluss nur bis in die Wohnzimmer seiner konservativen Leser, seit Kurzem reicht er auch auf die Straße zu Pegida. Doch mit der AfD könnte Kubitschek bis in die Parlamente Wirkung entfalten, eines Tages vielleicht bis in eine AfD-Regierung hinein. Wenn aber Lucke siegt, wenn Höcke scheitert, dann ist auch Kubitschek wieder nur ein kleiner Verleger irgendwo in einem Funkloch in Sachsen-Anhalt. Deshalb ist so wichtig, dass dieser Coup gelingt. Und das tut er: Auf dem Parteitag der AfD Thüringen am 14. März 2015 stellen Höcke und André Poggenburg die »Erfurter Resolution« vor; das Parteivolk verabschiedet sie mit überwältigender Mehrheit. Eine Internetseite wird freigeschaltet, auf der jedes Mitglied die Resolution zeichnen kann. Nach einem Tag hat sie 700 Unterschriften, bald Tausende.

Jetzt hat Höcke eine Machtbasis in allen AfD-Verbänden, »Flügel« genannt. Er kann Unterstützer an sich binden und Gegner identifizieren. Zum Beispiel drei seiner Landtagsabgeordneten, die sich weigern, zu unterzeichnen, und bald aus der Fraktion gemobbt werden.

Brillant ist an der »Erfurter Resolution«, dass ihr Frontalangriff auf das AfD-Establishment so vage formuliert ist. Das Papier geht niemanden direkt an, es fordert nur »Mut und Wahrhaftigkeit« von allen »Funktionsträgern unserer Partei«. Die Autoren werfen zwar den ersten Stein – aber sie werfen ihn einfach auf sich selbst:

»Wir … drohen, den Vertrauensvorschuss der Wähler leichtfertig zu verspielen.«
Wir passen uns »ohne Not mehr und mehr dem etablierten Politikbetrieb an: dem Technokratentum, der Feigheit und dem Verrat an den Interessen unseres Landes«.
»Wir zeigen zu oft jenen vorauseilenden Gehorsam, der die Verhältnisse, gegen die wir angetreten sind, nicht verändert, sondern zementiert.«

Eigentlich klauen die Autoren einen Trick der Linken, nämlich, den Gegner mit »Ich-Botschaften« zu entwaffnen: »Du, ich mach mir einfach Sorgen um dich. Wir müssen reden.«

Kubitschek leistet die flankierende PR auf seiner Internetseite. Schau an, da gebe es jetzt eine »Erfurter Resolution«, meldet er in unschuldig staunendem Tonfall, sie »scheint von etwas längerer Hand geplant worden zu sein«. Der Autor nimmt sich sein eigenes Werk vor, analysiert es für die Community, immer wieder mit distanzierenden Einwürfen: »Anders kann ich das nicht verstehen« oder »Sollte ich mich geirrt haben …«. Ganz am Ende steht der wohl einzige aufrichtige Satz: »Ich bin – das kann ich nicht verbergen – ein wenig gespannt.«

Luckes Lager reagiert noch kopfloser als erhofft: Ein Team um Hans-Olaf Henkel stampft eine »Deutschland-Resolution« aus dem Boden. Doch das Papier scheitert kläglich.

Frauke Petry unterschreibt keine der Resolutionen. Sie sei neutral, erklärt sie, und wolle die AfD einen. Den Rechten kommt ihre Verweigerung sehr zupass, sie wollen keine Opportunisten in ihrer Mitte.

Über Nacht treten die AfD-Ideologen mit neuem Selbstbewusstsein und neuer Geschlossenheit auf. Die lange Unterschriftenliste bewirkt, dass der eigentlich angegriffene Lucke nicht mehr angreifen kann: Jede Kritik am rechten Rand ist eine Kritik an Tausenden Parteifreunden. Jede Ablehnung »völkischen Denkens« scheint die Warnung der Resolution zu bestätigen: nämlich, dass die AfD zur »Altpartei« verkommt.

Von diesem Punkt an lohnt es sich kaum, das letzte Aufbäumen von Lucke zu notieren. Mit Petry wird er im Frühsommer 2015 erbittert um Formalien ringen: Wo und wann der Parteitag stattfindet, ob für Mitglieder oder Delegierte, wer im Fall der Niederlage die AfD verlassen muss. Derweil wird hinter den Kulissen längst sein Sturz vorbereitet.

Lucke versammelt seine Anhänger im »Weckruf«, einem

Sammelbecken, das dem »Flügel« durchaus ähnlich ist. Aber in seinem technokratischen Überschwang gibt Lucke seiner Bewegung schon feste Strukturen, eine Satzung und eine Reihe von Landesbeauftragten, sodass sie wie eine Partei in der Partei wirkt. So können seine Gegner ihn leicht als Spalter der AfD zeichnen.

Schließlich setzt der Bundeschef noch ein Parteiausschlussverfahren gegen Höcke in Gang, zum Anlass nimmt man sein Zitat aus der *Thüringer Allgemeinen:* »Ich gehe nicht davon aus, dass man jedes einzelne NPD-Mitglied als extremistisch einstufen kann«, hatte Höcke gesagt. Vielleicht dachte er bei diesen Worten an seinen Dorfnachbarn Thorsten Heise. Bald nach Luckes Sturz stellt der neue Vorstand das Verfahren gegen Höcke wieder ein.

Mit der »Erfurter Resolution« wurde der Machtkampf in der AfD vorentschieden. Lucke konnte von diesem Punkt an nur noch verlieren. Die Schicksalsfrage der AfD beantwortete damit letztlich ein Mann, der bis heute gar nicht Mitglied ist, aber eben auch niemals ein Unbeteiligter war. Wie Kubitschek schon 2013 hoffte, konnte er die Tür zur AfD »schnell und entschlossen« aufstoßen. Heute kann er das Treiben um sich amüsiert beobachten und gelegentlich behutsam eingreifen. Vielleicht sieht er bald die Notwendigkeit, dass die AfD auch Frauke Petry stürzen muss. Oder vielleicht sieht Höcke selbst diese Notwendigkeit. Dann ist der Verleger seinem Freund sicher wieder behilflich.

4
Der Essener Parteitag – eine Rekonstruktion

Die Gesetze der Macht

Der Bundesparteitag von Essen am 4. und 5. Juli 2015 ist für die AfD ein Wendepunkt. Er steht für den Abstieg eines gemäßigten Parteiflügels und das Ende eines Machtkampfs – aber auch für den Beginn eines neuen Konflikts. Denn die AfD-Mitglieder treffen an diesem Wochenende zwei sehr widersprüchliche Entscheidungen. Einerseits votieren sie klar gegen Bernd Lucke und alles, wofür er steht: gegen das politische Expertentum, gegen die Idee der AfD als liberal-konservative Alternative, die im Parteiensystem anschlussfähig ist. Als Lucke in seiner Rede für den Dialog mit dem Islam wirbt, wird er niedergebrüllt.

Zugleich wählt die Basis mit Frauke Petry aber eine Bundessprecherin, die gerade keine Ideologin ist, die AfD-Herzensthemen wie Gender- und Islamkritik immer auch aus strategischen Gründen bedient. Auf lange Sicht will sie die Partei genau wie Lucke ins Establishment und an die Macht führen.

Ob die AfD ein verlässlicher Koalitionspartner sein will oder eine kompromisslose Fundamentalopposition, diese Frage wird in Essen nicht geklärt. Deshalb findet die AfD auch nach diesem Parteitag, der doch Frieden bringen sollte, keine Ruhe. Noch dazu sind die AfD-Akteure in Essen mitunter einer atemlosen Dynamik ausgeliefert, der sie ihre Strategien spontan anpassen müssen. Bernd Lucke, Frauke Petry, Alexander Gauland, Björn Höcke und Beatrix von Storch handeln immer wieder instinktiv, so wie es ihnen opportun erscheint. Dabei werden Absprachen kurzfristig eingegangen und sogleich wieder gebrochen, Grundregeln des menschlichen Umgangs verletzt, und Ungeduld siegt über kühle Berechnung.

Die Journalisten bekommen nur wenig davon mit, was sich hinter den Kulissen des Parteitags abspielt. Aber aus Gesprächen mit vielen AfD-Politikern beider Lager lässt sich das Wochenende rekonstruieren.

Was in Essen geschah, wie die Protagonisten agierten, erinnert an ein Buch des amerikanischen Autors Robert Greene: »Power: Die 48 Gesetze der Macht«. Darin präsentiert der Altphilologe 48 Lehrsätze über die Frage, wie Menschen zu Macht kommen können, wie man Konkurrenten ausschaltet und nützliche Idioten einspannt. »Halte Deine Absichten stets geheim« lautet eine Regel. »Mache Menschen von Dir abhängig« eine andere. Oder: »Scheue Bindungen, wo immer es geht.«

Das Buch, ein Destillat der Lehren von Macchiavelli, Sun Tsu und anderen Strategen der Weltgeschichte, ist ein Blick in den Abgrund menschlicher Beziehungen, ein Dokument des Nihilismus. Die 48 Gesetze zu befolgen bedeutet, menschliche Tugenden wie Empathie, Hilfsbereitschaft, Treue oder Gerechtigkeitssinn zu unterdrücken. Es bedeutet, die Interessen der Gruppe dem eigenen Ich knallhart unterzuordnen.

Man könnte sagen: »Power« ist Pflichtlektüre für jeden, der es in der Politik nach oben schaffen will, und gerade die Mitglieder der Alternative für Deutschland scheinen viele der Regeln bis zur Perfektion verinnerlicht zu haben.

Technokraten und Patrioten

Einige Tage vor dem Essener Parteitag ruft Konrad Adam bei Alexander Gauland an. Die Männer kennen sich seit Jahrzehnten aus Frankfurter Zeiten, als Adam *FAZ*-Redakteur war und Gauland Büroleiter des Oberbürgermeisters. Sie sind fast gleich alt, Adam 1942 geboren und Gauland 1941, beide konservative Intellektuelle und Liebhaber klassischer Musik. Die Herren schätzen und respektieren einander, würden sich wohl auch als Freunde bezeichnen, obgleich sie sich immer noch siezen. Nach Jahren in der CDU sitzen sie nun im AfD-Vorstand.

Das Telefonat beginnt mit der üblichen Klage der Männer über den traurigen Zustand ihrer Partei: die hässliche Schreierei bei den Telefonkonferenzen, die öffentlich ausgeteilten Tiefschläge des Spitzenduos Petry und Lucke. Wie soll das nur weitergehen? Kann der Parteitag ein Befreiungsschlag werden? Oder wird die AfD womöglich zerbrechen?

Irgendwann bringt Konrad Adam sein eigentliches Anliegen vor, betont beiläufig, in dem ihm eigenen, leicht mürrischen Ton. Da kursierten doch Namenslisten über den neuen Vorstand. Ob Gauland ihm nicht einen Platz auf einer der Listen verschaffen könne? Und zwar auf der von Frauke Petry? Mit ihr arbeite es sich doch angenehmer als mit Lucke.

Gauland zögert, räuspert sich. Um dann zu sagen: Nein, also beziehungsweise: jein. Dafür sei es wohl leider etwas spät. Adam wisse ja, Petry sei keine große Freundin von ihm. Kurz herrscht Schweigen in der Leitung. Aber er werde sich erkundigen, sagt Gauland verlegen. Nur halte er das Unterfangen nicht für sehr aussichtsreich.

So dürfte Adam, seit der AfD-Gründung einer von drei Bundessprechern, der einzige Spitzenfunktionär gewesen sein, der zwar mit Ambitionen, aber ohne Sicherheitsnetz in diesen Parteitag geht. Mögen also die Mitglieder bestimmen, denkt er sich, so ist die Demokratie.

Selbstverständlich könnte Adam zu diesem Zeitpunkt noch auf die Liste kommen. An ihr wird bis zur letzten Minute gefeilt, noch während der laufenden Vorstandswahlen. Aber wie kaum ein anderer hat Adam sich selbst diese Chance vermasselt, da er sich demonstrativ keinem Lager angeschlossen hatte: »In meinem Alter habe ich nicht mehr den Ehrgeiz, den andere haben. Deswegen bin ich kompromissbereit.« Adam war sich nicht bewusst, dass in diesem Krieg keiner die Schweiz spielen kann. Noch dazu hat er im Bemühen um Neutralität beide Co-Sprecher verprellt: Petry tadelte er als zu »ehrgeizig«, Lucke warf er vor, er wolle die Partei »zerstören«. Damit ist er für beide wertlos (Gesetz 18: »Baue zu Deinem Schutz keine Festung – Isolation ist gefährlich«).

In der Woche vor dem Parteitag ist die Vorarbeit von Petrys Unterstützern weitgehend abgeschlossen: Endlose Telefonkonferenzen haben sie mit den Kreisverbänden und sozialen Gruppen der Partei geführt, mit den »Christen in der AfD«, mit den Wirtschaftsleuten des Mittelstandsforums und natürlich mit den Rechtskonservativen der »Patriotischen Plattform« und des »Flügels« von Björn Höcke.

Die AfD-Patrioten misstrauen Petry, aber sie erscheint ihnen als kleineres Übel: Noch zwei Jahre Lucke-Regentschaft könnten ihre Bewegungsfreiheit empfindlich einschränken, womöglich stünden weitere Parteiausschlussverfahren wie das gegen Björn Höcke an.

Petry misstraut den Rechten nicht weniger, mit Höckes pathostriefendem Nationalismus kann sie nichts anfangen. Aber im Machtkampf mit Lucke schätzt sie die Feinde ihres Feindes zutreffend als ihre Freunde ein und schließt ein Zweckbündnis mit ihnen (Gesetz 13: »Brauchst Du Hilfe, appelliere an den Eigennutz«).

Besiegelt wird der Pakt am 16. Mai 2015, als Petrys Landtagsfraktion einen Demokratiekongress in Dresden ausrichtet. Kurzzeitig ist auch Konrad Adam eingeladen, denn er soll den Schweizer Rechtsprofessor Robert Nef als Referenten vermitteln. Kaum hat Nef zusagt, wird Adam wieder ausgeladen. Leider seien die Mittel der Landtagsfraktion für Reisekosten der Tagungsteilnehmer schon erschöpft, heißt es.

In Wirklichkeit ist Adam in Dresden nicht erwünscht, da in der Kongresshalle an diesem Wochenende noch ein zweites Event stattfindet, nur im viel kleineren Kreis: Höckes und Petrys Anhänger planen den Bundesparteitag. Erst befasst sich der AfD-Demokratiekongress mit Grundfragen der politischen Willensbildung im Staatswesen, dann dreht sich die zweite, geheime Zusammenkunft um die schnöden Mechanismen der Willensbildung in der AfD: Wer koordiniert die Stimmen in welchen Bundesländern, welcher Kreisverband lässt sich noch »drehen«? Wie viele Mitglieder lassen sich in Bussen herankarren, wie lassen sich Reise- und Hotelkosten stemmen?

Teilnehmer berichten, man habe auch diskutiert, ob sich vielleicht die Parteitagstechnik, das Licht, die Mikrofone irgendwie nutzbar machen ließen: Kann man den Applaus für Lucke runterregeln, den Jubel für Petry hoch? Für Patriotismus reicht das Budget an diesem Tag nicht mehr, am Tisch sitzen nur waschechte Technokraten.

Die erste Namensliste für Petrys künftigen Bundesvorstand entsteht zwei Wochen später, am Rande des Bundeskongresses der »Jungen Alternative« in Karben bei Frankfurt. Konrad Adam, dem Ortsansässigen, ist nicht entgangen, dass Vorstandskollegen wie Gauland und Beatrix von Storch bereit sind, aus großer Entfernung zu diesem Termin zu reisen, obwohl die Parteijugend damals noch gar nicht offiziell anerkannt ist. Den Grund für dieses Engagement kann Adam sich nicht erklären.

Die Liste, die am Rande des JA-Kongresses entsteht, kommt ohne Adam aus. Dafür gelingt es Petrys Lager, einen Stein aus Luckes Mauer zu brechen: Alice Weidel, eine junge, liberale Ökonomin aus Niedersachsen, wechselt die Seiten. Lucke erfährt von ihrer neuen Loyalität erst spät, deshalb steht ihr Name zeitweise auf mehreren konkurrierenden Kandidatenlisten (Gesetz 48: »Strebe nach Formlosigkeit«).

Auch bei Luckes »Weckruf 2015« laufen ähnliche Vorbereitungen für den Parteitag. Eine Woche vor Essen treffen sich etwa siebzig »Weckruf«-Mitglieder in Achim, einer Kleinstadt bei Bremen, und diskutieren anderthalb Stunden lang, wie sich der Sieg organisieren lässt. Akribisch, wie Lucke und seine Leute nun einmal sind, fallen ihre Vorbereitungen viel detaillierter aus als die der Gegenseite. Auch in Achim spricht man über Busse und Reisekosten, aber zusätzlich kündigt Lucke SMS-, E-Mail- und WhatsApp-Verteiler an, über die er Instruktionen für jede Abstimmung verschicken will. Die Parteitagshalle soll in Planquadrate eingeteilt und von fünfzig bis sechzig Koordinatoren betreut werden.

Was die »Weckruf«-Leute nicht ahnen: Unter einer Fensterbank hinter der Heizungsverkleidung im Tagungsraum klebt ein schlichtes Panasonic-Diktiergerät. Ein Teilnehmer nimmt das heimliche Treffen heimlich auf. Wenige Tage später kursiert der Audio-Mitschnitt im Internet (Gesetz 2: »Vertraue Deinen Freunden nie zu sehr«). Wie ein Lauffeuer verbreitet sich die Audiodatei in der AfD-Welt, und die Petry-Anhänger fertigen sogleich Abschriften an. Nun kennen alle Luckes Drehbuch für den Parteitag. Alle hören, wie der Bundessprecher über Petry schimpft (»Sie lügt wie gedruckt!«) und wie er ankündigt, er werde bei einem Sieg seine Gegner aus der AfD »herausmarginalisieren«. Die Basis hört auch, wie abfällig das Lucke-Lager über »die andere Seite«, spricht, die man »Haudraufs« und »Unbelehrbare« nennt. Diese O-Töne dürften viele Unentschlossene umstimmen.

Petrys Verbündete beruhigt der Mitschnitt ganz enorm, weil sie hören, dass Lucke Mobilisierungsprobleme hat. An einer Stelle fragt er, wer aus der Runde eigentlich nach Essen kommen werde. Kurze Stille. Dann: »Oh. Das ist aber zu wenig!«

Im »Weckruf«-Lager selbst löst das Publikwerden des Mitschnitts Panik aus. Wer ist der Maulwurf? Manche werden regelrecht paranoid. Drei Tage vor Essen schreibt eine aufgeregte

AfD-Frau eine Mail an Luckes Verbündeten Hans-Olaf Henkel. Sie habe gehört, dass die Gegner auf dem Parteitag Störsender aufstellen wollten: »Ich weiß, dass unser SMS-Verkehr lahmgelegt werden soll.« Petrys Landesverband sei »zu ALLEM entschlossen!! Die kommen mit sechs Bussen nach Essen!! Wir müssen von den miesesten Tricks ausgehen. Kennen Sie jemanden, der sich mit Sicherheits-/Nachrichtentechnik auskennt?«

Störsender würden Petrys Organisatoren freilich nie einsetzen, denn sie wollen ja selbst ungestört funken. Zum Parteitag richten sie einen WhatsApp-Verteiler mit gut tausend Handynummern ein und einen SMS-Kanal für weitere rund tausend Abonnenten. Während der Wahlgänge surren und piepen Tausende Telefone in der Halle. Bei der ersten Abstimmung bringt die Flut der Funkwellen die Saalmikrofone zum Knacken. Beim nächsten Mal wird die Parteitagsregie auch darauf vorbereitet sein und zur rechten Zeit die Mikrofone herunterregeln.

Apostel und Zwerge

Als Bernd Lucke am Freitag, den 3. Juli, nach Essen reist, hat er eigentlich schon verloren. Er ist ein *Dead Man Walking*. Der Abend vor dem Parteitag gerät zu einer Probeabstimmung der AfD-Basis. Eine Abstimmung mit den Füßen findet statt über die Frage, wie viele Mitglieder und Funktionäre sich auf welcher der drei Partys an diesem Abend zeigen.

Das Lager von Frauke Petry feiert im »12 Apostel«, einer ehemaligen Scheune mit großem Garten nahe des Ruhrufers. Stellvertretend für die Chefin richtet die Parteijugend hier eine »Amazonas-Party« aus – als Reverenz an eine lange Südamerika-Reise des allseits verabscheuten Hans-Olaf Henkel. Jedem Gast wird ein Strohhut geschenkt.

Petry, damals gerade vierzig geworden, kommt zur Party in

einem ärmellosen schwarzen Sommerkleid mit weißen Punkten. Mit einem entwaffnenden Lächeln nimmt sie Parteifreunden die Strohhüte ab und probiert sie selbst an, sie sucht nach einem kleineren Modell. Aber es gibt nur eine Größe, alle Hüte sind zu weit für Petrys Kopf mit dem dunklen Pixie-Haarschnitt. Wer die Chefin nicht kennt, sieht eine fröhliche, entspannte Frau. Alle wollen sie begrüßen, viele Männer umarmen sie und drücken ihr einen Kuss auf. Sie lächelt, lässt sich umarmen, entzieht sich dann rasch wieder. Wer genau hinsieht, entdeckt immer wieder eine steile Falte der Entschlossenheit, die sich vertikal zwischen ihre Augenbrauen gräbt. Und auch wenn Petry stehenbleibt, wandert ihr scharfer Blick weiter über die Partygemeinde, sondiert die Lage. Wer ist gekommen, wer fehlt, mit wem ist noch zu sprechen?

Draußen an der Backsteinmauer der Scheune lehnen Aufsteller mit dem Schriftzug »Frauke for President«, und drinnen in dem Raum mit der hohen Decke hält die Kandidatin eine kurze Rede. Sie versichert ihren Anhängern: »Ich werde kein zweiter Lucke. Machen Sie sich mal keine Sorgen.« (Gesetz 46: »Sei nie zu perfekt«) Und sie mahnt alle zur Pünktlichkeit für den nächsten Morgen: »Noch stehen die Mehrheiten nicht fest.«

Die zweite Feier richtet der »Weckruf« von Bernd Lucke in der »Dampfe« aus, einer Brauerei in der Essener Nordstadt. Es ist die heißeste Party dieses Freitagabends, da sie trotz brütender Hitze in einem geschlossenen Raum stattfindet. Es ist auch die Feier mit den meisten Ansprachen, während denen immer wieder »Weckrufler« schweißüberströmt und nach Luft japsend ins Freie fliehen. Außerdem ist es die einzige Party, bei der die Türsteher 10 Euro Eintritt kassieren – auch von Bundessprecher Konrad Adam, zu dessen Empörung.

Der zieht bald weiter zu Petrys Party, wo er in einer spontanen Rede seine Erfahrung bei den Lucke-Leuten schildert: »Ich sollte einen Weckruf-Button anstecken. Ich habe mich geweigert.

Ich werde keiner Vereinigung beitreten unterhalb der AfD!« Es ist Adams Bekenntnis zu Petry, aber es kommt zu spät.

Die dritte Feier halten die Königsmacher um Björn Höcke ab, die sich im Biergarten »Sieben Zwerge« im Essener Stadtwald treffen. 300 Leute, überwiegend Männer, sitzen und stehen dicht gedrängt um die Bierbänke und auf der Dachterrasse des Lokals. Um 20 Uhr zeigt das Thermometer noch immer 28 Grad, das Bier fließt in Strömen, notgedrungen. Gegen 22 Uhr tritt Höcke an die Balustrade der Dachterrasse und hält seine einzige Rede an diesem Wochenende. Der Moment sei gekommen, ruft er den Anhängern zu, die AfD vor ihrem sicheren Untergang im politischen Mainstream zu bewahren. Denn dorthin werde Bernd Lucke die Partei lenken, warnt Höcke, sollten die hier versammelten Menschen diesem Kosmopoliten nicht in den Arm fallen.

Warum steht der Thüringer nicht selbst zur Wahl? Kurz vor Essen schrieb er auf Facebook: »Es gibt viele, die ein Zerrbild von mir haben und Anstoß an meiner Person nehmen. Diese Polarisierung habe ich nicht betrieben, aber ich konnte sie auch nicht verhindern.« Jetzt brauche die AfD aber dringend Geschlossenheit, deshalb werde er nicht in den Vorstand gehen – »wenn nichts Unvorhersehbares geschieht«, wohlgemerkt. »Ich werde jedoch vor Ort sein, um zur Not eingreifen zu können.«

Höcke – mittendrin, aber doch nicht dabei. Bescheiden im Hintergrund ackernd, aber notfalls bereit für den Sprung in die Schlangengrube des AfD-Vorstands. Welch ein Ehrenmann! In seinem Lager wächst die Ehrfurcht vor dem Freund, der seine Kraft selbstlos in den Dienst der guten Sache stellt (Gesetz 27: »Befriedige das menschliche Bedürfnis, an etwas zu glauben, und fördere einen Kult um Deine Person«).

Die AfD-Anführer erinnern ihre Leute an diesem Abend noch einmal daran, was auf dem Spiel steht. Lucke warnt, dies sei die letzte Chance für die bürgerlich-konservative AfD. Petry warnt, der »Weckruf« dürfe auf keinen Fall die bürgerlichen

Liberalen in der Partei kapern. Beide Bundessprecher achten darauf, nicht gegen den anderen zu geifern. Aber sie betonen, das Problem seien keinesfalls die einfachen Mitglieder des anderen Lagers, die doch nur in die Irre geleitet worden seien. Der wahre Gegner, das seien die Anführer. Ihr dürft Gefangene machen, lautet die Botschaft, aber nur unter den Fußsoldaten. Die Generäle dürfen die Schlacht nicht überstehen.

Hirten und Schafe

Am Samstagmorgen ist AfD-Sicherheitschef Peter Malter, ein ehemaliger Bundeswehr-Offizier, um sieben Uhr in der Grugahalle. Er schreitet alle Sitzreihen ab und gibt seinem Team letzte Instruktionen: Die Saalmikrofone sollen erst kurz vor der Eröffnungsrede aufgestellt werden, damit kein Lager seine Vertreter strategisch neben ihnen positionieren kann. Auf den Sitzen ist keine Werbung erlaubt, nur das Parteitagsprogramm. Niemand darf Sitzplätze reservieren – »wir sind hier nicht auf Mallorca am Pool«. Tatsächlich kommt ein AfD-Mitglied mit einer Sackkarre, darauf Pappkartons voller Positionspapiere über die Zukunft der AfD. Malters Team weist ihn ab. Ebenso wie einen Mann, der sich als Gerichtsvollzieher aus Hamburg ausweist, aber nicht akkreditiert ist.

Ab neun Uhr strömen die AfD-Mitglieder in die Grugahalle. Sie rennen durch das Foyer, über die Treppen hoch in den Saal und verteilen Buttons, Stifte und Notizblöcke auf den blauen Sitzpolstern, um Plätze zu reservieren. Die Security sammelt alles wieder ein, nebst den üblichen Pamphleten der Verschwörungstheoriker über das Geldsystem und die Chemie im Trinkwasser.

Draußen vor der Halle bilden sich lange Schlangen, das Thermometer zeigt 28 Grad, die Mitarbeiter der Geschäftsstelle verteilen kleine Wasserflaschen an ältere Mitglieder. Der Gerichtsvollzieher aus Hamburg probiert sein Glück erneut, diesmal an einem anderen Eingang – mit Erfolg. Es dauert, bis er sein Ziel findet, einen AfD-Mann aus Hamburg. Dann nimmt er eine Taschenpfändung vor.

Drinnen in der Halle nähert sich die Temperatur nun auch der Dreißiggradmarke, es riecht nach Turnhalle, nach Schweiß, Deodorant und Stresshormonen. Frauke Petry behält ihren Blazer an, aber die meisten Männer auf der Bühne ziehen ihre Sakkos aus.

Pünktlich um 10.01 Uhr eröffnet Konrad Adam den Parteitag. Er kommt schnell zur Sache: Ein »dauerhafter Friedensschluss« sei hier wohl nicht zu erwarten, der Streit werde weitergehen. »Was ich nicht groß bedauern würde, wenn nur der Stil, der Ton, die Umgangsformen stimmten.« Dann kanzelt Adam die Vorstandskollegen gründlich ab. Jeder weiß, dass er Lucke meint, wenn er gegen die »Selbstgerechten« und »Neunmalklugen« wettert, und Hans-Olaf Henkel, wenn es um »die Glücksritter« geht, »die glauben, sich eine Partei kaufen zu können«. Oder dass Adam auf Höcke zielt, wenn er die »überflüssigen, gar schädlichen Resolutionen« anprangert, die die Partei spalten würden.

Die Basis dagegen ermutigt und motiviert Adam. Höhepunkt seiner Rede ist folgender Satz: »Als rechts gilt heute schon, wer einer geregelten Arbeit nachgeht, seine Kinder pünktlich in die Schule schickt und der Ansicht ist, dass sich der Unterschied von Mann und Frau mit bloßem Auge erkennen lässt.« Adams Stimme versinkt in den Jubelschreien der Parteifreunde. Es ist vielleicht die Rede seines Lebens (Gesetz 37: »Inszeniere packende Schauspiele«).

Lucke lauscht ihm mit finsterer Miene. In den entscheidenden Momenten des Parteitags wird er immer wieder auf sich gestellt sein. Auf der Bühne hat er zwar formal den besten Platz, ganz außen in der Reihe der Vorstände. Aber so ist er auch isoliert, zu seiner Rechten sitzt niemand und links von ihm die Frau, die ihn stürzen will.

Von der Bühne blicken die Vorstände auf eine 2800-Quadratmeter-Halle, in der zeitweise mehr als 3300 AfD-Mitglieder sitzen, dazu mehrere hundert Journalisten. Eine anonyme Masse, von der Bühne aus ist es kaum möglich, den Blick an einem vertrauten Menschen festzumachen. Lucke kann weder seine Frau, seine Schwester und seinen ältesten Sohn Friedrich erkennen noch die Zwischenrufer und Schreihälse, die seine Rede stören.

Als Frauke Petry spricht, legen die Störer eine Sendepause ein. Petry sagt, sie könne »keinen Rechtsruck dieser Partei erkennen, also sollten wir ihn auch nicht herbeireden«. Niemand müsse sich schämen, rechts zu sein. Sie sagt auch, das »Staatsverständnis« des Islam sei mit westeuropäischen Standards unvereinbar. Lucke lauscht, ohne zu klatschen. Ebenso still sitzt er da, als Marcus Pretzell in seinem Grußwort die AfD zur »Pegida-Partei« erklärt, zum Kampfmittel »gegen das Establishment in diesem Land«.

Schließlich tritt Lucke selbst vor die Menge. Ein schmächtiger Mann mit schmalen Schultern, in weißem Hemd und mit schwarz-rot-goldener Krawatte. Ein Wissenschaftler, der auszog, Politiker zu werden, der seine Ziele mit übermenschlicher Disziplin verfolgte und in der tiefen Überzeugung, im Recht zu sein. Lucke will sich erklären: Der »Weckruf« solle die AfD nicht spalten, sondern retten. Der Saal wird unruhig. Der »Weckruf«-Button an seinem Hemd sei »kein Zeichen der Ausgrenzung, sondern eine Einladung zum Gespräch«. Der Saal brodelt. Die »Weckrufler« wollten doch nur »Gefahren von der Partei abwenden«.

Nach diesem Satz bricht ein Sturm aus gellenden Pfiffen und hysterischem Hohngelächter los. Durch den ganzen Saal wogt ein Meer aus Wutmitgliedern. Männer in ordentlich gebügelten

Hemden mit gekämmtem Haar, manche mit Krawatte, springen beinahe hysterisch auf und ab, wedeln mit roten Stimmkarten in Luckes Richtung, formen ihre Hände zu Trichtern, um ihre Buhrufe zu verstärken. Über ihrem Buhchor hört man kreischende Frauenstimmen. »Aufhören! Aufhören!« – »Spalter!« – »Verräter!« – »Hau ab!« – »Lügen-Lucke!«

Immer wieder flippt die Menge während Luckes Rede auf diese Weise aus. Ist das noch die AfD? Es ist, als würde sich die bürgerliche Partei eine Maske vom Gesicht reißen. Die Männer und Frauen, die da wüten, haben all ihre Disziplin aufgebraucht: Sie haben in den letzten 24 Monaten eine Partei aus dem Boden gestampft und endlose Satzungsdebatten geführt. Sie haben unbezahlten Urlaub genommen, die Nächte durchgearbeitet und gegenüber Freunden, Verwandten und Journalisten beteuert, keine Rechten zu sein. Aber zuletzt schien ausgerechnet ihr Parteichef sie als Extremisten zu sehen.

Und nun gehen viele eben auf extreme Weise in die Luft. Es ist ein kollektiver Gewaltakt gegen den Mann am Rednerpult, und er wird sich noch einmal wiederholen, als Lucke in seinem politischen Bericht Toleranz für Muslime fordert, von denen viele doch deutsche Staatsbürger seien. Wie solle man mit diesen Leuten umgehen, fragt Lucke. »Abschieben! Abschieben!«, gellt es ihm entgegen. Gemäßigte AfD-Leute sind schockiert über die Raserei ihrer Kollegen, erst recht Mitglieder, die daheim vom Sofa aus verfolgen, wie ihre bürgerliche Partei ausflippt. Luckes Gegner im Vorstand verfolgen das Spektakel mit einer Mischung aus Schrecken und klammheimlicher Genugtuung. Kein prominentes Mitglied stellt sich gegen den Mob, niemand steht Lucke bei. Die Rügen und Ordnungsrufe überlassen die Vorstände dem Versammlungsleiter. Der Machtkampf der letzten Monate hat die Fronten in einer Weise verhärtet, dass auch die Starken jetzt zu schwach sind für menschliche Gesten (Gesetz 10: »Ansteckungsgefahr – meide Unglückliche und Glücklose«).

Eigentlich hatte Lucke geplant, AfD-Chef zu bleiben, selbst wenn er nur mit einer einzigen Stimme Vorsprung gewählt würde. Aber nun dämmert ihm, dass er verloren hat. Mühsam ringt er um Fassung: »Das letzte Mal, dass ich wegen Pfeifens meinen Satz nicht zu Ende sprechen konnte, war, als mir die Antifa das Wort abgeschnitten hat.«

Die Abstimmung über den Chefposten kommt, die Auszählung dauert Stunden. Dann das Ergebnis: Petry gewinnt. Nach der Niederlage gibt es für Lucke kein Schlusswort, keine Abschiedsrede, nicht einmal sein Wahlergebnis verkündet der Leiter der Zählkommission. Wohl aber das von Kandidat Walter Klingenfuß: 0,1 Prozent, fünf Stimmen.

Frauke Petry zollt Lucke in ihrer Siegesrede einen kurzen Dank, aber gleich darauf folgt ein verbaler Fußtritt: So etwas wie den »Weckruf« dürfe es in der AfD nie mehr geben. Bei diesen Worten ist Luckes Kraft erschöpft. Er packt sein Laptop, seine Notizblöcke und einen Apfel ein und geht von der Bühne.

Nach Luckes Abwahl wird es einsam um ihn. Seine Unterstützer reisen scharenweise aus Essen ab, teilweise unmittelbar nach der verlorenen Wahl. Am zweiten Tag des Parteitags sind nur noch knapp tausend Teilnehmer im Saal (Gesetz 42: »Erschlage den Hirten und die Schafe zerstreuen sich«). Wer ausharrt, legt seinen »Weckruf«-Anstecker ab. Wer ihn noch trägt, muss sich auf Spott und Beleidigungen gefasst machen: Manche Lucke-Anhänger klagen, sie seien angespuckt worden.

600 Mitglieder treten kurz nach dem Parteitag aus der AfD aus. Mancherorts gehen ganze Kreisvorstände, Landesvorstände und Ratsfraktionen, im EU-Parlament sind es fünf der sieben AfD-Abgeordneten. Der Schwund war vorhersehbar und wird billigend in Kauf genommen: »Ein therapeutischer Aderlass«, sagt Höcke der *Thüringer Landeszeitung*.

Zurück bleibt noch immer die alte AfD, aber schlanker, entschlossener, den Scheitel straffer gezogen. Wer nach Essen in der Partei bleibt, hat sich mit dem Gedanken abgefunden, mit den Schreihälsen zu arbeiten, und auch mit den Rechten, die sich die Freiheit nehmen, alles zu sagen. Jeder der bleibt, legt sich eine eigene Rechtfertigung zurecht: die Rettung der Demokratie, den Kampf für die Meinungsfreiheit, die Zukunft Deutschlands und unserer Kinder. Die Abtrünnigen müssen erkennen, dass ihr Abgang niemanden in der AfD juckt. Die Verbliebenen lernen die Lektion, dass in einer Partei jeder ersetzbar ist, sogar der Gründer.

Der Verrat

Nachdem Lucke bezwungen ist, muss Petrys Team schnell handeln. In der Kampfkandidatur gegen Lucke war die Mehrheit der Chefin so deutlich, dass ihre Fraktion entschlossen ist, nun ihr ganzes Personaltableau durchzusetzen. »Wer für diesen Vorstand antritt«, verkündet Petry dem Parteitagspublikum, »dem muss klar sein, dass er ab heute auch die Aufgabe hat, sich vor die eigenen Leute zu stellen.« Ihre Stimme schneidet durch den Saal wie eine Rasierklinge.

Ermutigt vom Gemetzel an Lucke, kandidieren die schillerndsten Figuren für den Vorstand. Zum Beispiel Wolfgang Gedeon, ein pensionierter Arzt vom Bodensee, der dem Publikum seine Bücher anpreist, über deren antisemitische Passagen ein Jahr später die ganze AfD in die Krise rutscht. Nobodys wie Gedeon, die kaum zwei Dutzend Stimmen ernten, sind für Petry kein Problem. Auch kein Problem ist für sie Konrad Adam. Er kandidiert für den ersten Beisitzerposten und verliert gegen einen völlig unbekannten Jungspund aus der »Jungen Alternative« – schließlich muss auch die Parteijugend für ihre Loyalität zu Petry belohnt werden. Auch die zweite Beisitzerwahl verliert Adam. Als das Ergebnis für den dritten Beisitzer verkündet wird, steht Adam schon am Hauptbahnhof von Essen und sucht sich eine günstige Zugverbindung nach Hause.

Schwieriger sind für Petry die Kandidaten, die Höckes Lager ins Rennen schickt. Der Thüringer hatte sie auf der Party bei den »Sieben Zwergen« noch mal beworben: André Poggenburg und den Islamwissenschaftler Hans-Thomas Tillschneider. Würden diese konservativen Männer gewählt, fürchtet Petrys Lager, könnten die Medien sofort einen »Rechtsruck« der AfD konstruieren. Deshalb hatte Beatrix von Storch schon vor dem Parteitag in einer Telefonkonferenz versucht, Tillschneider und Poggenburg zum Rückzug zu bewegen.

Aber Höckes »Flügel« möchte nun doch Flagge zeigen. Der Sturz Luckes sollte ja gerade das Signal für die eigene Klientel sein, dass die Zeit der »Abgrenzeritis« nach rechts beendet ist. Also geht Poggenburg ins Rennen für den dritten Beisitzerposten im Bundesvorstand, und tatsächlich kann er Petrys Wunschkandidatin Alice Weidel in eine Stichwahl zwingen, die diese nur knapp gewinnt.

Das scheint wie ein Weckruf auf Petry zu wirken. Während die Stichwahl noch läuft, soll ihre Unterhändlerin Beatrix von Storch zu den Rechtskonservativen geeilt sein. Man sei nun doch bereit, Poggenburg als vierten Beisitzer zu wählen, soll sie gesagt haben – aber nur, wenn Tillschneider dafür zurückziehe. Höcke willigt ein (Gesetz 23: »Konzentriere Deine Kräfte«). Poggenburg kandidiert also und fühlt sich siegessicher.

Der Wahlgang beginnt, die Telefonketten werden in Gang gesetzt, die Handys summen und piepen. Als das Ergebnis auf der Leinwand erscheint, staunen die Rechten: »Pogge«, wie man ihn liebevoll nennt, liegt hinter einem völlig unbekannten Parteifreund aus Bayern. Wie konnte das passieren? Es dauert nicht lange, bis Mitglieder der »Patriotischen Plattform« die Wahlempfehlung des Petry-Lagers zu Gesicht bekommen, die eindeutig nicht auf Poggenburg lautete. Der muss sich einer weiteren Stichwahl stellen und gewinnt sie – aber nur sehr knapp mit 19 Stimmen Vorsprung.

Es ist klar, Petry muss den Pakt mit den Rechten gebrochen haben, noch ehe die Tinte trocken war. Von den wütenden Patrioten damit konfrontiert, versuchen ihre Unterstützer gar nicht erst, den Vertrauensbruch zu leugnen. Noch heute klagen die AfD-Rechten darüber, wie von Storch ihnen das Wort abgeschnitten habe. In einem Ton nämlich, wie ihn das Gesinde in fernen Zeiten von seinen Gutsherren hörte: Gewählt ist gewählt, was wollen Sie denn noch? (Gesetz 34: »Handle wie ein König, um wie ein König behandelt zu werden«)

Jetzt wollen die Rechten Rache. Sie überlegen, für die nächste Runde doch noch Tillschneider ins Rennen zu schicken. Doch ehe der sich warmlaufen kann, kommt ein weiterer Unterhändler zu Höcke: Gauland beschwört ihn zurückzustecken. Gewiss, der Bruch der Absprache sei wohl nicht ganz in Ordnung gewesen, soll Gauland gesagt haben. Aber Höcke müsse auch die Gefühle der frisch gewählten, jungen Parteichefin verstehen. Sie wolle Ruhe im neuen Vorstand. Sei nicht ein nationalkonservativer Gewährsmann im Vorstand genug? Höcke lenkt schließlich ein (Gesetz 36: »Vergiss, was Du nicht haben kannst – es zu ignorieren ist die beste Rache«).

Vielleicht will Petry mit diesen Winkelzügen den Patrioten ihre Führungsstärke beweisen. Vielleicht will sie die Rechten auch für künftige Konflikte weichkochen und ihnen ihre zahlenmäßige Unterlegenheit demonstrieren. Vielleicht hat sie all dies aber auch gar nicht groß geplant und will nur die eigene Beinfreiheit austesten.

Für die AfD-Rechten, die politische Abmachungen am liebsten immer mit Siegelwachs oder Blutstropfen besiegeln würden, demonstriert diese Erfahrung letztlich nur eines: Diese Frau ist nicht bündnisfähig. Vor allem Höcke ist zutiefst empört und frustriert. Er kann Petrys Verhalten nicht verstehen und wird ihr nie wieder Vertrauen schenken. Sein Lager ahnt: Mag der Ärger mit Lucke jetzt beendet sein, ein neuer Kampf mit seiner Nachfolgerin kann nur noch eine Frage der Zeit sein (Gesetz 15: »Vernichte Deine Feinde vollständig«).

Mit ihrem Vertrauensbruch hatte Petry, keine 24 Stunden im Amt, den fragilen Frieden mit einer maßgeblichen Fraktion der AfD schon wieder gebrochen. Diese Geschehnisse tragen dazu bei, dass die Partner dieses Zweckbündnisses sich ein Jahr später als unversöhnliche Gegner gegenüberstehen werden (Gesetz 19: »Mach Dir klar, mit wem Du es zu tun hast – kränke nicht die Falschen«).

Der Abschied

Am zweiten Tag des Parteitags möchte Bernd Lucke in der Gruga-Halle noch ein letztes Mal ans Mikrofon treten. Mitglieder und Journalisten hatten den Ex-Chef bestürmt: Ob es wahr sei, dass er schon aus der AfD ausgetreten sei? Diese Falschmeldung gilt es unbedingt zu korrigieren, findet Lucke.

Gerade laufen die Vorstandswahlen, die Parteitagsregie hat dafür die Halle leicht abgedunkelt. Nur die Bühne ist angestrahlt, und ganz hinten im Saal leuchten die Scheinwerfer der Fernsehstudios. Der Lichtingenieur der Gruga-Halle, der hoch oben im Glaskasten der Technik sitzt, ist kein AfD-Mitglied. Aber er erkennt Lucke sofort, als dessen schmale Silhouette auf der halbdunklen Leinwand über der Bühne auftaucht. Jetzt muss wohl eine wichtige Durchsage kommen, denkt der Mann und lässt spontan einen Lichtkegel auf Lucke fallen. Ein Raunen geht durch den Saal, als unvermittelt der abgewählte Vorsitzende auf der Leinwand aufleuchtet. In der Regie faucht der von der AfD entsandte Techniker den Kollegen an: »Bist du irre? Sofort das Licht aus! Das Mikro auch!«

Aber es ist zu spät. Lucke, nicht daran gewöhnt, sich auf irgendwelche Rednerlisten setzen lassen zu müssen, war einfach wie üblich nach vorne marschiert. Schon bildet sich eine Menschentraube um ihn, nur das Mikro ist nun stummgestellt. Für alle sichtbar, aber ohne Ton gibt Lucke sein lautloses Dementi ab. Obwohl seine Sätze nur um ihn herum gehört werden, branden Buhrufe durch den Saal, und über allem erklingt plötzlich die kühle Stimme von Frauke Petry. »Wenn du ein persönliches Gespräch möchtest, Bernd, das können wir gern führen. Es gibt genug Platz hier, können wir gern machen.«

Lucke zieht wieder ab. Aber an diesem Sonntag wird die Menschentraube sich noch mehrmals um ihn sammeln, mehrmals werden Vorstände den Verlierer zum Gehen ermahnen. Die Stimmung wird so hitzig, die Beschimpfungen der AfD-Mitglieder gegen Lucke so heftig, dass schließlich Sicherheitschef Peter Malter seinen Leuten befiehlt, eine Raute um Lucke und seine Familie zu bilden, einen menschlichen Schutzwall gegen die tobenden Parteifreunde. Gemeinsam marschiert das Grüppchen zum Ausgang der Halle. Hier gibt Lucke ein letztes, spontanes Interview. »Ist es kein eindeutiges Signal«, fragt ein Reporter, »wenn die Leute rufen: ›Lucke raus!‹?« – »Ach wissen Sie«, sagt der, »wenn wir jetzt eine Abstimmung machen würden, soll der Lucke in der Partei bleiben oder soll er austreten, dann gäbe es sicher eine große Mehrheit dafür, dass ich bleibe.«

Der Platz vor der Grugahalle ist leer, nur einige versprengte Parteimitglieder sitzen in der Nachmittagssonne und beobachten den Ex-Chef aus der Distanz. »Herr Lucke, ich denke, das reicht jetzt«, sagt der Sicherheitsmann. »In 20 Sekunden bin ich weg, dann sind Sie wieder Privatmann.« – »Danke«, erwidert Lucke, »aber ich bin schon ein bisschen länger wieder Privatmann.«

Einige Minuten steht er noch mit seiner Familie vor der Halle. Dann biegt ein schwarzer Range Rover auf den Parkplatz ein und fährt mit den Luckes davon.

Teil IV
Die Chefin.
Frauke Petry

1
Die alte Zeit

Sven

Alles an Sven Petry ist friedlich: sein Blick, seine Stimme, seine politischen Ansichten. Wie sollte es anders sein, er ist evangelischer Pfarrer. Die Woche verbringt er größtenteils zwischen Büchern in seinem Arbeitszimmer im Pfarrhaus von Tautenhain in Sachsen. Hellbraune Holzregale säumen die Wände, auf ihnen theologische Literatur, Lieder-, Spiel- und Gebetsbücher, Anleitungen für den Konfirmandenunterricht, Broschüren für Taizé-Fahrten.

Hier steht auch Sven Petrys Dissertation: »Die Entgrenzung JHWSs«. Es ist eine Arbeit über das Alte Testament, über die Frage, wie die christliche Kirche dazu kam, nur einen Gott anzubeten. Die AfD würde sagen: Wie das Christentum zur Einerspitze fand.

Über den Bücherregalen hängen hinter Glas zwei große Puzzlebilder, die Petry zusammengesetzt und auf Tonpapier geklebt hat: »Das letzte Abendmahl« von Leonardo da Vinci und der »Turmbau zu Babel« von Pieter Bruegel dem Älteren. Puzzles sind Geduldsspiele, eigentlich für Kinder, aber die Hersteller bieten sie längst auch für Erwachsene an. Politik ist nichts für solche geduldigen Menschen, die Freude daran finden, kleine bemalte Pappstücke zusammenzusetzen, bis ein schönes Gesamtbild entsteht.

Petrys Haare sind im Nacken perfekt gestutzt, sein Gesicht ist symmetrisch, sein weißes Hemd gebügelt, die blauen Augen blicken warm. Er unterbricht Gesprächspartner nicht, sondern wartet, bis sie ausgeredet haben. Oft denkt er länger nach, ehe er antwortet.

Sein Pfarrhaus steht im Schatten der 700 Jahre alten Jakobuskirche, mitten in einem großen Garten mit Schaukel und Rutsche für die vier Kinder. Kein Mobilfunknetz durchdringt die 200 Jahre alten Mauern. In Tautenhain, 994 Einwohner, kann man Ruhe finden. Als Schaltzentrale einer Partei eignet sich das Dorf weniger gut.

Wer Pfarrer Petry hier besuchen will, fährt über Landstraßen durch Frohburg oder Bad Lausick, durch die immer gleichen stillen Dörfer mit der einen Gaststätte, dem einen Briefkasten, der einen Bushaltestelle, dem einen Kirchlein mit Glockenturm. Zwischen den Dörfern liegt eine liebliche Landschaft: Maisfelder umrahmen die Alleen, schließen an sanfte Hügel und kleine Baumgruppen an. Bis zum Horizont durchschneiden weder Industrieanlagen noch Autobahnen die Sicht. Vereinzelt blicken Kühe den Autos nach, hier und da ein Pferd, aber selten sieht man Fußgänger oder Radfahrer.

Ob sich Frauke Petry hier wohlgefühlt hat? Oder kam es ihr irgendwann zu still und eng vor, wenn sie abends von ihrer Firma Purinvent in Leipzig heimfuhr? Oder später von AfD-Veranstaltungen in Dresden, Stuttgart oder Berlin, wo Hunderte Menschen ihr lauschten? So viel zu erleben und zu erreichen da draußen, so wenig los in Tautenhain.

Sven Petry war für seine Frau hierher gezogen, in Sachsen waren die Fördergelder für Chemie-Startups wie das ihre besonders üppig. Inzwischen müsste der Pfarrer eigentlich weg aus Tautenhain. Die Evangelisch-Lutherische Landeskirche hält auch im Jahr 2016 noch an dem Grundsatz fest, dass Pfarrer, die sich von ihren Ehegatten trennen, versetzt werden müssen. Aber niemand will Unruhe. Also sitzt Petry weiter in seinem alten Pfarrhaus. Für die Familie ist es besser so.

Sven Petry lernte Frauke Marquardt mit 16 in der Schule

kennen, auf dem Städtischen Gymnasium Bergkamen bei Dortmund. Frauke war selbstbewusst, kess, klug, ehrgeizig. Sie war mit ihren Eltern und der Schwester aus dem Osten gekommen, trug nicht nur andere Klamotten, sondern dachte anders über viele Dinge: Warum sollte es streberhaft sein, gute Noten zu haben? Warum sagen alle, man sollte erst eine Ausbildung abgeschlossen haben und dann Kinder kriegen, wenn man doch im Studium jung und stark genug ist, beides zu schaffen?

Sven, Sohn eines Pfarrers, fand Frauke nicht »dämonenhaft schön«, wie Marcus Pretzell später sagen sollte, sondern einfach schön. Es war für beide die erste ernsthafte Beziehung, und sie sollte halten, bis Frauke in die Politik ging.

»Ich habe mich in sein Gehirn verliebt«, wird sie später über ihren Ex-Mann sagen. Es klingt, als habe Verstand über Herz gesiegt. Im Interview mit der Zeitschrift *The New Yorker* erzählt die AfD-Chefin auch, dass eigentlich beide Petrys Chemie studieren wollten. Aber es sei doch langweilig, wenn in einer Beziehung beide dasselbe machten. »Wir haben uns geeinigt, dass Sven Theologie studiert.« So konnten aus Partnern keine Konkurrenten werden.

Konkurrenz setzte in Frauke Petry schon immer eine destruktive Energie frei, und dieses Energiefeld spüren auch ihre Parteifreunde. Mag die Chefin mit ihrem herzförmigen Gesicht und den großen, weit auseinanderstehenden Augen kindlich zart aussehen. Der Schein trügt: Es knistert um die Chefin, sie ist immer unter Hochspannung, stets hellwach, hat immer den ganzen Raum im Blick, auf der Suche nach Gegnern.

Für Harald Sparringa, ihren alten Chemielehrer, war sie eine »Traumschülerin«: »Ich konnte mich stets auf sie verlassen.« Bei schwierigen Fragen hätte er nicht aufschauen müssen von seiner Versuchsanordnung, um zu wissen: dieses eifrige Fingerschnipsen, das ist Frauke. Für Lehrer ist Ehrgeiz keine negative Eigenschaft. Bei Frauke Marquardt brannte die Flamme aber so lichterloh, dass Mitschüler klagten, sie bekämen kein Bein auf den Boden. »Eine Zwei war für sie eine Niederlage. Und mit Niederlagen konnte sie nie gut umgehen«, sagt Sparringa. Woher der Ehrgeiz kam, begriff er bei einem Elternsprechtag. Mutter Renate Marquardt, ebenfalls Chemikerin, kam mit ein paar Vorschlägen, wie er seinen Unterricht noch optimieren könnte.

Frauke machte das beste Abitur ihres Jahrgangs, Sven das viertbeste. Er hätte seinen Schnitt mit einer Nachprüfung in Englisch verbessern und auf Rang drei aufsteigen können. Aber wozu? Für ein Theologiestudium reichte die Note locker. Man darf davon ausgehen, dass Frauke Marquardt die Nachprüfung gemacht hätte.

Wenn man Sven Petry fragt, was ihn von seiner Ex-Frau unterscheidet, erzählt er von der Seilübung aus dem Predigerseminar im Vikariat. Ein Spielpädagoge kam, forderte die angehenden Pfarrer auf, einen Kreis zu bilden, und verband ihnen die Augen. In die Mitte des Kreises legte er ein Seil, das völlig verknotet war. Sie sollten das Seil blind entwirren – eine Übung, die Vertrauen bilden, aber auch jedem sein Gruppenverhalten vor Augen führen sollte.

Svens Gruppe verhedderte sich zunächst. Die »Alphatiere« riefen wie wild Anweisungen in das Rund, die ruhigeren Kollegen tapsten frustriert durcheinander. »Da habe ich gebrüllt. Richtig laut. Ich habe den anderen zugerufen, was sie tun sollen, weil ich spürte, das wird sonst nichts.« Schnell war das Seil entknotet. »Wissen Sie«, sagt Sven Petry, »mir war egal, wer die Übung löst und auf der Gewinnerseite steht. Ich hätte mich auch untergeordnet.«

Wie hätte seine Ex-Frau sich wohl verhalten? Die AfD-Chefin will nicht nur Aufgaben lösen, sie will auch gewinnen. Sich unterzuordnen, für ein gutes Ergebnis? Eher nicht.

Mehr als zwanzig Jahre ihres Lebens verbringen die Petrys

zusammen, sie ergänzen sich gut. Es ist hilfreich für eine Beziehung, wenn dem Partner nicht wichtig ist, wer das Seil entwirrt, sondern nur, dass es am Ende keine Knoten mehr hat.

Sven Petry redet seiner Frau auch bei ihrem politischen Engagement nicht rein. Seine Schwiegermutter Renate Marquardt entdeckt die »Wahlalternative 2013« und schickt ihrer Tochter den Link: »Ist das was für dich? Du schimpfst doch so über den Euro.« Petry ist elektrisiert. Sie schickt sofort ihren Lebenslauf ein, und klickt bei allen Fragen der Organisatoren »Ja« an: Könnten Sie Treffen der örtlichen Wahlalternative organisieren? Würden Sie Plakate kleben? Könnten Sie sich vorstellen, für ein politisches Amt zu kandidieren? Ja! Ja! Ja! Bald ist sie Landesbeauftragte der Wahlalternative für Sachsen.

Politik war für Petry bis dahin kein Thema gewesen, ihr Leben waren die Familie und die Chemie. Formeln lügen nicht, Laborkollegen sägen dich nicht ab. Aber die Eurokrise ändert alles. Sven Petry teilt den Ärger seiner Frau über die Art, wie über die milliardenschweren Rettungspakete diskutiert wird. Oder eher, wie nicht diskutiert werden darf. »In der Eurokrise hatte Frauke das Gefühl, die Selbstzensur geht wieder los. Dass wieder Redeverbote gelten, wie damals in der DDR.«

Damals, als Vater Dieter Marquardt von einer Dienstreise in den Westen nicht zurückkehrte, musste die Familie so tun, als hätte sie nichts geahnt. Es musste eine offizielle und eine geheime Meinung geben. Diesen Zustand wollte Frauke Petry nicht noch einmal erleben.

»Auch mich hat damals irritiert, wie die Euro-Politik zum Friedensgaranten erhoben wurde«, sagt Sven Petry. »So wurde jeder Kritiker zur Gefahr für den Frieden abgestempelt.« Griechenland einfach aus dem Euro zu werfen, sei allerdings auch keine Option für ihn gewesen.

Der AfD tritt Pastor Petry nie bei. Viel später, als die Partei auch Kernbotschaften des christlichen Glaubens infrage stellt, wie die Nächstenliebe und Barmherzigkeit mit den Schwachen, kommt sie für ihn ohnehin nicht mehr infrage.

Die Aufbauarbeit für die neue Partei verändert in Tautenhain alles. Sven Petry kümmert sich nun mehr um die Kinder, während Frauke auf Bezirksparteitage, zu Kundgebungen und Bundesvorstandssitzungen fährt. Sogar im Ostsee-Urlaub macht sie Abstecher zu AfD-Wahlkampfständen. Daheim dann wieder endlose Telefonkonferenzen, nächtliche Sitzungen am Computer, Parteiunterlagen auf jedem freien Fleck im Haus.

Schnell muss die Chefin in der AfD kämpfen. Die Parteiführung muss viele Seile entknoten, und dieses Mal zählt, wer dafür die Anweisungen gibt. »Ich sehe mich als abwägenden Menschen, der immer versucht, alle Auswege zu prüfen«, sagt Sven Petry. Seine Frau kann als Parteichefin dafür nicht immer die Zeit aufbringen, und schon gar nicht die Kraft. Wer draußen in der Welt so viel kämpfen muss, will daheim in Tautenhain nicht auch noch infrage gestellt werden. An der Haustür muss es mit dem Verständnis für die politischen Gegner genug sein. Irgendwann muss der Tag gekommen sein, an dem Frauke Petry sich von ihrem engsten Vertrauten gebremst fühlte.

Hat die Politik das Paar getrennt? Oder hätten diese so unterschiedlichen Menschen sich auf Dauer ohnehin voneinander entfremdet? Sven Petry glaubt, dass es hätte klappen können. »Die Politik hat es jedenfalls sehr schwer gemacht, Auswege aus der Krise auszuloten.«

Vorerst kann sich seine Frau in der AfD auch nicht durchsetzen. Anfang 2015 gewinnt Lucke auf dem Parteitag in Bremen die Abstimmung über seine Satzung, trotz der vielen Telefonkonferenzen, Geheimtreffen und offenen Briefe seiner Gegner. Aber Petry gewinnt auf andere Weise. Die harte Arbeit gegen den Konkurrenten lässt sie enger an ihre Verbündeten heranrücken, allen voran an den Landeschef der AfD Nordrhein-Westfalen, Marcus Pretzell.

Als bald nach dem Bremer Parteitag der Machtkampf in der AfD wieder aufflammt, fällt aufmerksamen Beobachtern eine neue Seite an Frauke Petry auf. Sie tritt jetzt auf öffentlich stärker auf, vehementer und aggressiver.

Marcus

»Die Tugend allein ist die Krone der Guten« lautet der Wahlspruch des Corps Saxo-Borussia Heidelberg. Die Sachsen-Preußen sind eine fast 200 Jahre alte schlagende Studentenverbindung, ein elitärer und verschwiegener Club. Die Liste der Adeligen, Diplomaten, Abgeordneten und Minister in ihren Reihen ist lang. Seit 2014 steht auf der Liste auch ein EU-Abgeordneter der AfD: Marcus Pretzell.

Anders als Burschenschaften achten Corps wie die Saxo-Borussia penibel auf politische Neutralität, und daran hält sich Pretzell auch. Trotzdem ist vielen »Alten Herren« ein Dorn im Auge, dass einer der ihren mit der AfD für populistische Systemkritik à la Pegida trommelt. »Es gab einige Stimmen, die seinen Ausschluss forderten, aber unsere Vorschriften lassen es nicht zu«, berichtet Georg-Jesko von Puttkamer, Vorsitzender der Ehemaligenvereinigung. Die Neutralitätspflicht der Saxo-Borussia schützt Pretzell eben auch. Eine Bitte, er möge freiwillig austreten, fruchtete nicht.

Wer um Pretzells Corpsstatus weiß, erkennt an ihm manche Gepflogenheit dieser Männerzirkel, allen voran das »Knattern«. So nennen Verbindungsstudenten ihre kumpelhaft-fiesen rhetorischen Scharmützel: Man steht um die Theke, ein Bier in der Hand, und knallt sich lustvoll einen Spruch nach dem anderen rein. Pretzell sei kein Meister des Knatterns gewesen, behaupten Leute, die damals mit ihm an der Bar standen. Aber es ist ein gutes Training für den Erfolg in einer populistischen Partei.

Am liebsten knattert Pretzell gegen Sozialdemokraten: Ralf Stegner nennt er »Ralle-Raffzahn«, Gerhard Schröder »Gas-Gerd« und Familienministerin Manuela Schwesig eine »Küstenbarbie«.

Der Kurznachrichtendienst Twitter ist das Medium, auf dem der aggressive Zyniker in Pretzell am deutlichsten hervortritt:

- Zu einem Machetenangriff in Belgien schreibt er: »Ein verwirrter Einzelfall: Diesmal Gärtnerfachkraft.«
- Zum Amoklauf in München: »Deutsch-nichtdeutscher traumatisierter Einzeltäter, vermelden die Medien. Stimmt, erster Machetenmord heute. Ungemein beruhigend.«
- Zu Wolfgang Schäubles Äußerung, ein abgeschottetes Europa würde »in Inzest degenerieren«: »Schäuble – ein Fall rein europäischer Inzucht! Schlimm! Kann man den nicht mit etwas Besserem kreuzen?«

Und so weiter. Der AfD-Politiker ist schlagfertig und schlau, mit einem flegelhaften Charme. Die neue Vehemenz und Aggressivität, die Petry-Kenner Anfang 2015 an der AfD-Chefin beobachteten, dürften an Pretzells Einfluss gelegen haben. In dieser Zeit steht Frauke Petry zwischen einem Mann, der puzzelt, und einem, der knattert.

An Pretzell schätzt sie seine »männliche Stärke«, sagt sie später. Dieser Mann sucht nicht ständig den Ausgleich, er braucht keinen Frieden, er hat keine Angst vor innerparteilichen Raufereien, wahrscheinlich hat er eher Spaß an ihnen.

Marcus Pretzell kann aus dem Stegreif zu jedem Thema eine Rede halten, ausgerüstet nur mit einem Stichwortzettel. Er kann die Stimmung in einem Saal drehen, von ablehnender Stille zu tosendem Beifall. Sein rhetorisches Vorbild ist der CDU-Mann Friedrich Merz, dessen Reden er genau studiert haben soll.

Pretzell kann auch für jede erdenkliche Position geschmeidig argumentieren: für ein liberales Staatsverständnis ebenso wie für die nationalistische Parole des »Rechts auf unsere Identität«, die »wir uns wieder holen werden«. Er streitet für »echten Freihandel«, aber gegen TTIP, für eine harte Haltung Deutschlands gegen den »Sultan« Erdoğan, aber gegen allzu viel Einmischung in den Expansionsdrang des russischen Quasi-Diktators Putin. Eigentlich ist es ganz einfach: Die AfD dient Pretzell in erster Linie für das eigene Fortkommen und als Kampfmittel gegen das »Establishment« – obwohl, wie er selbst zugibt, sehr viele AfD-Leute aus ebendiesem Establishment kommen.

Anfangs mochten Petry und Pretzell sich nicht, sagten sie der *Bunten*. Ausgerechnet Alexander Gauland, ihr späterer Gegner, bringt die beiden Ende 2014 zusammen. »Treffen Sie ihn doch einfach mal«, überredet er Petry, denn der NRW-Chef ist im Kampf gegen Lucke ein wichtiger Verbündeter. Das Treffen findet statt und man entdeckt viele Gemeinsamkeiten. Pretzell lebte da schon von seiner Frau getrennt, mit der er vier Kinder hat.

Wie der damals Vierzigjährige in die Politik kam, erzählte er kurz nach der Wahl ins EU-Parlament in einem Imagevideo: »Seit 2008 erleben wir in der EU in verstärktem Maße eine Erosion sowohl der Demokratie als auch der Rechtsstaatlichkeit. Das ist etwas, was mich bewogen hat, aus einer bürgerlichen Komfortzone heraus in die Politik zu gehen.«

Tatsächlich dürfte es umgekehrt gewesen sein: Die Politik, genauer gesagt das hoch dotierte Mandat, dürfte Pretzell aus einer Zone gerettet haben, die für ihn wenig komfortabel geworden war. Denn erodiert war seit 2008 weniger der Rechtsstaat als Pretzells Geschäftsmodell.

Nach seinem Studium gründet er eine Anwaltskanzlei und eine Immobilienfirma – beide erhalten auf dem Geschäftsportal »Creditreform« katastrophale Bewertungen. Die Wahrscheinlichkeit, dass Pretzells »Maloony Projektentwicklung GmbH« ihre Schulden nicht begleichen kann, wird im Frühjahr 2015 auf 80,44 Prozent geschätzt (»Die Geschäftsverbindung gilt als riskant«). Für die »Marcus Pretzell Rechtsberatung« beträgt das Risiko 94,76 Prozent (»Von einer Geschäftsverbindung wird abgeraten«). Pretzells Kreditwürdigkeit erntet laut *Handelsblatt* die schlechteste Note: 6,0. Extreme Werte für den AfD-Politiker, der damals schon im EU-Parlament sitzt. Bei Creditreform ist mit rotem Ausrufezeichen vermerkt: »Es liegen schuldnerregisterliche Eintragungen vor.« Drei »Offenbarungseide«, also Auskünfte über seine Vermögensverhältnisse, werden von Pretzell zwischen November 2014 und Juli 2015 verlangt.

Gleichwohl lässt Pretzell über seinen Anwalt mitteilen, er sei nie »zahlungsunfähig, überschuldet oder zahlungsunwillig« gewesen. Er habe nur »wie jeder normale Bürger« Schulden gehabt, die er »zum Teil trotz Mahnung nicht erfüllt« habe. Denn diese Mahnungen hätten ihn leider wegen der Trennung von seiner Frau nicht erreicht.

Im April 2015 löschte die Rechtsanwaltskammer Hamm Pretzell aus ihrem Verzeichnis. Mit der Frage nach dem Warum konfrontiert, teilt der AfD-Mann über seinen Anwalt mit, er habe seine Anwaltszulassung freiwillig zurückgegeben, da er sich in »Vollzeit der Politik widmen« wolle.

Pretzells Parteifreunde erfahren spätestens Anfang 2015 von seinen Nöten: Im Januar dieses Jahres pfändet das Finanzamt Bielefeld-Innenstadt aus Anlass seiner Steuerschulden ein AfD-Konto. Dabei stellt sich heraus, dass Pretzell zeitweise keine gültige Meldeadresse hatte. Noch Ende 2016 wohnt er nicht unter der Adresse, die offiziell im AfD-Parteicomputer gemeldet ist. Die Pfändung ist eine Blamage für die AfD, die doch so vehement für eine seriöse Finanzpolitik eintritt. Als Pretzells Gegner ihn rauswerfen wollen, beteuert er: »Ich war und bin in der Lage, meinen finanziellen Verpflichtungen nachzukommen.« Eine Untersuchungskommission attestiert ihm »private chaotische Umstände«, stellt aber fest, dass diese nicht für parteienrechtliche Sanktionen reichten.

Wie konnte ein so intelligenter und willensstarker Mann im Geschäftsleben so scheitern? Freundlich formuliert liegt es wohl an Pretzells Lässigkeit. Wer befasst sich schon gern mit bürokratischem Kram? Ein *Handelsblatt*-Reporter findet einmal Pretzells altes Auto in einem Düsseldorfer Wohngebiet: »Die Fahrerseite des Fiat 600 ist zertrümmert, das Fenster mit Folie abgeklebt. Der Kleinwagen scheint seit Monaten nicht bewegt worden zu sein.« Auf der Rückbank liege noch die gelbe Stimmkarte des Abgeordneten.

Pretzells Wurschtigkeit wäre nur sein privates Problem, müssten seine Schlampereien nicht mitunter auch andere ausbaden, etwa seine Mitarbeiter im Europaparlament. Ende 2014 will die Zahlungsstelle der Parlamentsverwaltung in Berlin ihnen kein Gehalt überweisen, denn mal wieder bemüht sich ein Gläubiger Pretzells um Zugriff auf dessen Finanzquellen. Pretzell teilt auf Anfrage mit, dabei habe es sich nur um eine »Vorstufe zur Pfändung« gehandelt. Er habe seine Schulden irrtümlich nicht bezahlt, sie dann aber sofort beglichen.

»Wir müssen Basisdemokratie und finanzielle Ordnung innerparteilich vorleben«, schreibt der AfD-Mann auf seiner Internetseite. Unbarmherzig geißelt er den Schlendrian der nordrhein-westfälischen Landesregierung, fordert eine »Strafbarkeit von Steuerverschwendung« und attestiert seinem Bundesland »Verfall und Verwesung«. Einwanderer sollten gefälligst »ihre Rechnungen von selbst erarbeitetem Geld bezahlen«. In seinem Glashaus wirft Pretzell keine Steine, sondern Felsbrocken. Aber stets gelingt es ihm, den Scherben auszuweichen.

Auch in Fragen der innerparteilichen Demokratie klaffen Anspruch und Wirklichkeit bei Pretzell weit auseinander. Die Politiker der »Altparteien« sähen die Bürger viel zu sehr als »Masse«, nicht als Individuen, klagt er auf Facebook. Immer wollten sie die Bürger von oben steuern. Nichts anderes geschieht in seinem AfD-Reich: Hier wird das Parteivolk gezielt in Lager geordnet, von Kreisverband zu Kreisverband. Freunde werden mobilisiert, Gegner kaltgestellt.

Ende 2016, kurz nachdem die AfD ihre ersten Landtagskandidaten kürte, wird bekannt, dass Pretzells Anhänger die Wahlen über eine WhatsApp-Gruppe mit allerlei Tricks manipuliert haben: Sie sammelten Mehrheiten für zuvor ausgekungelte Kandidaten, verrieten einander frühzeitig Wahlergebnisse aus der Zählkommission und blockierten Saalmikrofone, um ihre Leute vor unbequemen Fragen zu schützen. Ein unerfahrenes Parteimitglied vernichtete fünf Stimmzettel – man habe versichert, »dass die Stimmzettel nichts am Ergebnis ändern würden«.

Für Pretzell sind dies alles »Schönheitsfehler, aber juristisch irrelevant«. Er will die Wahlliste unbedingt erhalten – schließlich hatte er nur mit knapper Not die Nominierung zum Spitzenkandidaten geschafft. Streng genommen scheint der AfD-Mann Wahlen gar nicht für nötig zu halten: Kaum sind die ersten Listenkandidaten nominiert, bekommen sie von Pretzell schon die Einladung zum »ersten Treffen der zukünftigen Landtagsfraktion«. Tagesordnungspunkt 5: »Aufgabenverteilung«. Dabei ist die Landtagswahl noch Monate entfernt.

Ein Kandidat aus Pretzells Verband hat sogar schon in seiner künftigen Funktion als »Mitglied des 19. Deutschen Bundestags oder Mitglied des 17. Landtags von NRW« einem Mitarbeiter einen Vor-Arbeitsvertrag gegeben – den endgültigen Vertrag werde der Mann dann, »wenn möglich, im Bundestagsgebäude« erhalten. Dabei ist die AfD-Bundestagsliste zu diesem Zeitpunkt noch gar nicht aufgestellt.

Es braucht schon ein gehöriges Maß an Chuzpe, wenn AfD-Funktionäre wie Pretzell einerseits lustvoll demokratische Regeln überdehnen, andererseits nur in der eigenen Organisation »gelebte Basisdemokratie« sehen. Das weiß Pretzell selbst sehr wohl: »Um ehrlich zu sein«, schreibt er auf seiner Internetseite, »ist es wohl normal und richtig, dass der eigene Anspruch edler und idealistischer ist als das eigene Handeln. Nur allzu weit sollte man Anspruch und Wirklichkeit nicht voneinander trennen, um nicht das Wichtigste im politischen Geschäft zu verlieren: die Glaubwürdigeit.« (sic!)

Frauke

Die Wurzel

Ein zentrales Thema für jeden Politiker ist die Heimat – woher man kommt, wohin man gehört. »Zauberhaftes Saarland«, schwärmt Heiko Maas an Wochenenden auf Twitter zu Fotos von zarten Sonnenstrahlen auf verträumten Bächen. »Wieder daheim«, schreibt CDU-Generalsekretär Peter Tauber auf Instagram zu einem Bild der Marienkirche im hessischen Gelnhausen: »Ich schicke Euch mal liebe Grüße!«

In der AfD ist Heimatliebe ohnehin erste Funktionärspflicht, und viele lebten sie lange vor der Partei: Alexander Gauland schrieb Bücher über die konservative Identität. Beatrix von Storch machte aus der Enteignung der Familiengüter eine Aktivistenkarriere. Björn Höcke werden die Augen feucht, wenn er von der alten Heimat in Ostpreußen erzählt.

Frauke Petry dagegen sagte einmal: »Ich bin kein Mensch, der sich an einem Ort festklammert. Es ist am Ende auch eine Frage von Personen, ob man sich heimisch fühlt oder nicht.« Sie und ihre Eltern haben ihre Wurzeln zu oft aus dem Boden gerissen und anderswo eingepflanzt, um einen Heimatort zu haben.

Heimat ist für Petry gewiss nicht das sächsische Schwarzheide der DDR-Zeit, wo ihre Familie sich politisch maskieren musste, wenn sie die Wohnung verließ. 26 Stasi-Mitarbeiter seien hier auf die Marquardts angesetzt gewesen, erzählte Petry einmal. Heimat ist für sie auch nicht Dortmund, wo sie nach der Wende ankam, wo die Lehrer ihre DDR-Noten anzweifelten, einen Einstieg über die Realschule empfahlen.

Am ehesten ist wohl Bergkamen für Frauke Petry ein positiv besetzter Ort. Hier lernte sie Sven kennen, hier brillierte sie an der Schule und fand in der Chemie ihre Leidenschaft. Aber auch hier blieb sie nicht lange: Nach dem Abitur ging es zum Studium nach Reading in England, dann zur Promotion nach Göttingen, noch später folgte der Umzug nach Sachsen. Wie wenig sich Petry mit Bergkamen identifiziert, zeigt ihre Aussage in einer Pressekonferenz, sie habe dort No-go-Areas erlebt, also »Stadtteile, wo die Polizei nicht mehr hingefahren ist«. Eine Behauptung, die Bürgermeister, Polizei und Lokalpresse sogleich empört dementierten.

Vielleicht liegt es an dieser Wurzellosigkeit, dass Petry politisch so schwer durchschaubar ist. Was treibt sie an, wo will sie hin? Denkt sie konservativ? Liberal? Sozialistisch? Ist sie Transatlantikerin oder Putin-Versteherin, Europäerin oder Nationalistin? Welches Bild von Deutschland und seiner Gesellschaft schwebt ihr vor? Die AfD-Chefin sagt gerne, dass ihre Partei in keine Schublade passe. In Wahrheit wechselt sie selbst einfach die Schublade, wann immer es passt.

Als junge Unternehmerin äußert Petry sich geradezu feministisch, kritisiert die »weithin männlich geprägte Arbeitswelt« und wird als »Verfechterin einer Frauenquote« porträtiert. Ihre erste Tochter geht mit sechs Monaten in die Kita, damit die damalige Doktorandin wieder im Labor stehen kann. Viel später, als AfD-Chefin, warnt sie vor der »diskriminierenden Signalwirkung« der Frauenquote: »In einer fairen Leistungsgesellschaft dürfen Führungspositionen nicht nach angeborenen Merkmalen, und dazu zählt das Geschlecht, vergeben werden, sondern ausschließlich nach Qualifikation und Eignung.«

Ähnlich hält Petry es mit dem Islam, den sie anfangs ausdrücklich vom Islamismus unterscheiden will: »Wir geraten in Gefahr, eine Religion gegen ihre politische Position zu bürsten«, erklärt sie Parteifreunden Mitte 2015. Ein Jahr später ist für sie »die Grundgesetzwidrigkeit des Islam eine Tatsache, die sich ganz einfach nachweisen lässt«.

Manche Kehrtwende kommt innerhalb von Tagen: Das Urteil des Bundesverfassungsgerichts, das 2013 den Weg für Kopftücher im Schuldienst ebnet, lobt Petry zunächst als »positives Signal in Bezug auf religiöse Toleranz«: »Es gibt sicher viele Frauen, die das Kopftuch aus freiem Willen und Gründen der Religion und Tradition tragen.« Als es wütenden Protest von der Basis hagelt, gibt Petry bekannt: »Ich revidiere meine Position.« Die Richter hätten der christlich-abendländischen Kultur nicht klar den Vorrang vor dem Islam eingeräumt, deshalb sei das Urteil »eine Bankrotterklärung unseres Selbstbestimmungsrechts«.

Mal will Petry, dass die AfD mit den »Altparteien« kooperiert: »Wir wären der bessere Koalitionspartner, könnten die CDU sogar stärken.« Später erklärt sie die Idee einer politischen Juniorpartnerschaft der AfD für einen »Fehler«. Die Liste ihrer Kurswechsel ließe sich beliebig fortführen.

So wie eine leere Plastikflasche in einer Hafenbucht auf den Wellen treibt, so treibt Frauke Petry auf den Wogen der AfD. Sie gibt der Partei keinen Kurs vor, steuert sie nicht in inhaltlichen Fragen. Entscheidend für Petry ist, dass *sie* oben treibt, dass nicht plötzlich eine Welle über ihr zusammenschlägt und sie unter Wasser zieht.

Vor der Flüchtlingskrise hat man auch Angela Merkel Profillosigkeit vorgeworfen. Wie die frühe Kanzlerin wirkt Petry inhaltlich nicht gefestigt, will mal reformieren und mal bewahren, mal die Zügel schleifen lassen und mal konsequent durchgreifen. Überhaupt haben beide Politikerinnen vieles gemeinsam: Sie wuchsen in Ostdeutschland auf, lernten früh, zur rechten Zeit zu schweigen und anderen aus Selbstschutz zu misstrauen. Beide sind Naturwissenschaftlerinnen, beide behaupteten sich in einer männlich dominierten Partei und wurden von ihren männlichen Parteifreunden völlig unterschätzt.

Aber da enden die Gemeinsamkeiten auch: Merkel wirkt bei aller Sprödigkeit und trotz ihrer Kinderlosigkeit mütterlich, Petry merkt man ihre Härte und Verbissenheit an. Und politisch ist ein wichtiger Unterschied zwischen ihnen, dass hinter Angela Merkel immer ein starkes Korrektiv stand: eine siebzig Jahre alte CDU mit 400 000 Mitgliedern und mehreren Grundsatzprogrammen. Mag diese Volkspartei mitunter entkernt und gebrochen wirken, sie läuft nicht Gefahr, Radikalen in die Hände zu fallen.

Dagegen ist Petrys Haltlosigkeit eine der größten Gefahren für die AfD. Weil die Parteichefin sich so wenig um Inhalte schert, sondern ihre Kraft primär in die Gestaltung von Machtstrukturen steckt, erzeugt sie ein programmatisches Vakuum, das Ideologen nach Lust und Laune füllen können.

Ein warnendes Beispiel ist der Programmfindungsprozess der Partei, in dem Petry keine starke inhaltliche Kontrollfunktion hatte und keine maßgeblichen Gedanken beisteuerte. Auf dem Programmparteitag in Stuttgart setzt sie sich nur für ein völlig marginales Thema ein: die Pflege der deutschen Orchesterlandschaft.

Kurz vor dem Parteitag sickert ein Entwurf des Programms an die Öffentlichkeit, »redigiert« im direkten Umfeld von Beatrix von Storch, dessen Inhalte über weite Strecken nichts mit der mühsamen Vorarbeit der AfD-Fachausschüsse zu tun haben. Nach diesem Entwurf will die AfD die gesetzliche Unfallversicherung abschaffen, die Arbeitslosenversicherung privatisieren, »nicht therapierbare alkohol- und drogenabhängige sowie psychisch kranke Täter« in Sicherungsverwahrung stecken, schon zwölfjährige Kinder für strafmündig erklären und dem »selbstgewählten Lebensmodell ›alleinerziehend‹« jede staatliche Unterstützung entziehen.

Der Entwurf wird zwar umgehend kassiert und von Storch in der Programmkommission kaltgestellt. Es entsteht »nur« ein gewaltiger Imageschaden für die Partei. Doch was, wenn eines Tages ähnliche Eingriffe bei konkreten Gesetzentwürfen und Anträgen vorgenommen werden? In manchen Bezirken von Berlin tragen AfD-Vertreter aus von Storchs Landesverband bereits Regierungsverantwortung. Und was geschähe, wenn sich die Ideologen in einer AfD-Bundestagsfraktion weigern sollten, ihre Konzepte zurückzuziehen? Schließlich wären sie nur ihrem Gewissen verpflichtet. Ohne programmatische Autorität könnte eine Fraktionsvorsitzende Frauke Petry in solchen Situationen nicht durchgreifen. Und ebendie hat sie bisher vermissen lassen.

Auch ihr Ex-Mann Sven Petry kann heute nicht mehr genau sagen, wofür sie inhaltlich eigentlich steht. Die Parteichefin kann ja auch so viel. Wie Marcus Pretzell kann sich die blitzgescheite Chemikerin in kürzester Zeit in jedes Thema einarbeiten, aus dem Stegreif flüssige Reden halten. Mit dem richtigen Mitarbeiterstab wäre sie für viele Führungsaufgaben geeignet. Allerdings müssten ihre Unterstützer im Zweifel auch bei der Entscheidung helfen, wo die Reise überhaupt hingehen soll. Das Reiseziel hinge dann ganz wesentlich von den Zielen dieser Einflüsterer ab.

Das ist gefährlich, weil die AfD-Chefin ihre Berater weniger nach ihren politischen Positionen auswählt als nach ihrem parteipolitischen Nutzen. Das galt schon in der Anfangsphase der AfD Sachsen, als die Überläufer der radikalen Anti-Islam-Partei »Die Freiheit« Petry bei der Gründung ihres Landesverbands und im Wahlkampf unter die Arme griffen. Und es setzt sich heute fort in Petrys Wahl ihres Pressesprechers Markus Frohnmaier, Jahrgang 1991, Bundesvorsitzender der »Jungen Alternative«. Recherchen diverser Medien zeichnen Frohnmaier als Ex-Fördermitglied der »Freiheit« und Ex-Mitglied der aggressiven »German Defence League«, der sich schon mal auf Facebook für ein »Messerkampf-Seminar« anmeldete. Aber solange alles Radikale an Frohnmaier bloß »ex« ist, scheint Petry sich zu sagen, kann diese Vorgeschichte doch kein Problem sein.

Frohnmaiers berühmtestes Zitat lautet: »Ich sage diesen linken Gesinnungsterroristen, diesem Parteienfilz ganz klar: Wenn wir kommen, dann wird aufgeräumt, dann wird ausgemistet, dann wird wieder Politik für das Volk und nur für das Volk gemacht – denn wir sind das Volk, liebe Freunde.« Eine unverhohlene, antidemokratische Drohung, doch für Petry dürfte vor allem zählen, dass sie über Frohnmaier die rund 1200 Mitglieder umfassende Parteijugend an sich binden kann.

Die Pleite

Im Leben von Frauke Petry gibt es sehr lange keine Rückschläge oder Niederlagen. Auf exzellente Schulnoten folgen das Einserabitur, die Aufnahme in eine nationale Elitenförderung, der hervorragende Studienabschluss, die brillante Promotion und die erfolgreiche Firmengründung. Petry bekommt den Sächsischen Gründerinnenpreis, den Darboven-IDEE-Förderpreis, mit nur 37 Jahren den Verdienstorden aus der Hand des Bundespräsidenten und dann noch ein Spitzenamt in einer neuen Partei – immer geht es vorwärts, immer aufwärts. Von vier gesunden Kindern und einem netten Ehemann ganz abgesehen.

Petry ist immer die Beste, nie steht sie am Rand, immer spielt sie ganz vorne mit. Und alle Erfolge erzielt sie aus eigener Kraft. Man kann sich ausmalen, wie unendlich bitter für einen so erfolgsverwöhnten Menschen mit brennendem Ehrgeiz das Scheitern der eigenen Firma sein muss. Dazu noch eine Privatinsolvenz und als Gipfel der Demütigung staatsanwaltliche Ermittlungen wegen Insolvenzverschleppung, auch wenn diese bald eingestellt werden.

Die Purinvent GmbH war stets eine Herzensangelegenheit für Petry. »Es fühlte sich so an wie ein weiteres Kind«, sagte sie der *Welt*. Sie habe an der Produktionsanlage »jedes Ventil gekannt« und sogar den Gabelstapler-Führerschein gemacht, um Rohstofflieferungen vom Lkw abzuladen. Die Insolvenz muss Petry auch deshalb so geschmerzt haben, weil sie das Lebenswerk ihrer Eltern traf: Der inzwischen verstorbene Vater Marquardt, ein gelernter Verfahrenstechniker, zeichnete die Produktionsanlage. Renate Marquardt entwickelte das Produkt, eine Flüssigkeit, mit der man Reifen befüllen und sie unempfindlich gegen Scherben oder scharfe Metallteile machen kann. Es ist ein lukratives Nischenprodukt: Weltweit gibt es keine fünf Anbieter für Reifenfüllstoffe, und der von Purinvent ist der einzige umweltfreundliche.

2011 stößt Marcus Hoppert zu der Zehn-Mann-Firma, erst als Produktionsleiter, später als Vertriebsleiter. Purinvent sei vor allem an einer Sache gescheitert, sagt er: an der Ungeduld der Chefin. »Sie hätte einfach noch zwei Jahre warten sollen mit dem Markteintritt, den Stoff noch mehr testen sollen, nicht gleich aus dem Reagenzglas auf den Markt gehen sollen.« Doch Petry ist kein geduldiger Mensch, im Jahr 2007 stürmt sie los. Schnell sorgen die Kinderkrankheiten ihres Füllstoffs für Reklamationen, und die Konkurrenz lästert nach Herzenslust über Purinvent. »Der Reifenmarkt kann eine Mafia sein«, sagt Hoppert. Ein erbarmungsloses, sehr männlich dominiertes Geschäft. Zwar kann eine selbstbewusste, rhetorisch starke, kompetente Frau wie Petry sich hier durchaus Respekt verdienen. Aber solange ihr Produkt qualitativ angreifbar ist, hat die Konkurrenz leichtes Spiel.

Im Frühjahr 2013 findet Hoppert das Büro seiner Chefin oft leer vor. »Wo ist Frauke denn?«, erkundigt er sich bei Petrys Assistentin. »Na, bei ihrer neuen Partei.« Der Vertriebsleiter hat mit Politik nichts am Hut, aber er schätzt Petry und glaubt an Purinvent. Eine Weile macht er noch weiter, reist Anfang 2013 sogar nach Dänemark, um wichtige Kunden zu besänftigen. Aber die Dänen sind genervt, sie wollen Petry sehen. »Ihre Energie und Überzeugungskraft hätten damals viel retten können«, vermutet Hoppert.

Als der dänische Großkunde schlagartig seine Bestellungen einstellt, entwickelt sich die Lage von ernst zu verzweifelt. Petry sucht fieberhaft nach Investoren, tingelt mit dem damaligen AfD-Geschäftsführer durch die Banken. Sie schickt Parteifreunden Businesspläne, fragt sie nach Kontakten, bricht vor ihnen in Tränen der Verzweiflung aus. Petry trifft besonders hart, dass die Banken, die sich früher gerne mit der Vorzeigeunternehmerin schmückten, die ihr Gesicht auf Werbeplakate druckten, sie über Nacht fallen lassen. Jetzt schicken sie knallharte Standardbriefe und Mahnungen.

Die Sorge um die Firma bindet Petrys ganze Energie, ihr Wettstreit mit Lucke liegt so lange auf Eis. Sogar seinem Satzungsentwurf, den sie später so hart bekämpfen wird, stimmt Petry zu. Die Parteifreunde erleben sie als lammfromm, sehr kompromissbereit, sehr anlehnungsbedürftig. Öffentlich kündigt sie sogar an, den Posten als Bundessprecherin aufzugeben und sich auf Sachsen zu konzentrieren.

Im Oktober 2013 meldet Purinvent Insolvenz an. Es ist das erste Projekt, das Petry nicht erfolgreich abschließt. Diese Niederlage ist unendlich größer als eine Zwei in der Englischklausur. Noch dazu scheitert Petry öffentlich, denn als Mitglied des Bundesvorstands der AfD ist sie mehr als eine Leipziger Lokalgröße. Die Demütigung ist so groß, dass Petry den Vorstandskollegen ihre Insolvenz nicht persönlich mitteilt. Dabei telefoniert sie noch am Abend vor dem Gang zum Insolvenzgericht mit Bernd Lucke. Zwei Stunden diskutieren die beiden über Kleinigkeiten aus dem AfD-Kosmos, ohne dass Petry den Kollaps ihrer unternehmerischen Träume erwähnt. Am nächsten Tag platzt in die Bundesvorstandssitzung eine Pressemitteilung vom Sprecher der abwesenden Petry: »Zum ›Mut zur Wahrheit‹

gehört auch ›Mut zum Scheitern‹.« Die Kollegen sind baff und empört.

Zumal Petry versucht, ihr Scheitern in den Kontext der Banken- und Eurokrise zu stellen: »Die gesamtwirtschaftliche Lage hat mir einen Strich durch die Rechnung gemacht«, lautet die Meldung. »Da ich als Inhaberin persönlich hafte und anders als Großbanken meine Verluste nicht sozialisieren kann, habe ich mich schweren Herzens entschließen müssen, Insolvenz anzumelden.«

Schuld ist nicht sie, schuld sind die anderen. Mächtige Kreise in Berlin hätten sich gegen sie verschworen, sagt Petry der *Welt*: »Es wäre möglich gewesen, einen Vergleich zu schließen. Der ist aber aus politischen Gründen gescheitert.« Es müsse wohl Anrufe aus dem Bundeswirtschaftsministerium bei ihrem Gläubiger, der KfW-Bankengruppe gegeben haben, mutmaßt sie.

Purinvent findet bald neue Investoren, konsolidiert sich, ist bis heute am Markt vertreten. »Da bleibt viel von mir«, sagt Petry. »Das macht mich nicht wirklich traurig.« Eine kaum vernarbte Wunde dürfte allerdings geblieben sein. Jetzt erst recht, muss sich Petry geschworen haben. Nun muss ein Erfolg in der AfD ihr berufliches Scheitern kompensieren.

Die Bundessprecherin stürzt sich in die Vorbereitung der sächsischen Landtagswahl 2014. Jetzt hat sie auch wieder Kapazität für die Bundespartei, könnte viel reisen, steht aber vor dem Problem, dass ihre Reisekasse wegen der Privatinsolvenz leer ist. Noch ist Petry nicht Fraktionsvorsitzende im sächsischen Landtag, irgendwie muss sie über die Runden kommen.

In der AfD gilt die Regel, dass die Kreisverbände Auftritte der Bundesverstände finanzieren. Abgerechnet wird oft der Einfachheit halber nicht auf Heller und Pfennig, sondern es gibt Pauschalen: bis zu 200 Euro für Übernachtungen, bis zu 500 Euro für Reisekosten. Juristisch ist Petry also im Recht, als sie im Sommer 2014 die Pauschalen mitunter voll ausschöpft. Trotzdem melden sich bei der Bundesgeschäftsstelle alsbald Funktionäre aus der Kreisebene, vor allem aus Süddeutschland, und klagen über die teure Besucherin.

»Doppel P«: Frauke & Marcus

In den USA werden die Namen von Promi-Paaren gerne zu einem gemeinsamen Spitznamen fusioniert, um auszudrücken, dass da zwei eine Einheit bilden, geschäftlich, künstlerisch und emotional. Brad Pitt und Angelina Jolie waren »Brangelina«, Bill und Hillary Clinton »Billary«. Auch in der AfD wird das politische Power-Paar Petry und Pretzell als symbiotische Einheit wahrgenommen. Da sich allerdings ihre Namen nicht so klangvoll kombinieren lassen – weder »Fraucus« noch »Pretzy« haben sich durchgesetzt –, kombiniert man ihre Initialen: »Doppel P« heißen die beiden intern, in SMS-Nachrichten auch nur »PP«.

Jeder in der AfD weiß: Dieses Paar arbeitet, entscheidet und kämpft gemeinsam. Sie besprechen alle wichtigen Weichenstellungen in der Partei, bestreiten viele Termine zusammen, auch solche, zu denen eigentlich nur einer der beiden Zugang haben sollte: Im August 2016 veröffentlicht ein Parteiblatt Fotos einer Sitzung des sächsischen AfD-Vorstands, auf denen Pretzell ganz selbstverständlich mit am Tisch sitzt, seiner Partnerin gegenüber. Nach einer SMS oder Mail an den einen Teil von »Doppel P« haben Parteifreunde und Journalisten schnell mal den anderen Teil in der Leitung.

Die ersten Gerüchte über eine Liaison der beiden kursieren schon Ende 2014 in der AfD. Bernd Lucke wundert sich noch, als Petry zu einem Krisengespräch über die Parteisatzung partout Pretzell mitbringen will, der gar nicht im Bundesvorstand sitzt. Erst Monate später, als das Paar gemeinsam verspätet zu einem Parteitreffen in Kassel anrückt, spürt auch der an sich wenig empathische Parteichef die Schwingungen zwischen den beiden.

Spätestens im Frühjahr 2015 dürfte Frauke Petry ihre emotionalen Wurzeln gekappt und neue geschlagen haben. Im Mai trennt sich das Ehepaar Petry – in großer Heimlichkeit. Denn während für den Pfarrer die Trennung allenfalls eine neue Pfarrstelle bedeutet, wäre für die Politikerin ein vorzeitiges Bekanntwerden der Affäre existenzbedrohend. Der Machtkampf mit Lucke ist alles andere als entschieden in dieser Phase, auf dem Bundesparteitag in Bremen im Februar hatte er immerhin für seine Satzung noch ganz knapp eine Zweidrittelmehrheit geschafft. Und die AfD ist eben eine konservative Partei, dazu hat Petry selbst beigetragen, etwa mit Forderungen nach einer Dreikindfamilie als staatliche Norm. Das Verständnis für private Verhältnisse jenseits dieser Norm ist begrenzt an der Basis. Zumal Petrys neuer Partner Pretzell hier nicht gerade beliebt ist, viele Mitglieder erinnern sich noch gut an den Ärger um seine Finanzen.

Bis zum Essener Parteitag bemühen sich Petry und Pretzell nach Kräften um Diskretion. Sie touren zwar gemeinsam durch Nordrhein-Westfalen, werben für sich und gegen Bernd Lucke, treten aber nie offen als Paar auf. Sie müssen jedoch ahnen, dass ihre Gegner die Journalisten immer wieder auf die Affäre hinweisen, Hans-Olaf Henkel tut es besonders unverblümt. Bei jeder Gelegenheit schimpft er über das »Pleite-Pärchen«, will es endlich bloßgestellt sehen. Aber die »Lügenpresse« achtet die Privatsphäre des neuen AfD-Liebespaares.

Dessen politisches Schicksal hängt in diesem Sommer vor allem an der Loyalität von Sven Petry. Der hält eisern dicht, zum Wohl der Kinder. Die ganze Familie lebt in dieser Zeit von seinem Pfarrergehalt, auch die Politikerin Frauke Petry.

Einmal, kurz vor dem AfD-Parteitag, muss die Versuchung

groß gewesen sein. Eine *Spiegel*-Redakteurin kommt zum Gottesdienst in der Gemeinde Sankt Mauritius in Frankenhain. Sven Petry weiß Bescheid, die Journalistin hat sich bei seiner Frau angekündigt. In der kleinen Kirche mit ihren zwanzig Bänken, wo Petry einst ordiniert wurde, sitzt an diesem Sonntag wie immer nur eine Handvoll Gemeindemitglieder. Die Journalistin entdeckt der Pastor in Reihe sechs links. Sie hört zu, macht sich Notizen. Die Gemeinde stimmt Lied Nr. 628 an: »Herr, gib mir Mut zum Brückenbauen, gib mir den Mut zum ersten Schritt.«

Petry predigt über König Saul und den Rebellen David, zwei Erzfeinde wie Bernd Lucke und Frauke Petry, die zufällig in derselben Höhle in der Wüste Rast machen. Der junge, starke David könnte seinen schlafenden Gegner leicht umbringen. Aber er schneidet nur heimlich einen Zipfel von Sauls Gewand ab und lässt ihn ziehen.

Diese Geschichte werfe eine zentrale Frage des Christentums auf, predigt Petry: »Wie ist Frieden möglich?« Jeder sei irgendwann im Leben harten Konflikten ausgesetzt, ob unter Staatsmännern, Freunden oder Kollegen. In solchen Situationen sei kein Frieden möglich, wenn zwei Feinde sich dermaßen ineinander verkeilt hätten, dass sie lieber gemeinsam in den Abgrund fallen, als dass einer nachgibt.

In Reihe sechs sitzend, mag ich meinen Ohren kaum trauen. Hat Petry seiner Frau soeben indirekt vorgeworfen, sich verrannt zu haben? Wie würden die gläubigen Christen Frauke Petry und Bernd Lucke sich wohl bei so einem Treffen in der Wüste verhalten? Als sich ihre Wege vor Kurzem zufällig in Brüssel gekreuzt hatten, hatten sie sich nicht einmal die Hand gegeben.

Nach dem Gottesdienst legt Petry in der Sakristei die Soutane ab, tritt in Hemd und Leinenhose vor die Kirche, und wir blinzeln uns unter der sengenden Junisonne an. In diesem Moment könnte Sven Petry alles erzählen. Aber ich frage ja nicht nach Frauke und Marcus Pretzell, nur nach Frauke und Bernd Lucke.

Als der Machtkampf der AfD eine Woche später in Essen entschieden wird, sieht Sven Petry daheim am Fernseher zu. Der Sieg seiner Ex-Frau muss auch für ihn eine Befreiung gewesen sein. Jetzt war die Zeit der Versuchung vorbei. Jetzt lag sein Finger nicht mehr auf dem roten Knopf, der Frauke Petrys politische Karriere zur Explosion hätte bringen können. Hätte er zur falschen Zeit die Wahrheit gesagt, hätte sie ohne Vorstandsamt dasitzen können, in der Privatinsolvenz, ganz allein. Für ihn selbst hätte sich wenig geändert, er wäre nur weiter ein pflichtbewusster Vater mit Pfarrstelle geblieben.

Mein ist die Rache, spricht der Herr. Ein Verrat hätte die Ehe auch nicht gerettet, dafür vielleicht viel mehr zerstört.

Frauke Petry ist eine gute Mutter, ein echter Familienmensch, erzählen Parteifreunde. Ihr Gesicht strahle, wenn sie über ihre Kinder spricht. Sie sehe dann so anders aus als in den Talkshows oder in Pressekonferenzen, herzlicher und weicher. Das ist die Frau, die Sven Petry einst geheiratet hat.

Mit der anderen Frau verbindet ihn ab Oktober 2015 auch offiziell nichts mehr: Frauke Petry gibt ihre Trennung per Mitgliederrundbrief bekannt. »Mit Marcus Pretzell verbinden mich inzwischen sehr viel mehr als nur freundschaftliche Gefühle«, schreibt sie. Aber ihre politische Arbeit werde sie »nicht einschränken müssen«, versichert Petry zugleich. Die Kinder seien »mit dem Gedanken an zwei Kinderzimmer und zwei Küchentische inzwischen vertraut«, und alle Termine seien »unter Berücksichtigung der neuen Familiensituation geplant«. Heute ist ihre neue Familiensituation mit Pretzell sogar durch ein gemeinsames Kind und eine Hochzeit besiegelt.

Im März 2016 tritt Sven Petry der CDU bei. Inzwischen hat auch er eine neue Beziehung.

2
Die neue Zeit

Die Doppelspitze: Petry & Meuthen

Nach dem Parteitag von Essen herrscht in der AfD für einige Zeit eitel Sonnenschein. In Hintergrundgesprächen schwärmen die Vorstände, wie harmonisch es innerhalb ihres neuen Teams zugehe. Sie fühlen sich befreit von Bernd Lucke, den alle als unkooperativ und starrsinnig empfanden. An Luckes Stelle als Petrys neuer Co-Vorsitzender tritt Jörg Meuthen. Wieder ein liberaler Wirtschaftsprofessor, wieder ein Euro-Gegner, dieses Mal von der Hochschule Kehl. Aber anders als sein calvinistischer, kontrollversessener Vorgänger ist Meuthen ein Teamplayer und Kumpeltyp, der sich selbst einen »Teddybär« nennt.

Als der 54-Jährige im Sommer 2015 sein Amt antritt, bringt er großen Tatendrang und eine enorme Portion Naivität mit. Meuthen spaziert in sein Amt als AfD-Chef, als hätte er die ersten Parteijahre mit ihren Scharmützeln hinter einem Regenbogen im Märchenland verbracht. Auf Parteifreunde wirkt seine Offenherzigkeit sympathisch und verstörend zugleich. Man denkt unwillkürlich: Das kann nicht gut gehen.

Als Meuthen in Essen gewählt wird, kennen ihn nur wenige AfD-Mitglieder außerhalb Baden-Württembergs. Meuthen selbst kennt aus der neuen Parteispitze nur Beatrix von Storch persönlich, Alexander Gauland trifft er am Vorabend des Parteitags das erste Mal. Gemeinsam stimmen sie sich in der Abendsonne nahe der Grugahalle mit Bier und Wein auf den Machtwechsel ein.

So viele neue Gesichter, so viele Namen – und alles geht so

schnell, dass einem ganz schwindelig werden kann. Eben war Meuthen noch ein unbekannter Fachhochschulprofessor aus Karlsruhe, der sich nach Feierabend politisch engagiert. 24 Stunden später klatschen 3000 Parteimitglieder für ihn, richten Kamerateams ihre grellen Lichter auf ihn. Meuthens Frau und die Kinder sehen ihn abends in der »Tagesschau«.

Stressresistent ist der Ökonom nicht, schon die Tage vor Essen hatten sich für ihn hektisch angefühlt. In seinem Sommerurlaub auf dem Darß an der Ostsee klingelt ständig das Handy, mal wollen die Verbündeten das künftige Vorstandstableau besprechen, mal ist Bernd Lucke in der Leitung mit einem letzten vergeblichen Versöhnungsversuch. Meuthen hat Mitleid mit Lucke, er drängte sich nicht nach dessen Posten, denn er hat einen interessanten Job, vier Kinder und eine glückliche (zweite) Ehe. Er brauche weder die Politik noch die AfD, nicht finanziell und nicht emotional, beteuert er jedem, der es hören will.

Parteifreunde warnen ihn, dass Petry seine Unerfahrenheit und Freundlichkeit zupasskämen, dass sie absichtlich einen schwachen Co-Chef gesucht habe, weil sie allein die Nummer eins sein wolle. Aber Meuthen gönnt Petry den Platz auf der Bühne, er kennt seine Grenzen vor der Kamera. Willig führt er die Arbeitsaufträge der Co-Chefin aus, schreibt Konzepte und kümmert sich um die Befriedung seines Landesverbands, während Petry durch die Talkshows zieht.

Aber Meuthen entgeht natürlich nicht, dass sich um Petry und Pretzell ein ganz eigenes Machtzentrum entwickelt. Schon in der ersten regulären Bundesvorstandssitzung nach Essen hält Pretzell ein Referat über Strategiefragen. Nach seinem Bericht bleibt er einfach sitzen, auch ohne Vorstandsmandat. »Wir werden Marcus ohnehin bald kooptieren«, soll Petry gesagt haben. Der größte AfD-Verband müsse im Bundesvorstand vertreten sein. Die Kollegen tauschen konsternierte Blicke aus. Solche Alleingänge sind sie eher von Bernd Lucke gewohnt.

Petry wird bedeutet, sie möge das Private bitte nicht politisch werden lassen, und sie lenkt rasch ein. Pretzell wird nicht kooptiert. Doch auch so lässt Petry ihn an ihrer Macht und ihrem Wissen großzügig teilhaben. Wird die AfD-Vorsitzende in Talkshows eingeladen, bietet sie den überraschten Redakteuren gern mal den unbekannten Pretzell als Ersatz an. Umgekehrt nimmt er Einfluss auf sie: Wenn die Chefin erklärt, ein Thema müsse »strategischer angegangen werden«, und zwar möglichst offensiv, dann ahnen die AfD-Kollegen, wer dahintersteckt.

Noch ist die Stimmung in der AfD-Spitze aber harmonisch: Die Herbstoffensive zur Asylpolitik hat begonnen, die Flüchtlingskrise ist auf ihrem vorläufigen Höhepunkt angelangt, und langsam arbeitet sich die AfD aus dem Umfragetief heraus. Nur Meuthen wird kribbelig. Er fühlt sich von Petry zunehmend eingeengt und nicht ernst genommen. Parteifreunde tragen ihm abschätzige Sprüche von »Doppel P« zu: Mit so einem wie Meuthen lasse sich doch nicht ernsthaft Politik machen.

Irgendwann erwacht auch in dem gutmütigen Ökonomen der Widerstandsgeist. Er will nicht nur nach der Pfeife des AfD-Power-Paares tanzen, klagt er gegenüber Vertrauten.

Die erste Machtprobe kommt Ende 2015, als Björn Höcke im »Institut für Staatspolitik« seines Freundes Kubitschek die Rede über die »phylogenetischen Reproduktionsstrategien« der Afrikaner hält. Als sie publik wird, gellt ein Aufschrei durch die Medien. Sofort wird der AfD wieder der »Rechtsruck« infolge ihrer Spaltung attestiert, den die Partei doch stets vehement dementiert. Mehrere AfD-Landeschefs geißeln Höckes Aussagen als »klar rassistisch«, aber er findet auch Verteidiger, wie die »Patriotische Plattform«, die sich »ohne Wenn und Aber« hinter ihn stellt. Das erste Mal nach Essen flammt in der AfD wieder ein Streit um Inhalte und um die Ausrichtung auf, die Karrieristen und Ideologen formieren ihre Lager neu.

Petry will hart gegen Höcke durchgreifen, doch Meuthen

will dieses Mal nicht spuren. Er ruft den Thüringer Parteifreund einfach an. Erstmals führen beide ein längeres Gespräch und verstehen sich prima. Höcke versichert seinem Vorsitzenden, seine Äußerungen über die Afrikaner seien völlig missverstanden worden, der ganze Schlamassel tue ihm furchtbar leid. Mit dem Mann könne man reden, erklärt Meuthen später im Bundesvorstand.

Er votiert gegen Petrys Antrag, Höcke zum Rücktritt aufzufordern, und die große Mehrheit im Vorstand stimmt wie er – die einen aus Sympathie, die anderen aus Opportunismus: Schließlich stehen bald in drei Bundesländern Wahlen an, und Höckes Reden haben sich als Publikumsmagnet erwiesen. Sein Rauswurf könnte die AfD viele Stimmen kosten. So kommt der Thüringer mit einer Rüge davon.

Meuthens Unterstützung für Höcke ist strategisch klug und dumm zugleich: Zwar hat er fortan einen starken Verbündeten im rechten Lager – doch hierher gehört Meuthen gar nicht. Er mobilisiert seine Anhänger mit Eurokritik, nicht mit Warnungen vor Bürgerkrieg und Völkermord am deutschen Volk. Wer mit Höcke paktiert, kann auch schwerlich gegen die Radikalen in der AfD durchgreifen. Aber das tut der Parteichef ohnehin nicht, er ist bis zur Grenze des Opportunismus tolerant gegenüber dem rechten Saum der AfD. Er will doch mit allen gut auskommen.

Im Bundesvorstand kommen nach der Höcke-Geschichte allerdings viele nicht mehr miteinander aus. Die AfD tritt nun in eine seltsame Phase ein, sie schwankt zwischen Euphorie und Frust. Im Wahlkampf tingeln die Spitzenfunktionäre durch volle Säle, bejubelt von ihren Anhängern. Die AfD legt in den Umfragen ständig weiter zu und kann bei den drei Landtagswahlen im Frühjahr 2016 satte zweistellige Ergebnisse einfahren. Der Rechtskurs ist richtig, begreifen alle Funktionäre, weil er Erfolg verspricht. Man könnte einfach so weitermachen.

Doch hinter den Kulissen der Partei wachsen das Misstrauen und die Abneigung, man arbeitet wie in alten Lucke-Zeiten wieder öfter gegen- als miteinander. Die AfD-Vorstände rätseln selbst, wie die Stimmung so schnell nach Essen kippen konnte. An dem umgänglichen Meuthen liegt es nicht, eher zeigt man auf seine Co-Vorsitzende. Warum ist sie nur so aggressiv, warum kapselt sie sich ab? Niemand arbeite gegen sie, heißt es, Petry solle einfach fair im Team mitspielen.

Das fällt ihr augenscheinlich schwer, zumal sie privat unter gewaltigem Druck steht. Das Leben als Politikerin und teils alleinerziehende Mutter unter einen Hut zu bringen ist höllisch anstrengend. Im Frühjahr 2016 absolviert Petry ein übermenschliches Arbeitspensum, mit Wahlkampfterminen im Südwesten, Gremiensitzungen, Landtagsreden und Talkshow-Auftritten. Nicht selten jagt sie nachts im eigenen Auto nach Hause, weil Sven Petry am nächsten Tag die Kinder bringen will. Und sie findet lange keine Wohnung in Leipzig, ihrem neuen Wohnort in Sachsen, die Vermieter fürchten Farbbeutel-Attacken auf ihren Fassaden.

Der Stress zerrt an Petrys Nerven. Wittert sie deshalb überall Feinde? Marcus Pretzell dürfte seine Partnerin in ihrem misstrauischen Wahn kaum gebremst haben. »Es ist normal, dass Politiker sich mit ihren Partnern beraten«, sagt er damals. »Und es ist gewiss besser, wenn diese Partner die Partei kennen und sogar Verantwortung für sie tragen.« Aber bei Petry und Pretzell steigert die große Kenntnis der AfD auch die geballte Paranoia. Beide wissen, wie man einen Parteichef aus dem Sattel hebt, sie haben es schließlich selbst erfolgreich praktiziert. Umso nervöser halten sie nun nach Heckenschützen und Umstürzlern Ausschau. »Mir scheint, dass Marcus Pretzell Frauke Petry mitunter in eine ungute Richtung leitet«, sagt Gauland im *Spiegel*.

In dieser aufgeheizten Stimmung eskalieren Konflikte zwangsläufig schnell. Etwa der über Petrys Interview im *Mannheimer Morgen,* dass Grenzbeamte im größten Notfall gegen Flüchtlinge auch ihre Waffen zücken müssten. Das Gespräch schlägt gewaltige Wellen. Auf Wahlkampfterminen fragen entsetzte Anhänger die AfD-Funktionäre, ob ihre Partei wirklich auf Frauen und Kinder schießen wolle, wieso denn bloß? Andere fragen aber auch, warum die Partei sich solche perfiden Angriffe der Presse bieten lässt.

Mal Verteidigung, mal Angriff, ständig müssen die AfD-Funktionäre umschalten. Sie sind verunsichert, genervt, ratlos. Eigentlich haben sie Verständnis für Petrys Aussagen. Wo käme man denn hin, wenn Flüchtlinge mit Gewalt die Grenze durchbrechen könnten? Beatrix von Storch postet eine wirre Verteidigung auf Facebook: Sicher könnten deutsche Grenzer Waffen einsetzen: »Wer das HALT an unserer Grenze nicht akzeptiert, der ist ein Angreifer. Und gegen Angriffe müssen wir uns verteidigen.« Als sich ein Nutzer erkundigt, ob das auch für Frauen mit Kindern gelte, antwortet Storch spontan: »Ja.«

Die Aktion ist gut gemeint, geht aber voll nach hinten los. Das Presseecho ist vernichtend, und in den nächsten Sitzungen der AfD-Spitze wird abgerechnet. Erst in der Presselage, wo von Storch sich rechtfertigt, sie sei auf ihrer Computermaus abgerutscht. Dann in der Vorstandssitzung: »Was du zurzeit machst, ist einfach alles scheiße«, giftet ein Mitglied die Bundesvorsitzende an. »Wie darf ich das denn bitte verstehen?«, fragt Petry entgeistert. Wie auf Kommando schimpfen plötzlich alle Vorstände auf sie ein, sogar der sanfte Meuthen, kritisieren ihren miesen Führungsstil, ihre Härte und Kompromisslosigkeit. Es ist wie ein Gewittersturm – nur ohne reinigende Wirkung. Die schwüle, fiebrige Stimmung im Vorstand wird sich noch lange nicht entladen.

Für Petry muss sich in diesem Moment das Gefühl bestätigt haben, dass sie von Feinden umgeben ist. Diese Angriffe kann sie nicht einfach wegstecken. Fortan macht sie den Parteifreunden klar, dass für sie nur bedingungslose Loyalität zählt, dass jegliche Kritik als Kampfansage gewertet wird. Wer sich nicht klar für »Doppel P« positioniert, ob Parteifreund oder Journalist, gilt als Gegner.

In dieser Phase outet Marcus Pretzell den *Welt*-Redakteur Günther Lachmann als heimlichen Sympathisanten der AfD. Lachmann hatte kritische Artikel über Petry geschrieben, damit ist er zum Abschuss freigegeben. Pretzell veröffentlicht Lachmanns Mails mit Strategietipps für die AfD, und er bewirkt, dass der Mann seinen Job verliert. Als Parteifreunde Pretzell entsetzt zur Rede stellen, lässt der sie abblitzen. »Wenn ich eines kann, dann ist es, Leute zu vernichten«, soll er gesagt haben. Pretzell bestreitet, sich jemals so geäußert zu haben.

Mit ihrer aggressiven Abschottung verschärfen Petry und Pretzell die Konflikte in der Parteiführung. Sie zwingen ihre Kollegen geradezu, für oder gegen sie Partei zu ergreifen, und das geht immer öfter ungünstig für »Doppel P« aus. Unterstützer im Bundesvorstand gewinnt Petry fast nur noch mit Versprechen auf attraktive Posten. Zum Beispiel den greisen Albrecht Glaser, dessen grenzenloser Eitelkeit Petry erfolgreich schmeichelt, indem sie ihn als Bundespräsidentschaftskandidaten der AfD vorschlägt.

Die doppelte Fraktion

Das Programm der Alternative für Deutschland warnt ausdrücklich vor der Allmacht kleiner politischer Zirkel: »Heimlicher Souverän ist eine kleine, machtvolle Führungsgruppe innerhalb der Parteien«, steht dort. Spätestens seit Frühjahr 2016 trifft dies auch auf die AfD selbst zu. Petry und Pretzell stehen mit wenigen Verbündeten gegen den Restvorstand. Aber

Jörg Meuthen ist trotzdem glücklich in dieser Phase. Kurzzeitig steht der Vorsitzende bestens da in der Partei. 15,1 Prozent holt er bei der Landtagswahl in Baden-Württemberg, das sind 809 000 Stimmen – mehr als die AfD bei allen bisherigen Wahlen zusammen für sich verbuchen konnte.

Jetzt hat er wirklich eine Hausmacht, und auf dem Parteitag von Stuttgart im Mai 2016 bejubelt die Basis seine Rede, eine Mischung aus seriöser Programmatik und deftigen Stammtischsprüchen gegen Claudia Roth und den Ruf des Muezzins. Meuthen ist selbst überrascht, wie der Saal tobt, als er gegen Justizminister Maas stichelt, die AfD-Hassfigur Nummer eins. »Stopp! Hey, was ist los?«, ruft er lachend. Als er verkündet, die AfD wollen »weg vom links-rot-grün verseuchten 68er-Deutschland«, gibt es kein Halten mehr. Die Mitglieder springen von den Stühlen auf, klatschen wie wild, skandieren »AfD! AfD! AfD!« Mit dieser Rede ist Meuthen als Taktgeber der Partei akzeptiert.

Petry muss direkt danach ans Mikrofon. Während sich der Saal beruhigt und sie mit steinerner Miene ihr Manuskript ordnet, raunt Gauland auf dem Podium seinen Sitznachbarn zu: »Das ist jetzt die Höchststrafe, nach dieser Rede auftreten zu müssen.« Von Petrys teilweise verbissenem Auftritt wird vor allem folgender Satz in Erinnerung bleiben: »Ich brauche Ihre Loyalität so sehr wie Sie mich als maßgebliche Repräsentantin in der Öffentlichkeit.«

Petry kann es nur recht sein, dass Meuthens Höhenflug keinen Monat dauern wird: Anfang Juni 2016 veröffentlicht die *Bild-Zeitung* einen Bericht über die Schriften von Wolfgang Gedeon, einem Mitglied seiner Fraktion. In der AfD kennt man den kauzigen Mann mit dem markanten Kiefer und dem scharfen Seitenscheitel im weißen Haar (Selbstdarstellung: »Politiker-Autor-Arzt-Philosoph«) von Parteitagen, wo seine Auftritte meist mit dem Appell enden: »Lesen Sie meine Bücher!«

Dieser Aufforderung hätte man in der AfD früher nachkommen sollen.

Denn Gedeon, den viele als harmlosen Wirrkopf abtun, schreibt in seinen Büchern Dinge, die in Deutschland unschreibbar sind. Der Holocaust sei eine »Zivilreligion des Westens«, und der »Judaismus in seiner säkular-zionistischen Form« verfolge kein geringeres Ziel als die »Versklavung der Menschheit«. Die »Protokolle der Weisen von Zion«, eine nachweislich erfundene antisemitische Hetzschrift, sind Gedeon dafür gültiger Beleg genug.

Als diese Bombe platzt, unterschätzt Meuthen die Lage völlig. Als Professor musste er keine harten Entscheidungen fällen, allenfalls schlechte Noten verteilen. Er will die Sache friedlich lösen. »Wie kriegen wir das vom Tisch?«, fragt er Gedeon im Gespräch in seinem Büro. Der sagt kühl, er habe nichts zurückzunehmen. Überhaupt rede er mit keinem, der seine Schriften nicht gelesen habe. Meuthen bittet ihn, freiwillig die Fraktion zu verlassen. Er werde Gedeon nicht schützen können, warnt der AfD-Chef. »Nicht nötig«, sagt der bockig, »das schaffe ich schon alleine.«

Tatsächlich findet er leicht Verbündete. Meuthen muss überrascht feststellen, dass für seine Fraktion ein Rauswurf Gedeons keinesfalls eine selbstverständliche Option ist. Viele werten dies als Kotau vor den »Mainstream-Medien«. Lieber nehmen sie in Kauf, dass die AfD das Stigma des Antisemitismus trägt. »Wir schließen Judenfeinde aus«, erklärt auch Frauke Petrys Medienberater Klonovsky, »aber wir tun dies nicht auf Knopfdruck und mit Pawlow'schem Reflex, wir sind und bleiben als Partei ein Schutzraum der freien Rede.« Gedeon, der Märtyrer der Meinungsfreiheit.

Meuthen agiert ungeschickt, ist erst zu milde, übt dann zu viel Druck aus: Ausgerechnet im Fernsehen, bei der »Lügenpresse«, droht er mit Rücktritt vom Fraktionsvorsitz, sollte sich keine Mehrheit gegen Gedeon finden. Das ärgert viele Abgeordnete, die sich erpresst fühlen.

Das Power-Paar an der AfD-Spitze beobachtet Meuthens Schlingerkurs genau. Hier bietet sich eine Gelegenheit, um den Emporkömmling wieder auf Provinzniveau zurechtzustutzen. Als Petry auf Facebook kritisiert, dass Meuthen ja leider eine »seriöse« Lösung des Problems verhindert habe, steht er bundesweit als Spalter und Verräter da.

In seinem Mail-Postfach und auf dem Anrufbeantworter toben sich die Parteifreunde aus. Meuthen, eben noch der sympathische Wahlsieger, wird nun als »Medien-Hure« und »Karrierist« beschimpft. Auch in der Fraktion stehen ihm mehrere Abgeordnete unversöhnlich gegenüber, darunter Leute, die er selbst auf dem Weg in den Landtag gefördert hatte. Sie arbeiten mit einer unerklärlichen Aggressivität gegen ihn, als würden sie von einer finsteren Macht getrieben.

Der Parteichef hat »Doppel P« als Unruhestifter in Verdacht. Er bekniet sie, sich nicht weiter einzumischen, ihn das Problem in Ruhe lösen zu lassen. Marcus Pretzell soll ihm gesagt haben: »Es kostet mich nur ein Lächeln, deine Probleme in Stuttgart zu lösen.« Pretzell bestreitet, sich so geäußert zu haben. Ein erlösendes Lächeln kommt jedenfalls nicht. Stattdessen wächst der Streit über den Provinzabgeordneten zum Stellvertreterkrieg um die Macht in der AfD an.

Genau ein Jahr nach dem Parteitag von Essen zerbricht Meuthens Fraktion; er setzt sich mit 13 Kollegen ab. Kaum ist sein Grüppchen in einen neuen Sitzungsraum gezogen, warnt von Storch ihn: Petry ist auf dem Weg nach Stuttgart. Eigentlich darf die Vorsitzende sich nicht in Belange anderer Landesverbände einmischen, das ist eindeutige Beschlusslage der AfD-Spitze. Aber Petry ruft den übergesetzlichen Notstand aus: »Deeskalation ist das Gebot der Stunde«, schreibt sie auf Facebook. Bis sie in Stuttgart sei, mögen alle »Ruhe bewahren«.

Ehe die sächsische Friedenstaube landet, versucht Meuthen, ihr über die Landtagspforte den Zutritt zu verweigern. Doch vergebens. Nun wird es richtig peinlich für beide Parteichefs. Journalisten verfolgen fasziniert, wie der unrasierte, zerknitterte Meuthen und die ungeschminkte, schnippische Petry versuchen, die AfD-Abgeordneten zu umgarnen, ohne einander auf den Gängen des Landtagsgebäudes zu begegnen.

Tatsächlich gelingt es Petry, Wolfgang Gedeon zum Fraktionsaustritt zu zwingen, er bleibt allerdings Abgeordneter und Kreisvorsitzender. Und öffentlich steht die AfD nun da als eine Partei, deren Führungspersonal sich lieber öffentlich zerlegt, anstatt mit vereinter Kraft einen Antisemiten in die Schranken zu weisen. An diesem Debakel sind beide Vorsitzenden schuld: Petry, indem sie in Meuthens Sprengel hineinregierte und ihn unfähig aussehen ließ. Und Meuthen, indem er sich tatsächlich als unfähig erwies.

Zwar rauft sich die Fraktion nach mühevoller Mediation wieder zusammen, aber immer wieder flammen Konflikte auf. Ständig muss Meuthen schlichten, abwiegeln, Probleme herunterspielen. Auch auf Bundesebene wird er nun sturmreif geschossen: In Gremiensitzungen liest Frauke Petry gern aus einem kleinen schwarzen Notizbuch mit roten Ecken Meuthens Sündenregister vor, der Vortrag kann eine Dreiviertelstunde dauern. Dazu reizen Petrys Leute Meuthen bis aufs Blut mit Sätzen wie: »Jetzt legen Sie die Fakten auf den Tisch!« – »Sie haben eine Mitteilungspflicht!« – »Ihr Schweigen ist eine Missachtung der Partei!« Meuthen durchleidet die Sitzungen nass geschwitzt. Gelegentlich verlässt er den Saal unter dem Vorwand, er müsse telefonieren oder auf die Toilette gehen.

In seinem Krisenjahr 2016 nimmt der Parteichef stark ab, gesundheitlich geht es ihm schlecht. Seine zweite Ehe steht auf der Kippe, weil seine Frau die AfD-Kämpfe nicht mehr ertragen kann. Er leidet wie ein Hund. »Ein Messer steckt in meinem

Rücken, und eins in meinem Herzen«, klagt Meuthen gegenüber Parteifreunden. Am Ende zieht er sich »selbst den Stecker«, wie er sagt: Er tritt vom Landesvorsitz zurück, gibt seine Machtbasis auf. Und er verzichtet auf eine Kandidatur zum Bundestag. Damit steigt der Bundesvorsitzende freiwillig in die Landesliga ab. Dafür hat er jetzt seine Ruhe.

Die zwei Fronten

Das Jahr 2016 wird ein *annus horribilis* für die AfD-Spitze – trotz fünf erfolgreicher Landtagswahlen. Denn der Wutbürgerkrieg in der Parteispitze will nicht enden. Er wird so diskret wie möglich geführt, beide Seiten verkneifen sich öffentliche Ausfälle. Lieber agieren sie hinterrücks oder über Dritte. Mal versucht Petrys Lager, über Strohmänner einen AfD-Sonderparteitag durchzusetzen, um Gegner wie Meuthen abwählen zu lassen. Mal tauchen böse Gerüchte über den Gesundheitszustand von Alexander Gauland auf. Es geht so weit, dass eine Journalistin Gaulands Stiefsohn anruft: Er möge ihr doch bitte einen Hinweis geben, wenn es mit dem alten Herrn ernst werde.

Umgekehrt lästern Petrys Gegner in Hintergrundgesprächen über deren charakterliche Mängel oder deuten an, sie sei vielleicht schwanger, als es noch keine Spur eines Babybauchs gibt. Man versucht, ihre Spitzenkandidatur zum Bundestag zu verhindern – obwohl Petry als bekannteste und populärste AfD-Politikerin die logische Nummer eins ist.

»Ich kann deine Fresse nicht mehr sehen!«, fuhr einst der CDU-Mann Ronald Pofalla seinen widerspenstigen Parteifreund Wolfgang Bosbach an. In der AfD ist das Gefühl, das Pofalla im spontanen Zorn ausdrückte, der Dauerzustand. Viele Spitzenfunktionäre können einander nicht mehr ertragen und besprechen nur das Allernötigste.

Das lässt sich auch auf der AfD-Wahlparty in Mecklenburg-Vorpommern beobachten: Eigentlich müssten sich alle an diesem Abend siegestrunken in den Armen liegen, denn hier im Nordosten hat die AfD erstmals die CDU überrundet. Stattdessen feiert die Parteispitze in zwei Gruppen: Die eine besteht aus Petry, zwei sächsischen Parteifreunden und ihren Bodyguards.

Die andere Gruppe besteht aus dem Rest der AfD-Spitze: Alexander Gauland, Beatrix von Storch und andere bejubeln für die Kameras die erste Hochrechnung, stoßen auf den Sieg an. Mit Petry wechseln sie kaum ein Wort, sie bleibt an diesem Abend oft allein. Auch ihr Grußwort im Partyzelt kündigt niemand an, sie muss sich selbst ein Mikrofon besorgen, und das Gerät knackt immer wieder ohrenbetäubend.

Man stelle sich vor, SPD-Chef Sigmar Gabriel käme auf eine Wahlparty und müsste sich in einer Ecke herumdrücken, ignoriert von den Spitzengenossen. Die Szene ist unvorstellbar. Bei der AfD ist sie Realität.

Zeitweise verabreden sich Petrys Gegner wöchentlich zu Telefonkonferenzen und schmieden Pläne gegen ihre Rivalin, die aber nie zu etwas führen. Letztlich fehlen den Verschwörern eben Petrys Biss und ihre Entschlossenheit. Wie die Chefin um ihre Position kämpft, lässt sich in den Worten der Rapband »Fort Minor« zusammenfassen:

»10 percent luck,
20 percent skill,
15 percent concentrated power of will,
5 percent pleasure,
50 percent pain –
and a 100 percent reason to remember the name.«

Politik mit und unter Frauke Petry bedeutet für alle Beteiligten wenig Freude, dafür viel Schmerz. Und man sollte nie ihre geballte Willenskraft und ihre messerscharfe Intelligenz unterschätzen.

»Frauke will doch wohl aus ihrer Mördergrube kein Herz machen«, spotten AfD-Kollegen, wenn sie mal freundlich ist. Aber sie spotten hinter vorgehaltener Hand – der Abstieg von Meuthen ist ihnen ein mahnendes Beispiel. Im Vorstand mag Petry isoliert sein, an der Basis ist sie noch beliebt. Anders als Bernd Lucke hat sie sich in der Aufbauphase der AfD viel um die Mitglieder gekümmert, aus dieser Zeit hat die Bundesvorsitzende ein weites Netzwerk, und sie pflegt es mit unermüdlichen Auftritten von Pforzheim bis Schwerin. So kann sie Bypässe zum Bundesvorstand legen, sucht sich eben Mehrheiten unter den Landesfürsten, im Parteikonvent oder in der Strategiekommission.

Ihren Gegnern wäre es eigentlich am liebsten, jemand anderes könnte die ungeliebte Chefin für sie stürzen. Journalisten zum Beispiel oder – noch besser – die sächsische Justiz: Die nimmt im Sommer 2016 Ermittlungen gegen Petry wegen Meineids auf, ein gravierender Verdacht. Auslöser ist eine »Altlast«, die Jahre zurückliegt.

Im Wahlkampf zur sächsischen Landtagswahl hatte Petrys Landesvorstand einen Kandidaten von der AfD-Liste gestrichen, obwohl die Parteimitglieder ihn demokratisch gewählt hatten. Die Gründe für die Streichung waren rein politisch, oder besser gesagt rein persönlich: Arvid Samtleben, Mitglied von Petrys Landesvorstand, war ihr schlicht auf die Nerven gegangen. Er war einer der Hundertprozentigen, die alles ausdiskutieren wollen, und er wagte Alleingänge. Für eine zackige Vorsitzende wie Frauke Petry, die keine Geduld für Widerspruch hat, war Samtleben ein unangenehmer Kollege. Noch dazu weigerte er sich, der finanziell klammen AfD den Kredit zu geben, den alle Landtagskandidaten leisten mussten. Je nach Listenplatz waren es 1500 bis 3000 Euro.

Für Petry war der Fall Samtleben mit dessen Streichung erledigt. Nicht jedoch für den AfD-Mann, der ohne diesen Eingriff heute Landtagsabgeordneter wäre. Er erzwang mit seiner Mitstreiterin Katrin Uhlmann ein Wahlprüfungsverfahren beim sächsischen Landtag, das Wellen erst in Sachsen, dann in ganz Deutschland schlug.

Namhafte Juristen forderten im *Spiegel* Neuwahlen für Sachsen. Der Landtag sei nicht ordnungsgemäß zusammengesetzt, die AfD-Liste hätte nicht zugelassen werden dürfen. Der Verstoß ist vergleichbar mit den Mauscheleien in Pretzells Landesverband – beide AfD-Funktionäre scheren sich eben wenig um Basisdemokratie. Samtlebens Verbleib auf der Landesliste wäre »eine Zumutung für die AfD-Mitglieder und vor allem für die Wähler der AfD gewesen«, sagte Petry in einer Landtagsanhörung kaltschnäuzig. Parteiintern erklärt sie: »Andere Mitglieder sind für geringere Vergehen bestraft worden.« Zu Petrys Glück hatte keine Partei im Landtag Interesse an Neuwahlen, alle fürchteten den Verlust vieler Mandate. Also verschleppten sie das Prüfungsverfahren über zwei Jahre.

Gefährlicher sind nun die Ermittlungen der Staatsanwälte. Sie prüfen mehrere Widersprüche in den Zeugenaussagen von Petry und ihren Parteifreunden vor dem Landtag. Zum Beispiel behauptete Petry, sie habe sich nie erkundigt, welche AfD-Kandidaten ihre Pflichtkredite schon bezahlt hätten. Dummerweise sagen zwei Parteifreunde das Gegenteil aus: »Selbstverständlich« habe Petry nach den Zahlungen gefragt, »auf alle Fälle«. Man musste doch den Wahlkampf finanzieren.

Ihre Aussage leistete die AfD-Chefin unter Eid, und Meineid ist ein gravierendes Delikt. Sollte Petry angeklagt und verurteilt werden, wäre sie für fünf Jahre nicht wählbar. Sie verlöre ihr Landtagsmandat und könnte nicht zur Bundestagswahl antreten. Dann wäre sie machtlos und bedeutungslos in der AfD.

Petrys Unterstützer winken ab, dieses Szenario sei völlig unrealistisch. Aber das Verfahren ist eine Last für die AfD-Chefin. Je größer der Druck auf sie wird, desto enger und demonstrativer schweißt sie sich mit Pretzell zusammen. Am Rande von AfD-Sitzungen liefen die beiden oft Arm in Arm über die Flure, heißt es. Bei einer Vorstandsklausur in Braunlage Mitte 2016 kuschelt sich Petry abends an der Bar so verliebt an Pretzell, dass die Umsitzenden sich verlegen abwenden.

Was wird wohl aus dem Paar, sollte einer scheitern? Die beiden stützen sich so stark aufeinander, dass der Sturz des einen auch den anderen zu Boden ziehen könnte. Ist ihre Beziehung die große Liebe, oder ist es in erster Linie eine leidenschaftliche politische Zweckgemeinschaft? Nicht ausgeschlossen, dass man diese Frage für die zwei Teile von »Doppel P« unterschiedlich beantworten muss.

Für die AfD ist der Machtkampf jedenfalls fatal – die 13-köpfige Parteiführung führt die Partei nicht. Autorität hat nicht der Vorstand, sondern haben nur einzelne Mitglieder bei ihren Anhängern. Da die Spitzenleute Entscheidungen in erster Linie nach ihrer Wirkung für die Gegenseite treffen, können sie den Wildwuchs und die schrillen Töne der unteren Parteigliederungen nicht gemeinsam unterbinden.

Die Landesverbände haben sich mit dem permanenten Zoff an der Spitze arrangiert: Sie schlagen sich durch nach Art verwahrloster Kinder, die es morgens irgendwie in die Schule schaffen, mit halb gekämmten Haaren und schmuddeligen Klamotten. Ob ein Landesvorstand gemäßigt oder hemdsärmelig auftritt, ob er Rechtsextreme abschüttelt oder duldet, hängt vom Zufall ab.

Anders als zu Bernd Luckes Zeiten ist allen in der AfD klar, dass dieser Machtkampf rein persönlich ist. Er lässt sich nicht einmal zum Schein an Sachfragen festmachen. Petry kann gemäßigten Gegnern wie Jörg Meuthen inhaltlich nichts vorwerfen. Sie kann auch schwerlich die völkischen Tiraden eines Björn Höcke schelten, selbst aber fordern, den Begriff »völkisch« zu rehabilitieren.

Umgekehrt bietet Petry ihren Gegnern kaum Angriffsfläche. Abgesehen von angeblichen Charakterschwächen können sie ihr nur vorwerfen, zu beliebig zu sein. In der AfD ist ein solcher Vorwurf zwar gefährlich, aber doch zu läppisch für den Sturz der Parteichefin, die so beliebt und medial so vorzeigbar ist. Ohne Petry liefe die Rest-AfD auch Gefahr, viele gemäßigte AfD-Anhänger zu verlieren.

Nein, dieser Streit lässt sich nicht wieder durch Spaltung lösen. Die AfD kann sich nicht abermals sauber einen Parteiflügel amputieren. Jetzt würde eine Spaltung bedeuten, dass der AfD-Körper eine Herzkammer verliert. Die Operation könnte dem Patienten den Garaus machen.

Teil V
Die Lektion.
Warum die AfD erfolgreich ist

1
Die Stimmung

Manfred Brunner

In weniger als vier Jahren schaffte die AfD, was keiner rechten Partei in der Bundesrepublik zuvor gelungen ist: Sie konnte mit einer aggressiven Rhetorik gegen das politische System und zunehmend ausländer- und islamfeindlichen Inhalten in der Parteienlandschaft Fuß fassen. Zuvor war ein knappes Dutzend rechtskonservativer bis rechtsextremer Parteien aufgetaucht und wieder in der Versenkung verschwunden. Ob Republikaner, DVU, NPD, Schill-Partei, Statt-Partei, die Pro-Parteien oder »Die Freiheit« – keine Partei rechts der Union schaffte es in den Bundestag, und die wenigsten schafften es in die Landtage. Manche wurden verboten, viele rutschten in den Extremismus ab, die meisten zerrieben sich letztlich selbst.

Derweil feierte in Frankreich der Front National längst zweistellige Wahlergebnisse, in Italien und Österreich hatten die Lega Nord und die FPÖ schon Regierungen gebildet. In Großbritannien etablierte sich die Anti-EU-Partei Ukip, die den Ausgang des Referendums für den Brexit entscheidend beeinflusst haben dürfte.

Aber »Deutschland ist ein Spezialfall«, schrieb der Schweizer Simon Bornschier noch drei Jahre vor Gründung der AfD in der *Süddeutschen Zeitung*. Parteienforscher gingen stets davon aus, dass alle rechten Bewegungen auf dem historisch vorbelasteten deutschen Terrain scheitern mussten. Der Holocaust und das Weltkriegstrauma wirkten wie eine »Präventivstrafe«, schrieb der *SZ*-Autor Johan Schloemann im Jahr 2010, »nicht bloß, was die Wiederholung solcher Taten angeht, sondern auch hinsichtlich des Tons der politischen Rhetorik in Deutschland«. Und auch der Parteienforscher Frank Decker war überzeugt, dass neue Rechtsparteien allein wegen der »Berührungsängste« der Medien immer Gefahr laufen würden, »in die Nähe zum Nationalsozialismus gerückt zu werden«.

Die AfD wirft deshalb zwei Fragen auf: Warum ist ausgerechnet diese Partei erfolgreich? Und: Kann eine neue Partei rechts der CDU nur Erfolg haben, wenn sie wie die AfD rechtspopulistische Töne spuckt? Oder ist auch eine erfolgreiche CDU 2.0 denkbar?

Antworten auf beide Fragen findet man bei Manfred Brunner. Der Rechtsanwalt aus München verließ 1993 die FDP und gründete den »Bund freier Bürger« (BFB), die erste deutsche Anti-Euro-Partei. Es gibt auffällige Gemeinsamkeiten zwischen BFB und AfD: Beide begannen als eurokritische »Professorenparteien«, die mehr direkte Demokratie forderten, beide rutschten alsbald nach rechts und entwickelten sich zu populistischen »Parteien des gesunden Volksempfindens«. An der Spitze beider Bewegungen standen gemäßigte Intellektuelle, die irgendwann von der Basis verstoßen wurden.

Wie die frühe AfD wandten sich auch die BFB-Aktivisten gegen ihresgleichen: die Eliten in Parteien und Behörden. Wenn erst der Euro eingeführt sei, warnte Brunner damals, werde sich Brüssel zu einer »verbotenen Stadt nach chinesischem Vorbild« entwickeln, beherrscht von allmächtigen, nicht demokratisch legitimierten Bonzen. Für den Euro selbst hatte Brunner ein Bild parat, wie es nur Bildungsbürger finden können: »Ein Bett des Prokrustes« werde die EU-Währung sein, verkündete er. Prokrustes ist ein Unhold aus der griechischen Mythologie, der alle seine Gäste auf dasselbe Bett zwang, das den einen zu klein und den anderen zu groß war. Prokrustes machte jeden armen Teufel passend, indem er ihm entweder die Füße abhackte oder zu kurze Glieder in die Länge zog. Für Brunner war es nur eine Frage der Zeit, bis der Euro mit seinen harten Konvergenzkriterien eine Höllenqual sein würde, entweder für die großen oder für die kleinen EU-Staaten.

»Ich fühle mich heute voll bestätigt in dieser Einschätzung«, sagt er, aber er sagt es nicht triumphierend. Wenn der 69-Jährige durch München läuft, erkennen ihn manche Bürger noch als Euro-Rebellen. »Sie hatten damals völlig recht«, sagen sie dann. »Wir hätten auf Sie hören sollen.« Auch dies erzählt Brunner ohne Triumph in der Stimme. »Ich wollte ja nicht recht behalten.«

Er hatte recht, aber keinen Erfolg: Mehr als 1,1 Prozent schaffte sein BFB nie. Dabei lehnte er – wie Lucke – den Euro aus Vernunft ab: Für den Volkswirt Lucke war es ein Rechenprozess, bei Brunner eine politisch-verfassungsrechtliche Analyse, die er als Kabinettschef Binnenmarkt der EU-Kommission vollzog. Wo der AfD-Mann mit pietistischer Unerbittlichkeit die real existierenden Schwächen der EU-Währung anprangerte, hatte Brunner keine Belege für seine Eurokritik. Er galt als einer, der den Teufel an die Wand malt. Lieber hörten die Deutschen auf Bundesfinanzminister Dr. Theo Waigel, der versprach: »Der Euro wird sicherer sein als die Deutsche Mark.«

Jede Partei muss in ihre Zeit passen, aber gerade rechtspopulistische Parteien brauchen eine »Gelegenheitsstruktur«, wie die Politikwissenschaft es nennt, die Gunst der Stunde, den *populist moment* (Lawrence Goodwyn). Der wichtigste Faktor dafür ist eine real existierende Krise, wie die Banken-, die Euro- oder die Asylkrise. Krisenwarnungen wie die von Manfred Brunner reichen nicht aus.

Eine solche Krise muss sich nicht zwingend im eigenen Land abspielen, auch ferne Konflikte wie die Gräueltaten des Islamischen Staates, die sich zunächst fern Europas und Deutschlands ereigneten, könnten in der deutschen Parteienlandschaft Wirkung zeigen, sagte der Konfliktforscher Andreas Zick Anfang 2015 im *Spiegel*-Interview.

Zweitens muss die passende Stimmung zur Krise aufkommen. Hier wird es schon schwieriger, den Erfolg der AfD zu erklären. Denn auch frühere Rechtsparteien hätten in Deutschland eigentlich eine Wählerschaft finden müssen. Das beweisen die Untersuchungen des Soziologen Wilhelm Heitmeyer. Er kam 2011 in der Studie »Deutsche Zustände« zu dem Schluss, dass knapp zehn Prozent der Deutschen rechtspopulistische Ansichten teilten. Jeder zehnte Befragte stimmte der Aussage zu, dass man, »um Recht und Ordnung zu bewahren, härter gegen Außenseiter und Unruhestifter vorgehen« müsse. Und dass man sich manchmal »wie ein Fremder im eigenen Land fühlt«. Jeder Zweite sagte ja zu der Aussage: »Es leben zu viele Ausländer in Deutschland.« Jeder Fünfte würde Muslimen gerne die Einwanderung untersagen. Auch der Soziologe Hartmut Rosa zitierte 2015 in der *FAZ* Umfragen, wonach sich »jeder fünfte, vielleicht sogar jeder dritte Deutsche … manchmal fremd im eigenen Land« fühle.

Ein stabiles Fundament für Rechtsparteien gab es also längst, aber offenbar fehlte eine politische Lage, aus der die Wähler Konsequenzen gezogen hätten.

Für den Erfolg einer populistischen Partei muss sich beides verbinden lassen – die Krise und die Gefühle. Das klappte zu Brunners Zeiten noch nicht, aber es funktionierte für die AfD: Die Eurokrise weckte die Sorge um das Ersparte, die Flüchtlingskrise die Angst vor Überfremdung. Die Angst muss dabei nicht spezifisch sein, es genügt bereits die »übergreifende, diffuse« Ahnung, dass »uns die Welt entgleitet«, dass die Regierung die Lage nicht mehr im Griff hat, wie es der Psychologe Stephen Grünewald formulierte. Solange die Bürger noch denken »Wir schaffen das« oder auch nur hoffen »Die Merkel schafft das«, geht die Gleichung für die Populisten nicht auf.

Das zeigt auch die Asylkrise der Neunzigerjahre: Mit der Änderung des Asylgrundrechts entzogen die etablierten Parteien damals den Republikanern den Boden. 15 Jahre später kann Angela Merkels Regierung die Bürger auch bald mit drei neuen »Asylpaketen« nicht in Sicherheit wiegen. 65 Prozent der Deutschen trauen laut einer Allensbach-Studie keiner Partei überzeugende Konzepte für die Flüchtlingskrise zu. Gerade AfD-Anhänger zeichne ein »apokalyptisches Denken« aus, so die Studie. Sie gingen zu 74 Prozent davon aus, »dass Deutschland in eine Katastrophe treibt«, wenn »die Politik so weitermacht«.

Ein letzter wichtiger Aspekt ist schließlich, dass eine populistische Partei auch selbst zur Krise und zur Stimmung passen muss – in ihren Inhalten wie im Personal. Sie sollte charismatische Anführer haben, am besten eine Marine Le Pen oder einen Jörg Haider. Aber nach einer Finanzkrise reicht eben auch ein Bernd Lucke, der die Seriosität eines Steuerbeamten ausstrahlt.

Der brave Beamten-Look unterschied die AfD-Funktionäre seit je von den Anführern anderer Rechtsparteien. Sie kamen nie schnauzbärtig und im Trachtenjanker daher oder gar wie zackige, kurz rasierte NPD-Funktionäre. Sie waren die besorgten Bürger von nebenan. Hätte die AfD im Jahr 2013 schon so geklungen wie heute, hätte sie sich wohl nicht etabliert. Wenn schon die Parteigründer gegen die »Kanzler-Diktatorin« gewettert hätten, wenn AfD-Demonstranten schon damals skandiert hätten: »Wer Deutschland nicht liebt, soll Deutschland verlassen«, dann wäre die Partei schnell im Abseits gelandet. Doch da sich ihre Inhalte und ihr Ton schleichend radikalisierten, konnte sich die Schmerzgrenze des Publikums langsam anpassen.

Anders als die NPD rührt die AfD auch kaum an deutsche Tabus (von Ausnahmen wie Wolfgang Gedeon abgesehen). Sie stellt nicht Deutschlands Kriegsschuld infrage, spart sich NPD-Parolen wie die vom »Bomben-Holocaust« und hetzt nicht gegen Juden. Dass AfD-Funktionäre stattdessen mit dem Islam eine andere Religion in Gänze ablehnen, ihre Gotteshäuser verbieten und gegen ihre Anhänger Einreiseverbote verhängen wollen, ist zwar nicht weniger problematisch. Aber antimuslimisch zu sein ist in Deutschland viel eher akzeptiert. Nicht nur in den Augen der AfD-Anhänger hat der islamistische Terror Muslimen das Recht auf Schutz vor Pauschalurteilen genommen. Sie als Gruppe auszugrenzen ist salonfähig geworden. Und jeder neue Anschlag wird Wasser auf die Mühlen jener sein, die mit ihren Parolen längst die sogenannte Mitte erreicht haben.

Betrachtet man alle diese Erfolgsvoraussetzungen für populistische Parteien, mag es beinahe verblüffen, dass sie in Deutschland erst im Jahr 2013 alle erfüllt waren. Dass sich nie zuvor eine Krise, eine Krisenstimmung und eine Krisenpartei in dieser Weise kombiniert haben. Die AfD verdankt ihren Erfolg vielen glücklichen Zufällen, zum Beispiel dem gescheiterten FDP-Mitgliederentscheid über die Eurorettung. Hätten die liberalen Eurogegner damals gewonnen und die Regierungspartei FDP auf ihren Kurs gezwungen, hätten die Deutschen vielleicht nie von Frauke Petry oder Björn Höcke gehört. Die AfD verdankt ihren Erfolg auch der Existenz einer großen Koalition, die in der Flüchtlingskrise um die informellen Partner Grüne und Linke erweitert wurde. So erschien dem AfD-Milieu das Parlament »gleichgeschaltet« – paradiesische Bedingungen für Populisten.

Das Eismeer

Mitte der Neunzigerjahre, als Manfred Brunner noch BFB-Vorsitzender ist, erhält er eines Tages eine Einladung aus der hessischen Staatskanzlei. Deren Chef will ihn kennenlernen. Brunner besucht Alexander Gauland in seinem Büro in Wiesbaden. Der deutet an, er fühle sich nicht mehr so richtig wohl in der

CDU. Gauland stellt viele Fragen über den BFB, wo die Partei hinwolle, wofür sie stehe.

Besonders wichtig ist für ihn: »Würde der BFB im Zweifelsfall immer mit der CDU koalieren?« – »Natürlich nicht!«, entgegnet Brunner. Er habe doch nicht mühsam eine neue Partei aufgebaut, um sie bei nächster Gelegenheit der Union als Morgengabe darzubieten. Wenn es so weit sei, wolle er sich teuer verkaufen.

Die Unterhaltung hat etwas Absurdes, da die Wahlergebnisse des BFB eher im Promille- als im Prozentbereich liegen. In Brunners Lage eine Koalition mit der CDU auszuschließen ist so, als würde ein Kamel sagen: »Der Futtertrog hinter diesem Nadelöhr sieht aber wenig appetitlich aus.«

Doch für Gauland ist das Verhältnis von BFB und CDU zentral. Er überlegt, seine politische Heimat zu verlassen, aber er will kein Ausgestoßener sein. Damals ist er noch nicht bereit für die soziale Isolation, die eine Mitgliedschaft in einer neuen Rechtspartei bedeutet.

»Rechts von der CDU ist die Todeszone«, schreibt Volker Zastrow, Politikchef der *Frankfurter Allgemeinen Sonntagszeitung,* in einem Artikel aus dem Herbst 2014. Hier »endet in Deutschland die Demokratie«. Rückblickend gesehen ist der große Erfolg für die AfD der, in dieser Todeszone überlebt zu haben. Die große Frage ist, ob die Partei der Demokratie damit geholfen oder geschadet hat. Ob die AfD eine zu enge Grenze gesprengt oder einen wichtigen Schutzwall eingerissen hat.

Als Zastrows Beitrag erscheint, führt Bernd Lucke noch die AfD, die als gemäßigte rechte Kraft auftritt. Das politische Klima beschreibt der Politikchef der *FAS* damals folgendermaßen: »Heute liegt die Union als letzte Volkspartei auf dem Festland des demokratischen Konsenses wie ein gewaltiger Gletscher. An seinem rechten Rand ragt er ins Eismeer der Irrelevanz. … In jener Gegend lebt es sich gefährlich.« Am linken Rand des politischen Spektrums gebe es dagegen kein Eismeer, so Zastrow. Hier gleiche die Landschaft »dem Wattenmeer mit seinen Inseln und Halligen.« Die gemäßigten Rechten erfrieren im Eismeer, die Linksextremen stapfen munter durch das Watt – die Analyse ist so anschaulich wie einleuchtend.

Gauland hält in den Neunzigerjahren nur vorsichtig einen Zeh in das Eismeer rechts der CDU. Brunner und seine Leute dagegen bibbern schon am ganzen Leib. Ihre Isolation kommt schleichend, sie beginnt bei den Ehefrauen. Die kommen verstört von ihren Kaffeekränzchen nach Hause, wo die anderen Damen sie hart angegriffen haben: In der Zeitung habe gestanden, der BFB sei eine Rechtspartei. Ob man solche Leute noch einladen könne? Die BFB-Ehefrauen beschwören ihre Männer: »Bitte treib uns nicht ins Abseits! Denk doch an die Kinder!«

Auch Brunner muss feststellen, dass er vom respektierten und einflussreichen EU-Beamten zum Ausgestoßenen geworden ist. Früher verkehrte er in den besten Kreisen: Sein Vater hatte mit Thomas Dehler die FDP gegründet, Brunners Sohn war Patenkind von Otto Graf Lambsdorff. Wenn er als Brüsseler Kabinettschef im Bonner Finanzministerium anrief, wurde er zum Staatssekretär durchgestellt. Doch als Chef einer Anti-Euro-Splitterpartei verstoßen ihn die alten Kreise. Jetzt ist er ja rechts. Zu Manfred Brunners Zeiten bedeutet das, sich in eine Einsamkeit zu begeben, die noch keine Internetverbindung überwinden kann. Die Eurogegner dieser Jahre können sich nicht auf Facebook digitale Ersatzfreunde suchen oder sich im WhatsApp-Chat mit Parteikollegen gegenseitig aufmuntern.

Heute funktionieren diese ausgrenzenden Mechanismen nicht mehr – das ist ein wichtiger Faktor des Erfolgs der AfD. Mögen die Nachbarn oder Kollegen einen nicht mehr grüßen, die Anhänger der Partei wissen, da draußen teilen viele Gleichgesinnte ihr Schicksal. Sollen die Leitmedien die Partei ruhig als rechts abstempeln, sollen ihre Vertreter auf dem Bundespresseball unerwünscht sein – auf *freiewelt.net, Tichys Einblick* oder der *Achse des Guten* findet man immer noch reichlich Bestätigung. Gerade dahin gehend, sich als Opfer der »Mainstream-Presse« und »des Establishments« fühlen zu dürfen.

Der Klimawandel

Zastrows Gletscher schmilzt, das Eismeer erwärmt sich. Dieser Klimawandel ist eindeutig menschengemacht, und wie der echte Klimawandel ist er gefährlich. Ein leichter Temperaturanstieg schadet noch nicht: Zu lange wurden auch Menschen in die Kälte geschickt, die alles andere als rechtsextrem waren. Zum Beispiel konservative Politiker und Publizisten, die gegen Abtreibungen, Krippenplätze für Säuglinge und ein Adoptionsrecht für Homosexuelle kämpfen. Solche Meinungen kann man altmodisch oder reaktionär nennen, aber eben nicht unzulässig oder gar antidemokratisch.

Aber mit der AfD ist das Klima schwül und hitzig geworden. An diesem »Erfolg« haben auch die Medien ihren Anteil. Sie haben zur Radikalisierung der AfD beigetragen. »Jede Partei passt sich irgendwann ihrem eigenen falschen Bild in der Berichterstattung an«, sagt Manfred Brunner. Er spricht aus Erfahrung: Oft genug haben Journalisten ihn vom Nationalliberalen zum Nationalisten umgetauft.

Auf die junge AfD haben wir Journalisten oftmals zu empfindlich reagiert, zu eifrig nach braunen Flecken auf ihrer Weste gesucht. Zwar war in den Wurzeln der AfD – Angst, Enttäuschung, Nationalismus, Vulgärliberalismus – ihre Radikalisierung immer schon angelegt. Aber wer von den Medien ausgegrenzt wird, schlägt auch eher um sich.

Zu Recht warnte Frank Schirrmacher, der verstorbene *FAZ*-Herausgeber, vor einem »journalistischen Übermenschentum«.

Die Publizistin Susanne Gaschke attestierte unserer Zunft eine »lästige Schiedsrichter-Mentalität«: Journalisten »glauben inzwischen tatsächlich an das Märchen von ihrer eigenen professionellen Objektivität«. Und der *FAZ*-Autor Paul Ingendaay kritisierte noch 2016 eine »Gratis-Missbilligung« der AfD und einen »pädagogischen Übereifer«.

Journalisten müssen populistische Versprechungen und verdrehte Fakten der AfD verurteilen dürfen. Aber mancher Beitrag gerade über die frühe AfD war bloß hämisch oder schlampig recherchiert. Zu oft verbeißen Medien sich auch in bedeutungslose Details, etwa, welcher AfD-Politiker wo auf Facebook ein »Gefällt mir« setzt. Jeder weiß, wie wenig diese Bekundungen aussagen. Zu oft konstruieren Journalisten Verbindungen, wo keine sind. Dass AfD-Leute mit Rechtsideologen und NPD-Funktionären auf einem Podium sitzen, belegt nicht automatisch geistige Nähe. Wichtiger ist, ob sie in dasselbe Horn stoßen. Dann ist kritischer und fundierter Widerstand angebracht.

Beispiele für pauschale und vorauseilende Verurteilung gibt es zahlreich. So schrieb *Zeit Online* über einen neugewählten AfD-Abgeordneten aus Mecklenburg-Vorpommern: Er »wirkt unauffällig, aber sein Sohn engagiert sich in schlagenden Burschenschaften«. Der Mann ist irgendwie verdächtig, so die Botschaft, auch wenn nichts gegen ihn vorliegt.

Mitunter wird von Äußerlichkeiten auf die Haltung geschlossen: Götz Kubitschek und Ellen Kositza sind keine »völkischen Siedler«, die demonstrative Landnahme und eine »Politisierung der Scholle« betreiben, bloß weil sie auf ihrem Gut Gemüse züchten. Selbst wenn sie in jede Gurke ein Hakenkreuz schnitzten, wäre das Problem immer noch das Hakenkreuz und nicht die Gurke.

Solange Journalisten sich nicht an den Ideen und Ideologien der Extremisten abarbeiten, sondern Nebenschauplätze eröffnen, erzeugen sie beim Publikum zwangsläufig Abwehrreaktionen. So verlieren Leitmedien ihre Leitungsfunktion und tragen zum Erfolg der AfD bei. Schon Donald Trump wurde gewählt, obgleich die Medien seine sexistischen Sprüche genau dokumentierten. Wähler, die ihre Kandidaten unfair behandelt sehen, lassen ihnen viel durchgehen, auch antidemokratische Positionen oder glatte Lügen. Seriöse Medien wie der britische *Guardian* konnten Donald Trump noch vor der Präsidentschaftswahl mehr als hundert Falschaussagen nachweisen – Trumps Wähler juckte das nicht. Auch Ukip-Chef Nigel Farage gab nach dem Brexit-Referendum unumwunden zu, dass die »Leave«-Kampagne geschwindelt hatte: Die Zahl von 350 Millionen Pfund, die angeblich nach dem EU-Austritt dem britischen Gesundheitssystem zugutekommen würden, könne niemand garantieren. Sie sei eben ein »Fehler« gewesen. Pech gehabt! Solange die Populisten mit diesen Methoden gute Wahlergebnisse erzielen, sehen sie sogar illegitime Methoden oder klare Fehlinformationen nachträglich legitimiert.

Die AfD profitiert nicht nur von einer Erwärmung des politischen Klimas. Anders als alle Rechtsparteien vor ihr hat sie die Mittel, um diesen Wandel selbst voranzutreiben. Sie kann Stimmungen inzwischen gezielt schüren. Das Bild des Gletschers soll hier nicht überstrapaziert werden, aber es fällt auf, dass die AfD-Spitze auf eine langsame Klimaerwärmung nicht warten will. Immer wieder werden störende Eisbrocken einfach abgesprengt.

Der *Bild*-Redakteur Florian Kain wies zu Recht darauf hin: »Die AfD provoziert, aber sie hat keine Kommunikationsstrategie.« Viele Zündungen erfolgen unkontrolliert – aus Unerfahrenheit oder auf gut Glück. Aber die meisten geschehen eben doch in voller Absicht. Alle Detonationen haben dieselbe Wirkung: Es gibt dahinter kein Zurück.

Stufe 1: Die Herbstoffensive

Die erste Zündung der neuen AfD erfolgt kontrolliert: Nach der Spaltung des Essener Parteitags startet die Partei eine »Herbstoffensive« zum Thema Asyl und Migration, um sich aus dem Umfragetief zu befreien. Als das AfD-Kampagnenteam an seinem Konzept feilt, ahnt es noch nicht, dass wenig später jeden Tag Tausende Flüchtlinge über die Grenze strömen werden. Aber man musste auch kein Demoskop sein, um zu spüren, dass dieses Thema ziehen wird.

In der Nacht des 4. September 2015 kommen die ersten Flüchtlinge aus Budapest über die deutsche Grenze, vier Tage später präsentiert Frauke Petry die AfD-Kampagne in der Bundespressekonferenz. Es ist, als hätten Europas Regierungen inklusive der Türkei auch eine Herbstoffensive für darbende Rechtsparteien beschlossen.

Das Strategieteam stellt die AfD in diesem Herbst gezielt als Straßenbewegung auf: »Wir werden eine Infostand-Kampagne landauf, landab in ganz Deutschland fahren, wir werden mit unseren über 300 Kreisverbänden auf die Straße gehen, an Wochentagen und an Samstagen, und wir werden mit den Bürgern ins Gespräch kommen.«

Der Ton der AfD ist in dieser Phase noch gemäßigt. Sie prangert in erster Linie ein Chaos an, das ohnehin jeder Bürger abends im Fernsehen sieht: lange Schlangen unregistrierter Flüchtlinge, wilde Zustände im Berliner Sozialamt »Lageso« und kleine Dörfer auf dem Land, die über Nacht von 400 auf 1400 Einwohner wachsen.

Stufe 2: »Schleuser« und »Mörder«

Zu Jahresbeginn 2016 verschickt Petr Bystron, Landeschef der AfD in Bayern, eine Mail an Journalisten: »Anbei ein paar schöne Zitate zur aktuellen Lage. Entgegen den Regeln sind die größten Knaller ganz hinten versteckt. Schöne Grüße, Petr Bystron.«

Bystron, Jahrgang 1972, kam 1987 aus der damaligen Tschechoslowakei als Asylbewerber nach Deutschland. Er ist also eigentlich selbst Flüchtling, aber aus AfD-Sicht nicht vergleichbar mit Afghanen oder Syrern: Bystron ist ja ein echter (weil wirklich politisch verfolgter), nützlicher (weil voll assimilierter) und ungefährlicher (weil kein muslimischer) Flüchtling.

Welche »schönen Zitate« schickt er also? Bystrons Statement betrifft eine Terrorwarnung aus der Silvesternacht 2015, derentwegen der Münchner Hauptbahnhof zeitweise evakuiert wurde. Der Alarm erweist sich bald als unbegründet, doch Entwarnung hat Bystron nicht im Sinn, als er am 3. Januar 2016 schreibt: »Die Bewohner Münchens müssen nun auf ihrem täglichen Weg zur Arbeit um ihr Leben fürchten. Wir müssen in ständiger Angst leben.« Die herrschende Politik gehe »Hand in Hand« mit den Plänen der Terroristen. »Und in dem Moment, in dem der erste Terroranschlag auch in Deutschland erfolgreich verübt wird, ist eine solche Politik mit Beihilfe zum Mord gleichzusetzen.«

Flüchtlingspolitik als Beihilfe zum Mord – damals ist Bystrons Spruch gemessen selbst an AfD-Standards ein krasser Ausreißer. Heute ist er die Regel. Die AfD, die wir Medien zunehmend »rechtspopulistisch« nennen, setzt spätestens seit Bystrons Mail gezielt auf Provokation und Tabubrüche. Vor allem bemüht sie sich, die Bundesregierung mit der Terrorgefahr in Verbindung zu bringen. Anfangs wird Merkel nur des »Schleusertums« bezichtigt, der AfD-Bundesvorstand stellt Strafanzeige gegen die Kanzlerin. Aber nach den Terroranschlägen von Paris mit 130 Toten sehen Parteifunktionäre wie Björn Höcke sich legitimiert, Regierungspolitiker als »Mitläufer, willige Vollstrecker oder Vordenker« der Terroristen zu zeichnen.

In diese Zeit fällt auch Beatrix von Storchs Aussage, dass Merkel sich bald nach Chile absetzen werde. Wir Medien vermelden sie empört und belustigt, aber an der Basis kommt die Botschaft so ernst an, wie sie gemeint ist: Der Volkszorn wird die Volksverräterin noch vertreiben, wie einst Erich Honecker.

Stufe 3: »Nützliche Idioten« und »mittelbare Vergewaltiger«

Nach den Pariser Terroranschlägen fällt es der AfD leichter, alle Flüchtlinge als potenzielle Attentäter zu zeichnen: Ihre Unterkünfte seien »Brutstätten der Gewalt«, sagt Gauland im brandenburgischen Landtag.

Endlich lassen sich nun auch die von der AfD so verachteten »Gutmenschen« zurechtstutzen: die Flüchtlingshelfer. André Poggenburg postet auf Twitter unter der Überschrift »Köln, Oktober 2015« ein Bild von drei strahlenden Mädchen mit einem Stoffbanner: »Refugees welcome« ist darauf zu lesen. Daneben stellt Poggenburg das Bild einer weinenden blonden Frau, die von einem schwarzen Mann begrapscht wird. Die Überschrift diesmal: »Köln, Januar 2016«. Auch wenn dieses Bild erkennbar gar nicht aus der Silvesternacht stammt, ist der Subtext klar: Geschieht euch recht, ihr naiven Tussis!

Gauland schmäht die ehrenamtlichen Helfer als »nützliche Idioten« der »Altparteien«. Die Landtagspräsidentin erteilt ihm dafür einen Ordnungsruf. Aber auf den Marktplätzen und in sozialen Netzwerken gibt es keine Schiedsrichter, die solche Verstöße abpfeifen. Hier verstärkt jeder »Aufschrei« der Medien und der politischen Gegner nur die Botschaft an die AfD-Zielgruppe. Nach deren Verständnis weitet die Partei auch bloß die »Grenzen der Meinungsfreiheit« aus, so wie einst Thilo Sarrazin.

Mit den kontinuierlichen Tabubrüchen zieht eine neue Verrohung in die politische Debatte ein. In dieser Zeit breitet sich das Hasswort von den »Rapefugees« aus, den marodierenden, vergewaltigenden Flüchtlingen: Passende Schilder und T-Shirts sieht man erst bei Pegida, später auch bei der AfD.

Die Kölner Silvesternacht lässt sich für die AfD zudem bestens für Angriffe auf die Kanzlerin nutzen: »Merkel ist schuld an den Attacken des Einwanderermobs«, teilt Höcke mit. Und Frauke Petry ätzt: »Ist Ihnen nach der Welle an Straftaten und sexuellen Übergriffen Deutschland nun ›bunt und weltoffen‹ genug, Frau Merkel?«

Die Angriffe der AfD richten sich nicht nur gegen Merkel. Jeder Politiker, der die Willkommenskultur feierte, bekommt jetzt die Quittung. Petrys späterer Pressesprecher Markus Frohnmaier verkündet: »Meiner Meinung nach haben Leute wie Claudia Roth in Köln mittelbar mit vergewaltigt, nicht im juristischen Sinne, aber im übertragenen Sinne.« Zu Frohnmaiers Triumph scheitert Roth in zwei Instanzen bei dem Versuch, seinen Satz mit einer einstweiligen Verfügung zu unterbinden. Auch Katrin Göring-Eckardts Äußerung: »Wir kriegen jetzt Menschen geschenkt« werden die AfD und rechte Autoren ihr unerbittlich bei jeder Straftat eines Flüchtlings um die Ohren hauen.

Stufe 4: Das »Knall-Thema« Islam

Im Frühjahr 2016 entwickelt sich die AfD weiter von anlassbezogenen Ausfällen gegen Flüchtlinge zu einer Fundamentalkritik am Islam. Damit geht es ans Eingemachte, nun ist der soziale Frieden im Land tangiert. Die Frage steht im Raum, ob Menschen, die seit Jahrzehnten hier leben, wegen ihrer nichtabendländischen Religion besondere Pflichten haben. Müssten sie sich nicht ausdrücklich zu Deutschland bekennen? Gehören sie, gehört der Islam überhaupt zu Deutschland? Die AfD ist nicht die erste Partei, die diese Fragen aufwirft – aber die erste, deren Funktionäre sie eindeutig mit Nein beantworten.

Im März 2016 veröffentlichen der *Spiegel* und das Recherchezentrum Correctiv einen Mail-Wechsel zwischen Beatrix von Storch und ihrem Parteifreund Albrecht Glaser. Die beiden diskutieren, wie der Islam im künftigen AfD-Programm behandelt werden soll. Storch hält es für »das brisanteste Thema des Programms überhaupt (Außenkommunikation!). Die Presse wird sich auf unsere Ablehnung des politischen Islams stürzen wie auf kein zweites Thema des Programms (Asyl und Euro sind verbraucht ...). Daher müssen wir das Thema Islam mit einem Knall öffentlich machen!«

Die AfD-Vizechefin plant also eine kontrollierte Zündung. Selten wird so deutlich, wie die AfD die Medien für Tabubrüche instrumentalisiert. Einen Monat später gelingt der »Knall«: »Der Islam ist an sich eine politische Ideologie, die mit dem Grundgesetz nicht vereinbar ist«, erklärt von Storch am 17. April 2016 in der *Frankfurter Allgemeinen Sonntagszeitung*. »Viele Muslime gehören zu Deutschland«, sagt sie, ohne zu erklären, für welche das nicht gelte. »Aber der Islam gehört nicht zu Deutschland.« Gauland nennt die Religion am selben Tag einen »Fremdkörper« im Land und »die Islamisierung Deutschlands eine Gefahr«. Damit wird der Pegida-Jargon zur offiziellen Parteisprache erhoben.

Im endgültigen AfD-Programm werden Muslime kaum verklausuliert für unerwünscht erklärt: »In der Präsenz einer ständig wachsenden Zahl von Muslimen sieht die AfD eine große Gefahr für unseren Staat, unsere Gesellschaft und unsere Werteordnung.« Deutlicher kann man es nicht sagen: Mögen die Muslime sich auch noch so sehr anstrengen, mögen sie Deutsche sein, die AfD wird sie nie akzeptieren.

Einen Monat später veröffentlicht ihre Thüringer Fraktion das Büchlein »Der Islam – Fakten und Argumente« in einer Auflage von 100 000 Exemplaren. Es ist Parteipropaganda, bezahlt aus Fraktionsmitteln. »Wir wollen eine Debatte über den

Islam erzwingen und wir werden sie erzwingen«, sagt Höcke. Als spräche sonst niemand darüber.

AfD-Vertreter suchen in dieser Zeit auch publikumswirksam das Gespräch mit dem Zentralrat der Muslime – aber in dessen Chef Ayman Mazyek treffen sie erstmals auf einen Mann, dessen populistische Fähigkeiten den ihren ebenbürtig ist. Das Gespräch, das von beiden Seiten ohnehin nie auf Verständigung ausgelegt war, wird ergebnislos abgebrochen.

Stufe 5: Die »Kulturfremden« und die »Umvolkung«

Im Frühsommer 2016 zeigt sich, dass die AfD sogar mit Leistungsträgern mit Migrationshintergrund ein Problem hat: Alexander Gauland eröffnet mit einem Satz über Jérôme Boateng eine konfuse Debatte um die deutsche Identität: »Die Leute finden ihn als Fußballspieler gut. Aber sie wollen einen Boateng nicht als Nachbarn haben.«

Sein Zitat ist das Musterbeispiel einer unkontrollierten Zündung. Über Nacht entwickelt sich die AfD von einer Kritikerin des Islams und der Islamisten zu Gegnern aller »Kulturfremden« (Gauland) in der Gesellschaft. Eigentlich rückt die AfD damit nah an die »Identitäre Bewegung« heran – aber weil die schon im Visier der Verfassungsschützer ist, werden rasch Abgrenzungsbeschlüsse verkündet. Doch die unteren Ebenen der AfD verstehen sie eher als unverbindliche Warnungen.

Wie auch sonst, wenn sogar Frauke Petry im September 2016 in der *Welt am Sonntag* fordert: »Wir sollten endlich einen entspannten, nicht unkritischen, also normalen Umgang mit unserer Nation und mit dem Begriff ›Volk‹ und daraus abgeleiteten Begriffen wiedererlangen.« Aus Petry spricht in diesem Moment ein gesunder politischer Überlebensinstinkt. Sie weiß, dass die Gunst des rechten AfD-Flügels für sie langfristig wichtiger ist als die Gunst der »Mainstream-Presse«. Trotzdem ist das Interview ein Fehler: Nun kann Petry keinen Parteifreund mehr zurückpfeifen, der sich auf »völkische Ideen« beruft.

Wenig später wird die AfD noch viel drastischere Ableitungen des Wortes »Volk« übernehmen, etwa die »Umvolkung«, einen Kampfbegriff der Neuen Rechten für die Flüchtlingskrise: Weil Angela Merkel ihren Rückhalt im deutschen Volk verloren habe, heißt es, hole sie sich mit den Flüchtlingen neue Anhänger ins Land. Die Verschwörungstheorie verfängt sogar in CDU-Kreisen: Eine Abgeordnete aus Leipzig schreibt auf Twitter: »Die Umvolkung Deutschlands hat längst begonnen. Handlungsbedarf besteht!«

Keine Woche später greift die AfD-Jugend das Wort auf: Auf Facebook veröffentlicht sie eine Grafik, die zeigt, dass bereits gut 35 Prozent der Kinder unter fünf Jahren in Deutschland einen Migrationshintergrund hätten. »Früher hätte man das Umvolkung genannt!« Dabei unterschlägt die JA, dass viele dieser Kinder aus europäischen Nachbarländern stammen.

Stufe 6: Zügellosigkeit

Spätestens im Sommer 2016 breitet sich die verbale Verrohung auf allen Ebenen der AfD aus, und die Journalisten begreifen langsam, dass sie nicht jeden Tabubruch verbreiten sollten. Als mehrere Flüchtlinge Anschläge in Deutschland verüben, rufen AfD-Politiker einen »blutigen Merkel-Sommer« aus. Die meisten Medien üben sich sicherheitshalber in Zurückhaltung. Ebenso wenig wird das Bild vom »Refugee Starter Kit« aufgegriffen, das die AfD-Jugend offeriert: eine Holzkiste mit Axt, Kette und Hammer. Die *Bild-Zeitung* weigert sich, ein Interview mit Frauke Petry zu drucken, in dem sie Merkel eine »Antisemiten-Importeurin« nennt. Petry prangert dies wütend auf Facebook an. Hier erreicht sie die Fans ohnehin besser.

Die Zahl der haarsträubenden Ausfälle von AfD-Funktionären ist so groß, dass viele einfach versickern. Etwa eine Pressemitteilung aus Petrys sächsischem Landesverband vom Herbst 2016. Darin geht es um eine norddeutsche SPD-Politikerin, die mit einem AfD-Mann verheiratet ist. Weil SPD-Parteifreunde diese Liaison kritisierten, warnt die AfD Sachsen nun davor, »nach 1935 erneut eine Kategorie »Mischehen« einzuführen«. So, wie die Nazis jüdische und »deutschblütige« Ehepartner »herabgewürdigt« hätten, geschehe dies nun in der SPD. Der irrsinnige Vergleich zeigt, dass die AfD vielerorts zum Schulhof-Rowdy verkommen ist – und ihr Publikum zu abgestumpft ist, um sich darüber zu empören.

Wie weit viele AfD-Leute im Meinungskampf gehen würden, zeigt auch ein Antrag für den AfD-Bundeskonvent, den der *Spiegel* im Herbst 2016 publik macht. Darin fordert die AfD Hessen, man solle für den Fall von »islamistischen Anschlägen mit Todesopfern oder Schwerverletzten« eine große Zahl von »professionellen Plakaten/Bannern … im typischen AfD-Look« vorbereiten. »DANKE, FRAU MERKEL!« soll darauf stehen. Diese »Personifizierung zukünftiger Anschläge« werde die Kanzlerin hoffentlich bald zum Rücktritt zwingen.

Von der alltäglichen Ausländerhetze im Netz distanziert sich die AfD längst nicht mehr. Im Gegenteil, sie zeigt für den digitalen Volkszorn zunehmend Verständnis: »Es ist mehr als nachvollziehbar, wenn sich die Bürger in den sozialen Medien zur Wehr setzen, weil sie keine Lust auf mexikanische Verhältnisse wie in Bautzen haben«, erklärt Petrys sächsische Fraktion. Die AfD schreckt auch selbst vor Hetzkampagnen nicht zurück. Ein Opfer ist Ende 2016 der Bamberger Erzbischof Ludwig Schick. Schick hatte auf die Frage, wie er einen muslimischen Bundespräsidenten fände, entgegnet, die Kirche müsse dies akzeptieren – »alles andere wäre undemokratisch«. Die AfD macht daraus: »Kirche: Muslimischer Bundespräsident denkbar.« Dazu ein Foto des Bischofs in vollem Ornat, mit Stempel

»halal«, und der Kommentar, dass Kirchenvertreter sich »immer mehr zur fünften Kolonne links-grüner Ideologen« machten.

Bald erhält der Bischof Morddrohungen.

In vielen offiziellen AfD-Facebook-Profilen klingen nun ungehemmte Wut und Hass durch. Hier nur drei wenig bekannte Beispiele:

AfD Ortsgruppe Eilenburg, 22. Juni 2016:
»Merkel ›warnt‹ vor Migrationswelle aus Afrika! Warnt? Sie plant! Von der Bundesregierung geplanter Genozid am Deutschen Volke? Massen-Migration als ›Zuchtprogramm‹ zur Eindämmung des intellektuellen Fortschrittes? Möchte die Bundesregierung durch die Schaffung geplanter Massen-Migration die genetische Struktur innerhalb unseres Landes vernichten und damit unsere nationale Gruppe zerstören? Vieles spricht dafür.«

Nikolaus Kramlinger, AfD-Abgeordneter in Schwerin, 9. Juli 2016 (Anlass: ein Artikel über die Nato-Truppenverstärkung in Osteuropa)
»Angolf Merkler 2016!! Das erinnert mich an 1941. Nur, dass die Truppen damals heimlich aufgezogen wurden.«

Klaus Haefs, Sprecher AfD Goch (Kreis Kleve), 15. Juli 2016:
»Wenn ich im Hühnerstall Schäden durch Ratten habe, reicht es nicht, eine Ratte zu beseitigen. Ich muss das Brutnest entfernen, sonst kommen die Ratten immer wieder!! Übersetzung: Solange ich den Islam nicht beseitige, wird es den islamischen Terror IMMER geben, und er wird immer mehr unschuldige Opfer fordern!! Es gibt KEINEN friedlichen Islam, genauso wenig wie es vegane Ratten gibt!!!«

Stufe 7: Ohnmacht

Früher hätten Journalisten wegen solcher Facebook-Sprüche gleich Bernd Lucke angefunkt: Was sagen Sie dazu? Was tun Sie dagegen? Jetzt verhindert die schiere Zahl der Fälle solche Anfragen. Die AfD-Bundesspitze gibt ohnehin stets dieselben Antworten: Unschön, aber ein Einzelfall. Und: Bitte wenden Sie sich an den Landesverband.

So antwortet auch Frauke Petry im Herbst 2016, als der Bayerische Rundfunk meldet, Bayern-Chef Petr Bystron sei auf einer Veranstaltung in München mit zwei bekannten Rechtsextremisten aufgetaucht.

Die AfD-Führung duckt sich weg, zumal sie längst keinen Überblick mehr haben dürfte, wie eng die Verbindungen ins rechte Milieu sind. Auf lokaler Ebene steht das »Widerstandsgebäude« (Kubitschek) vielerorts: AfD-Aktivisten, die früher auf NPD-Kundgebungen mitliefen, in Neonazi-Gruppen wie der »Kameradschaft Wismar« oder bei Bürgerwehren wie den »Freien Kräften Südthüringen«, pflegen die alten Kontakte weiter. Auf AfD-Demos wird ganz selbstverständlich verkündet, Deutschland habe »keine richtige Verfassung«, bald nach dem Sieg werde »aufgeräumt«, die herrschende Elite »entsorgt«.

Als eine AfD-Aussteigerin aus Jörg Meuthens Landesverband Ende 2016 ein internes Arbeitspapier publik macht, das vorschlägt, Flüchtlinge in »Communities« unterzubringen, wo ihre Grundrechte nur eingeschränkt gelten und sie keine Klagerechte gegen Asylentscheidungen haben sollen, richtete sich der Zorn der Partei nicht etwa gegen die rechtsstaatswidrigen Vorschläge, sondern gegen die Whistleblowerin.

Und wenn der AfD-Bundesvorstand gegen Rechtsradikale doch einmal hart durchgreifen will, scheitert er oft. So gelang es nicht, den saarländischen Landesverband aufzulösen. Dessen Vorstandsteam, darunter ein Antiquitätenhändler, der in seinen Vitrinen allerlei Nazi-Devotionalien feilbietet, hatte enge Kontakte zu der Splittergruppe »Freie Bürger Union« (FBU) aufgebaut. Die FBU wird maßgeblich von NPD-Funktionären gesteuert, ist also laut AfD-Satzung kein zulässiger Partner. Trotzdem trafen Funktionäre beider Gruppen sich mehrmals und besprachen eine Kooperation: Die Saar-AfD versprach, ihre neuen Partner zum Spottpreis aufzunehmen und ihre Herkunft in der Partei-Software zu verschleiern. Im Gegenzug sollte die FBU jedes Jahr 1000 Euro Spende leisten und ihre Mitgliederzeitschrift und Spenderkartei in die AfD einbringen. Auf Wahllisten sollten AfD und FBU sich die Plätze gütlich teilen.

Vergeblich beschlossen der Bundesvorstand und der AfD-Bundesparteitag, den Landesverband aufzulösen – bis heute existiert er, mit identischen Führungsfiguren, denn das AfD-Schiedsgericht entschied für die Saarländer. Dank der Unterstützung von Björn Höcke wird ihr Landtagswahlkampf von der Bundespartei mit 100 000 Euro bezuschusst.

Daran zeigt sich, dass die AfD mittlerweile von ihren eigenen Strukturen daran gehindert wird, rechte Kräfte auszustoßen.

Der Narrensaum

Betrachtet man all die Faktoren, die der AfD zum Erfolg verholfen haben – Krisen, eine entsprechend angstaufgeladene Stimmung und einige glückliche Zufälle –, bleibt die Frage: Kann eine neue Partei rechts der Union nur Erfolg haben, wenn sie wie die AfD populistisch auf die Pauke haut? Wenn sie Schritt für Schritt weiter nach rechts rückt? Schon die Zahlen scheinen dieser These recht zu geben: Bernd Luckes AfD schaffte mit gemäßigten Tönen keine fünf Prozent und Manfred Brunners noch braverer BFB nicht einmal drei Prozent.

In der AfD hat sich eine Gefahr realisiert, vor der der Politikwissenschaftler Werner Patzelt im Mai 2016 in einem »Phoenix«-

Interview warnte: »Ich hoffe, dass die CDU eines Tages begreift, dass es ihre systemische Aufgabe gewesen wäre, zu unser aller Nutzen dafür zu sorgen, dass zwischen der vernünftigen Mitte und dem rechten Narrensaum keine andere Partei entstehen kann, die dann vielleicht demagogischen Irrtümern oder populistischen Abirrungen verfällt.«

Der Weg der AfD zeigt, dass es eine Illusion ist, in Deutschland eine neue, gemäßigte Kraft rechts der Union etablieren zu wollen. Die AfD-Gründer sind daran gescheitert, und auch andere werden daran scheitern. Warum? Weil irgendwann jede neu gegründete Rechtspartei vor der Frage stehen wird, ob sie für den Sprung über die Fünfprozenthürde den »rechten Narrensaum« (Patzelt) mitnimmt oder ob sie stattdessen eine lange Durststrecke in Kauf nimmt.

Wer im rechten Wählermilieu erfolgreich über fünf Prozent kommen will, kommt nicht vorbei an einer Klientel, die kein »einerseits – andererseits« hören will, sondern Klartext. Die aus Angst, Enttäuschung, Nationalismus und falsch verstandenem Liberalismus keine Geduld für differenzierte konservative Lösungen hat. Die AfD hat diese Wählergruppe schon zu sehr verwöhnt, als dass eine neue, gemäßigt-rechtskonservative Partei sie nun überzeugen könnte.

Für heimatlose Konservative ist dies eine schlechte Nachricht: Auf der Suche nach einer politischen Heimat werden sie sich auf Dauer wieder mit der CDU/CSU anfreunden müssen, wenn sie nicht in einem Boot sitzen wollen mit klaren Rechtsauslegern.

Jede neue Rechtspartei wird den erbitterten Streit um die »Abgrenzeritis« nach ganz rechts austragen müssen, und dabei wird die Parteibasis ihre Anführer – wie im Falle der AfD – immer drängen, dem Volk endlich aufs Maul zu schauen und vor den Medien und den Linken bloß nicht zu kapitulieren. Anders als in den etablierten Parteien fehlt Neugründungen ein

»Establishment« im postitiven Sinne, eine starke gemäßigte Mehrheit, die solche Forderungen zurückweisen und rechte Eiferer in die Schranken weisen könnte.

Die Richtungsentscheidung zwischen rechtskonservativ und rechtspopulistisch lastet dann auf den Schultern weniger Personen, die eine Engelsgeduld, eine enorme Standhaftigkeit und einen klaren Kompass brauchen, um Kurs zu halten. Immer wieder werden sie ihren Parteifreunden sagen müssen: Nein, so nicht. Nicht mit diesen Themen, nicht in diesem Ton. Kein Erfolg um jeden Preis.

Gegen diese Anführer wird der rechte Rand der Partei kontinuierlich intrigieren und agitieren, sie werden ultimativ als Verräter dargestellt werden, so wie Bernd Lucke in seinen letzten Wochen an der Parteispitze. Da sich diese Debatte größtenteils in sozialen Medien und per E-Mail abspielen wird, sind Eskalationen programmiert. Hätte es das Internet schon gegeben, als sich die Grünen zu einer Partei zusammenrauften, wer weiß, was aus ihnen geworden wäre.

Bernd Lucke hatte den langen Atem nicht, er gab die Kontrolle über die AfD aus der Hand und konnte sie später nicht zurückgewinnen. Manfred Brunner hätte den langen Atem gehabt, aber er kapitulierte vorzeitig vor den Scharfmachern in seiner Partei. »Ich spürte einfach, das läuft in eine ungute Richtung«, sagt er heute. Anders als Lucke kämpfte Brunner damals nicht um die Macht im BFB. Als Brunners Parteifreunde Sondierungsgespräche mit den Republikanern und den Pro-Parteien begannen, warf er von einem Tag auf den anderen hin.

Brunner weiß, dass man einer politischen Bewegung Harmonie nicht verordnen kann. Sie muss sich ganz natürlich ergeben, so wie sich ein Fischschwarm auf ein geheimnisvolles Signal hin in perfekter Harmonie in eine gemeinsame Richtung bewegt. Natürlich muss es an der Spitze Leute geben, die dieses Signal aussenden. Aber die anderen müssen freiwillig folgen.

Auch Frauke Petry oder Jörg Meuthen werden die AfD nicht mit Macht auf ihre Linie bringen können, prophezeit Brunner. Es klappt nur, wenn alle in dieselbe Richtung streben. Er selbst ist heute in keiner Partei mehr aktiv. Wem wird er wohl bei der nächsten Bundestagswahl seine Stimme geben? »Ganz ehrlich: Ich weiß es noch nicht.«

2
Die Helfer

Die Unfreiwilligen: Merkel und die Merkel-Kritiker

Der Erfolg der AfD liegt auch darin begründet, dass die Partei viele Helfer hat, die frühere Rechtsparteien nicht hatten. Den Geburtshelfer Thilo Sarrazin etwa, den Vordenker Götz Kubitschek, den Propagandisten Jürgen Elsässer mit seinem *Compact*-Magazin und die Straßenbewegung Pegida.

In besonderem Maße profitierte die AfD aber auch von unfreiwilligen Unterstützern: von den Medien, die ihre Tabubrüche verbreiteten, oder von politischen Gegnern, die die Partei verteufelten. Wie niemand sonst hat aber Angela Merkel der AfD geholfen – obwohl sie den Namen der Partei erst seit Ende 2016 überhaupt öffentlich in den Mund nimmt.

Keine Protestpartei konnte sich so leicht wie die AfD auf den amtierenden Regierungschef einschießen. Die Linkspartei musste sich noch gegen die Sache, gegen die Agenda 2010, wenden. Auf den Plakaten der »Montagsdemonstranten« stand: »Weg mit Hartz IV – das Volk sind wir«. Auf AfD-Demonstrationen heißt es nur: »Merkel muss weg!«.

Von Anfang an war die AfD eine Anti-Merkel-Partei, das verdeutlicht schon ihr Name. Frühere Rechtsparteien wählten für sich emotional aufgeladene Codewörter wie »Freiheit«, »Nation« oder »Republik«. In ihren Namen schwang die Assoziation zu Hirschgeweihen und deutschen Fahnen mit. Die AfD trägt zwar das Land ebenfalls im Parteinamen, aber prägend und identitätsstiftend ist der zweite Teil, die »Alternative«. AfD ist ein Anti-Name, ein gezielter Angriff auf Merkels damaligen Glaubenssatz von der Alternativlosigkeit ihrer Euro-Rettungspolitik.

Dabei gehört ausgerechnet das Attribut »alternativ« seit der 68er-Zeit eigentlich in die linke Welt der Bioläden, Multikulti-Projekte und Theatergruppen. Nur weil Angela Merkel diese Vokabel mit ihrem technokratischen Redestil neutralisiert hatte, konnte die bürgerlich-konservative AfD sie sich zu eigen machen.

Seit zwei Jahren ist die AfD besonders erfolgreich, weil Angela Merkel die Deutschen unangenehm überrascht hat. Im Jahr 2013 hielten die Wähler die Kanzlerin noch mehrheitlich für eine gute Krisenmanagerin, die vielleicht bei der Eurorettung etwas zu weit gegangen war, im Großen und Ganzen aber deutsche Interessen vernünftig vertrat. Diese Angela Merkel mit ihrer schwarz-rot-goldenen »Schland-Kette«, ihrer selbst gekochten Erbsensuppe, ihrem tapsigen Jubel über Fußballtore und ihrer demonstrativen Bescheidenheit bescherte der Union bei der Bundestagswahl 41,5 Prozent der Stimmen, eines ihrer besten Ergebnisse seit Gründung der Bundesrepublik.

Analysen dieser Wahl lesen sich heute wie archäologische Funde aus einer längst versunkenen Maya-Zivilisation. Etwa die der Forschungsgruppe Wahlen: »Mehr denn je hat der Erfolg einen Namen: Mit herausragender Leistungsbilanz und lagerübergreifender Wertschätzung schafft Angela Merkel das beste Kanzlerimage nach 1990 und ist bei erneut gestiegener Kandidatenbedeutung zentraler Erfolgsfaktor. (…) 80 Prozent attestieren der Kanzlerin gute und nur 17 Prozent schlechte Arbeit.«

Diese Angela Merkel hatte im TV-Duell mit Peer Steinbrück gesagt: »Sie kennen mich. Sie wissen, was ich anpacken möchte und wie ich das mache.« Mit dieser Angela Merkel wollte Horst Seehofer 2017 auch die absolute Mehrheit im Bund holen

Aber im September 2015 lernen die Deutschen eine neue Merkel kennen, die vielen unheimlich ist. Sie scheint das Land mutwillig mit Fremden zu »fluten« und ein irrsinniges Experiment zu betreiben. Dass Merkel in der Nacht der Grenzöffnung wie so oft nicht aus eigenem Impetus *agiert*, sondern in kurzer Zeit und unter enormem Druck *reagiert* und in der Folge die Kontrolle verliert, sieht man im AfD-Milieu bis heute nicht. Warum auch? Merkel hat es nie zugegeben. Ebenso wenig sieht man, dass sie es niemandem recht machen konnte: In der Zeit des Aussitzens war sie die Eiskönigin *(Stern)*, die tatenlos zusah, wie immer neue Leichen an die Strände der Mittelmeerstaaten gespült wurden und die einem weinenden palästinensischen Flüchtlingsmädchen unbeholfen erklärte, es könnten leider nicht alle Migranten in Deutschland bleiben. Die Welle der Willkommenskultur, die das Land später erfasste, machte sie in Anlehnung an Mutter Teresa zur »Mutter Angela« *(Der Spiegel)*. Als das *Time Magazine* sie 2015 zur »Person des Jahres« kürte, begann ihr Nimbus im eigenen Land als kraft- und machtvolle Leaderin bereits wieder zu bröckeln. Der Satz »Wir schaffen das« reichte vielen Deutschen nicht.

Gerade weil sie die Kanzlerin immer als planvolle, strategische Politikerin kannten, waren viele Bundesbürger überzeugt, dass sie auch jetzt wieder einen Plan verfolgen musste. Nur, wohin sollte er dieses Mal führen? Als immer mehr Flüchtlinge kamen, stellten sich immer mehr Menschen auch die Frage, was Scharen muslimischer Einwanderer dem deutschen Volk eigentlich bringen könnten außer Unheil und hohen Kosten?

Die Rechtspopulisten profitieren davon, dass es Merkel nicht gelang, klare Antworten zu vermitteln. Die Kommunikationsstrategie des Kanzleramts wirkte teils kopf- und planlos. Die AfD wusste das zu nutzen. Sie schaute dem Volk aufs Maul und bot allerlei kreative Erklärungen für das scheinbar irrlichternde Verhalten der Kanzlerin. Mal war Merkels DDR-Vergangenheit schuld, mal ihre frühe Scheidung und Kinderlosigkeit, mal ein typisch weibliches Helfersyndrom, dann wieder die Anbiederung an USA und CIA oder der Hass einer seelisch Entwurzelten auf ihr eigenes Heimatland. Am besten verfing und verfängt aber die Deutung, die auch am besten zum Leitmotiv der AfD passt: Machtgier. Die gehe bei Merkel so weit, dass sie sogar ihr eigenes Volk gegen ein neues austauschen würde.

Zum großen Glück der AfD ist Merkel nach fast zwölf Jahren Kanzlerschaft nicht mehr ganz von dieser Welt. Sie führt kein »normales« deutsches Leben – wie könnte sie auch, nachdem sie jahrelang eines der mächtigsten Länder der Erde durch eine globale Finanzkrise, eine europäische Währungskrise und die Kriege im Irak, in Afghanistan, Syrien und der Ukraine gesteuert hat? »Die Kanzlerschaft ist kein Amt, sondern ein Seinszustand«, pflegte Merkels Vertrauter Peter Hintze zu sagen. Die Politikerin ist zu sehr mit ihrem Amt verwachsen, um sich im AfD-Milieu menschlich verständlich zu machen – soweit man dort vor Angst und Wut überhaupt zuhören will.

Während die AfD-Leute vielleicht zu wenig Politiker und zu viel Bürger sind, ist es in Merkels engstem Machtzirkel umgekehrt: Wenige Mitarbeiter in dieser kleinen Runde können ihr hier die deutsche Normalität spiegeln. Das dürfte auch ein Grund dafür sein, dass es Merkels Mannschaft nicht recht gelingen will, viele deutsche »Normalbürger« oder auch konservative Parteifreunde von ihrer Politik zu überzeugen. Politik ist Kommunikation, in diesem Metier kann auch scheitern, wer richtige Entscheidungen nicht richtig kommunizieren kann. Eigentlich wäre es die Aufgabe von Merkels engsten Beratern und Vertrauten, die passende Strategie zu schneidern. Aber dafür müsste man die Adressaten kennen und verstehen. Büroleiterin Beate Baumann zum Beispiel führt seit Jahrzehnten ein mönchisches Dasein ganz im Dienste ihrer Chefin. Merkels Medienberaterin Eva Christiansen ist eine moderne junge Mutter, alles andere als ein Parteigewächs, aber sie verbringt ihren Berufsalltag in der Berliner Medienblase. Für Merkel, Baumann und Christiansen war der Weg an die Macht ein harter Kampf gegen das CDU-Establishment. Wie sollten sie nun ausgerechnet diese Kreise emotional einfangen können?

Den jungen Generalsekretär Peter Tauber – unverheiratet, internetaffin und stets gut gelaunt – hatte die Parteivorsitzende eigentlich für die gegenteilige Aufgabe eingestellt: Er sollte die CDU modernisieren, nicht ihre konservative Seele streicheln. Als Tauber die Debatte um die deutsche Identität im Spätsommer 2016 endlich aufgreift, dürfte es für viele abtrünnige CDU-Anhänger zu spät gewesen sein.

Auch Kanzleramtschef Peter Altmaier lebt als eingefleischter Junggeselle und Politik-Junkie nicht das deutsche Durchschnittsleben. Unter Merkels engsten Vertrauten dürfte Altmaier zwar noch der beste Kenner der CDU sein, aber er fühlt nicht wie die Parteibasis. Seine Karriere begann in der Brüsseler EU-Bürokratie; mit Flüchtlingsobergrenzen oder einer Rückkehr der Schlagbäume darf man dem überzeugten Europäer nicht kommen. Mit ihm machte Merkel ausgerechnet einen als CDU-Mann verkleideten Grünen zu ihrem wichtigsten Verteidiger in der Flüchtlingskrise.

Schließlich profitiert die AfD auch noch von den Gegnern in Merkels eigenen Reihen. Frühere Rechtsparteien standen einer weitgehend geschlossenen Union gegenüber, die AfD kann ihren Anhängern ganz leicht die tiefen Risse in der Front aufzeigen. Auf dem Parteitag von Essen Ende 2016 votierten die Delegierten beim Thema Doppelpass klar gegen den Willen ihrer Vorsitzenden. Viele Parteifreunde der Kanzlerin glauben selbst nicht an die eigene Botschaft. Zwar ist nicht jeder Kritiker ein Merkel-Gegner, und die Kritiker sind in der Minderheit in der Union. Aber einen Wolfgang Bosbach oder einen Horst Seehofer, der Merkel mit einer Verfassungsklage droht und von einer »Herrschaft des Unrechts« spricht, hört man leichter als die vielen Merkel-Unterstützer. Die zweifeln auch oft, sorgen sich und halten lieber still. Vergeblich beschwört Merkel im Frühjahr 2016 ihre Wahlkämpfer in Baden-Württemberg, an Straßenständen nicht so unsicher aufzutreten: »Nur der, der von sich selbst überzeugt ist, kann andere überzeugen.«

Noch hilfreicher für die AfD sind Merkels Kritiker außerhalb der Union: ehemalige Verfassungsrichter wie Hans-Jürgen Papier oder Udo di Fabio, ehemalige Minister und renommierte Professoren wie Rupert Scholz und Ulrich Battis, der ehemalige BND-Chef August Hanning und viele noch amtierende hochrangige Sicherheitsbeamte. Sie alle attestieren Merkel (und immer ihr persönlich) schwere Fehler, gravierende Rechtsverstöße, einen Verfassungsbruch gar, oder einen »Akt der Selbstermächtigung«, wie es der ehemalige Bundesverwaltungsrichter Michael Bertram formulierte. Auf solche Kronzeugen berufen sich AfD-Politiker wie Björn Höcke nur zu gerne: »Zahlreiche Staats- und Verfassungsrechtler und auch ich sehen in dieser Grenzöffnung einen historisch einmaligen Verfassungsbruch. Die Konsequenz kann nur lauten: Die Bundesregierung der Bundesrepublik Deutschland, insbesondere die Bundeskanzlerin, muss ab sofort vom Verfassungsschutz beobachtet werden.«

Die Vorstellung einer kriminellen Regierungschefin versetzt viele Deutsche in echte Panik. Auf einer Lesung von Götz Kubitscheks Verlag im Mai 2016 in Magdeburg meldet sich in der Fragestunde ein vielleicht 25-jähriger Mann, dem diese Angst ins Gesicht geschrieben steht: »Die Frage, die ich mir stelle als sehr junger Mensch: Wie kann eine Bundeskanzlerin in diesem Land gegen Recht und Gesetz verstoßen, und nichts passiert?« Seine unsichere Stimme geht im donnernden Applaus des Publikums unter. Diese Frage könne er ganz kurz beantworten, sagt Kubitschek: »Das ist der Beweis echter Macht und echter Souveränität. Wenn jemand so verfahren kann, ohne dass er mit der Klobürste aus dem Bundeskanzleramt gedroschen wird, dann ist er wirklich mächtig.«

Die Willigen

Die Bündnispartner: FPÖ, Ukip, Front National – Putin?

Bevor die AfD auf der Bildfläche erschien, fanden ausländische Rechtsparteien in Deutschland jahrzehntelang keine attraktiven Verbündeten – umso hilfsbereiter sind sie jetzt. Von ihnen kann die AfD lernen, wie sich Parallelstrukturen zu den lästigen Medien aufbauen lassen, wie man Kampagnen fährt und den politischen Gegner rhetorisch auf die Matte schickt.

Noch stecken diese Partnerschaften in den Kinderschuhen, denn unter Bernd Lucke hatte die AfD das Werben ausländischer Populisten entschieden zurückgewiesen. Eine Kooperation mit dem Front National? »Mit uns nicht zu machen.« Geert Wilders? »Kommt als Partner nicht infrage.« Und Nigel Farage? »Ukip schlägt beim Thema Zuwanderung einen Tonfall an, der mir nicht behagt. Damit kann man Leute aufhetzen«, sagte Lucke 2013.

Der Parteichef gab eine klare Linie vor: nur seriöse Partner, kein Austausch mit Extremisten. Damals galt auch die Regel, dass Außenpolitik Bundessache war. Funktionäre der niederen Ebenen sollten sich auf ihre Sprengel konzentrieren. Manche muckten zwar auf: Mal empfing die Parteijugend Nigel Farage, mal reisten drei ostdeutsche AfD-Landeschefs zum rechtspopulistischen BZÖ nach Österreich. Aber entscheidend für Lucke war, dass er sein AfD-Grüppchen im EU-Parlament in der gemäßigten Fraktion der Europäischen Konservativen und Reformer (EKR) unterbringen konnte. Hier saßen keine EU-Feinde, sondern seriöse EU-Skeptiker wie die britischen Tories.

Frauke Petry war anfangs außenpolitisch voll auf Luckes Linie: »Unser Vorbild ist nicht Jörg Haider, sondern Ludwig Erhard«, verkündete sie 2013. Doch seit Luckes Sturz trug Petry maßgeblich dazu bei, dass die AfD außenpolitisch nach rechts rutschte – teils gegen den ausdrücklichen Willen der restlichen

Parteiführung. Die Außenpolitik der AfD folgt, wie so oft, keiner gemeinsam festgelegten Strategie, sondern der Opportunität im parteiinternen Machtkampf.

Ein wichtiger Auslöser für den Rechtsruck war aber die ganz persönliche Zwangslage von Marcus Pretzell: Mitte 2016 droht dem AfD-Mann der Rauswurf aus der EKR-Fraktion. Seine Ex-Parteifreunde Bernd Lucke und Hans-Olaf Henkel wittern nach der Schießbefehl-Debatte eine Chance, Rache für die Schmach von Essen zu nehmen. Sie machen Druck bei der EKR-Fraktionsführung und verbünden sich sogar mit der eigentlich so verachteten »Altpartei« CDU.

Henkel kontaktiert Herbert Reul, Chef der deutschen Unionsabgeordneten in Brüssel, der wiederum nutzt seine Kontakte zu höchsten Stellen. Als der britische Regierungschef David Cameron bei der jährlichen CSU-Klausurtagung in Wildbad Kreuth Anfang 2016 auftritt, wirbt CSU-Mann Manfred Weber, selbst Fraktionschef im EU-Parlament, am Rande des Termins diskret für den Ausschluss der AfD-Leute aus der EKR-Gruppe. Kanzleramtschef Peter Altmaier wiederum soll das Anliegen auf höchster deutscher Regierungsebene eingetütet haben.

Von Storch und Pretzell spüren den Gegenwind, sie fürchten ein Dasein in der Bedeutungslosigkeit. Ein EU-Abgeordneter ohne Fraktion ist ein Niemand. Es droht der Verlust von Geld, Redezeit und Mitsprache. Wohin also? In die Gruppe der radikalen EU-Feinde um Front National, FPÖ und Vlaams Belang? Oder zu den Populisten um Ukip?

Inhaltlich unterscheiden sich die Partner nur in Nuancen: FPÖ, Front National und Ukip vereinen ihre destruktive Anti-EU-Haltung, polemische Fundamentalkritik am Islam, ein überbordendes Russland-Verständnis und ein unversöhnlicher Kampf gegen das »Establishment« und die »Mainstream-Medien«. Innenpolitisch vertreten alle drei Parteien nationalistisch-sozialistische Töne – wie die AfD auch.

Seit Václav Klaus, ehemaliger tschechischer Staatspräsident, Stammredner auf AfD-Veranstaltungen ist, gibt es eigentlich auch keinen Grund mehr, andere europäische Hardliner abzuwehren. Klaus passt bestens in die AfD-Denkwelt: Der selbsterklärte »Liberale« lehnt die Homo-Ehe ab, kämpft gegen den Klimawandel als »Öko-Terrorismus« und gibt die Schuld am Krieg in der Ukraine nicht Russlands Expansionsdrang, sondern den amerikanischen Geheimdiensten.

Warum also den Front National ablehnen? Letztlich ist die Entscheidung für die AfD reine Symbolik: Ein Bündnis mit den Franzosen, denen immer noch das Label des Rechtsextremismus und Antisemitismus anhaftet, sieht auch die neue AfD immer noch mit Unbehagen. Man hält sich eben (irrtümlich) noch immer für eine liberale Kraft.

Von Storch flüchtet sich deshalb vor ihrem drohenden Fraktionsausschluss im EU-Parlament in die Gruppe um Ukip, die wenigstens dem Namen nach für »Freiheit« eintritt. Pretzell wählt den Weg zu den EU-Feinden wie Front National, Lega Nord, Vlaams Belang und FPÖ. Wieso nur? Eigentlich war der AfD-Mann doch eine der allerersten Kontaktpersonen von Ukip-Chef Nigel Farage. Wäre es für Pretzell nicht logisch gewesen, von Storch in diese Fraktion zu folgen? Eingeweihte berichten, Farage habe Pretzell abgelehnt. Er sei verärgert gewesen, dass dieser sich seit seinem Einzug ins EU-Parlament so wenig um Kooperationen mit Ukip bemüht hätte. »Pretzell kommt nicht zu uns«, habe Farage verkündet, als die AfD-Leute anklopften. Nur von Storch ließ man ein.

Pretzell lässt über seinen Anwalt ausrichten, diese Schilderung sei falsch, er habe nie zu Ukip gewollt. Doch wie dem auch sei: Letztlich entwickelt sich das Mandat des EU-Abgeordneten zu einer Weiche, um die gesamte AfD außenpolitisch neu auszurichten. Wohin die Reise geht, ahnt die Parteispitze Anfang 2016, als Marcus Pretzell Geld für eine Veranstaltung im Congress Center Düsseldorf beantragt: Er will die FPÖ empfangen unter dem Motto: »Europäische Visionen – Visionen für Europa«. Aber Pretzells Nochfraktion EKR verweigert ihm die komplette Finanzierung, der AfD-Landesverband NRW sperrt sich ebenfalls. Auch der Bundesvorstand weist Pretzells Antrag auf Zuschüsse ab, obwohl Petry vehement für den Termin wirbt. Die FPÖ ist nun einmal kein offizieller AfD-Partner. Die Bundesvorstände stellen zudem klar, dass dieser Event keinesfalls als offizieller Parteitermin deklariert werden dürfe.

Bald darauf sehen sie die Bilder aus Düsseldorf: Petry, Pretzell und die Österreicher strahlen auf der Bühne vor großen Logos beider Parteien. Und damit nicht genug: Eine neue »Blaue Allianz« von AfD und FPÖ wird in Düsseldorf gefeiert. Der Termin sei »ein Auftakt zu einer hoffentlich positiven Zusammenarbeit«, sagt Petry auf *FPÖ-TV*. Wer die Restkosten der Sause letztlich trug, ist bis heute unbekannt.

Jetzt geht es Schlag auf Schlag. Ende April ruft Petry Meuthen an, sie erreicht ihn auf dem Weg zum Flughafen. Ob er Lust hätte, sich an einer Erklärung über internationale Kooperationen der AfD zu beteiligen, soll Petry gefragt haben. Meuthen ist positiv überrascht, wie er Vertrauten später erzählt. Ist das etwa nach langer Zeit wieder ein Friedenssignal? Er sieht eine ausgestreckte Hand, freut sich und schlägt ein.

Die Erklärung wird er erst nach seiner Landung auf Facebook lesen. Da steht unter seinem und Petrys lächelnden Gesichtern, dass die AfD sich als Kämpferin für ein »Europa der Vaterländer« verstehe – ein Begriff, den europäische Rechtspopulisten gerne nutzen. Die AfD wolle alle »EU-kritischen Stimmen« in Brüssel verbinden, heißt es weiter, wobei der Text nicht nach gemäßigten und radikalen Kräften unterscheidet.

Damit ist Pretzells Weg zum Front National endgültig frei. Auf dem Stuttgarter Parteitag wird er seinen Fraktionswechsel kurzerhand vom Saalmikrofon aus verkünden und dazu ein

Grußwort der FPÖ verlesen. Der Saal applaudiert lebhaft. Es ist gut vorstellbar, dass viele AfD-Mitglieder in diesem Moment gar nicht begreifen, dass ihre Partei, die »liberal-konservative« AfD, die in ihrem Programm erklärt, die Europäische Union nur reformieren zu wollen, nun im Bett liegt mit Kräften, deren erklärtes Ziel es ist, die EU zu zerstören. Freiwillig ordnet die AfD sich ein zwischen Populisten, Wirrköpfen und Extremisten. Wenn Pretzell jetzt in Wien mit Marine Le Pen den »Patriotischen Frühling« feiert oder wenn Petry sich auf der Zugspitze mit Heinz-Christian Strache zuprostet, zuckt an der AfD-Basis niemand mehr zusammen.

Als einige Monate später bekannt wird, dass Petry und Pretzell sich längst zum Dinner mit der Front-National-Spitze trafen, ist die Empörung im Bundesvorstand zwar enorm. Aber letztlich wissen Petrys Kollegen genau, eine Kooperation ist auf Dauer nicht zu verhindern. Wie auch, wenn Pretzell längst in der Front-National-Fraktion sitzt? Auf Facebook verkündet der denn auch ganz offen die außenpolitische Linie der Partei: »Die AfD steht für einen Neuanfang in Frankreich mit Marine Le Pen.«

Bleibt ein letztes Tabu: Russland. Auch hier waren die Berührungsängste zu Luckes Zeiten enorm und nach Lucke winzig. Als der *Spiegel* Ende 2014 meldete, AfD-Vertreter hätten die russische Botschaft besucht und Putins Diplomaten hätten ihnen Rat und Hilfe angeboten, dementierte Lucke noch empört. Ein Jahr später meldet die Partei einen ähnlichen Besuch ganz stolz per Pressemitteilung.

Nach wie vor gibt es keine Beweise, dass die AfD aus russischen Schatullen gefördert wurde. Aber die geistige Nähe zu Quasi-Diktator Putin ist unbestreitbar: Alexander Gauland reist auf Kosten des Oligarchen Konstantin Malofejew nach Sankt Petersburg und trifft dort den neofaschistischen Kreml-Flüsterer Alexander Dugin. Björn Höcke unterstützt einen Parteitagsantrag, dass die AfD sich für den Austritt aus der Nato stark machen soll. Und Marcus Pretzell reist auf die annektierte Krim zu einer Tagung und tummelt sich dort unter prominenten Russen, deren Namen auf der EU-Sanktionsliste stehen.

Die zentrale Figur für Russlandkontakte ist Petrys junger Pressesprecher Markus Frohnmaier. Für dieses »Wunderkind«, so schwärmte das rechtsnationale Blatt *Zuerst*, »spielen Dinge wie ›westliche Wertegemeinschaft‹, ›transatlantisches Bündnis‹ oder andere schwammige Floskeln keine Rolle«. In der Tat: Frohnmaier pflegt gute Kontakte zur antiwestlichen und homophoben Putin-Jugend, zu serbischen Nationalisten, orthodoxen Hardlinern und ukrainischen Separatisten.

Frohnmaier steht auch für die Versuche der AfD, die 2,5 Millionen Spätaussiedler in Deutschland an die Partei zu binden, deren Verbindungen in die russische Heimat ungebrochen sind. Aufgehetzt von der Desinformation und den Verschwörungstheorien russischer Medien, sind diese Kreise sperrangelweit offen für AfD-Botschaften. Sie applaudieren, wenn Frohnmaier verkündet, Deutschland solle nicht »Kindergärtner der Welt« sein – mag der Redner auch selbst erst Mitte zwanzig sein.

Genau hier liegt das Problem: Jeder Außenpolitiker muss mit dubiosen Partnern verhandeln. Gefährlich ist aber, dass die meisten AfD-Politiker völlig unbeleckt in außenpolitischen Fragen sind. Sie genießen die Aufmerksamkeit und Schmeicheleien der Oligarchen, Ideologen und Extremisten, die bezahlten Reisen, die Auftritte vor vollen Barocksälen, den Applaus und das feine Diner. Dass sie gezielt instrumentalisiert werden, stört sie nicht.

Die Sponsoren: »Tellerspenden« und »Extrablätter«

Viele AfD-Helfer sind der Öffentlichkeit völlig unbekannt. Vor allem die Geldgeber der Partei legen enorm viel Wert auf Diskretion. Deswegen entbehrt es nicht einer gewissen Ironie, wenn die AfD in ihrem Programm klagt: »Die verdeckte Parteienfinanzierung ist gänzlich aus dem Ruder gelaufen.« Wenn dies auf eine Partei zutrifft, dann auf die Rechtspopulisten selbst.

Die AfD ist besonders geschickt darin, Grauzonen des Parteienrechts zu nutzen. Ein Beispiel war ihr »Gold-Shop«, ein Online-Handel für Goldbarren und -münzen, mit dem die Partei 2014 ihre Umsätze aufblähte, um die volle Höhe der Parteienfinanzierung zu bekommen. Es war eine legale, nur eben fragwürdige Methode.

So legal wie fragwürdig war auch, dass sich die AfD-Fraktion in Sachsen-Anhalt schon drei Wochen nach der Landtagswahl konstituierte. So konnte sie die vollen Fraktionszuschüsse über 138 000 Euro für März 2016 einstreichen – für einen Monat ohne jegliche parlamentarische Arbeit.

Wie viel Geld die AfD insgesamt hat und aus welchen Quellen, war immer schon ein Rätsel. Früh gab es Gerüchte, die ganze Partei sei eine Gründung »von oben«. Schwerreiche Unternehmer, enttäuscht vom mangelnden Widerstand der FDP gegen die Eurorettung, hätten sich eine politische Kraft gekauft. Doch angesichts der vollen Säle bei AfD-Kundgebungen kann Geld allein nicht der entscheidende Geburtshelfer gewesen sein.

Hubert Aiwanger, Chef der Freien Wähler und Kooperationspartner des AfD-Vorgängers »Wahlalternative 2013«, ist trotzdem überzeugt: »Die AfD ist eine Partei aus der Retorte, gezeugt vom großen Geld.« Nur von wem? Hier weicht Aiwanger aus, nennt keine Namen, sondern spricht nur nebulös von den Kreisen, die bekanntermaßen in der Eurorettungspolitik eine Gefahr für ihre geschäftlichen Interessen gesehen hätten: Mittelständler, Familienunternehmen, Privatbanken.

Bis heute gibt es keine schriftlichen Belege für diese Verbindungen. Es gibt nur Andeutungen, auch von AfD-Veteranen der ersten Stunde. Ein Lächeln, ein Zwinkern, ein Versprechen, irgendwann mal bei einer guten Flasche Rotwein darüber zu reden. Wenn nicht Gras, sondern ein ganzer Dschungel über alles gewachsen ist, was damals geschah.

Es spricht einiges dafür, dass vor allem der erste Rechenschaftsbericht der AfD die tatsächliche Kassenlage nicht korrekt widerspiegelte. Das zeigt sich schon daran, dass der Wirtschaftsprüfer, den die AfD für das Testat ihres Berichts angeheuert hatte, seine Unterschrift unter das Zahlenwerk verweigerte. Ein Ersatzmann musste her. Ob der ursprüngliche Prüfer zwischen den Zeilen Ungereimtheiten gefunden hatte? Die Bundestagsverwaltung monierte den Bericht jedenfalls nicht.

Fest steht, dass die frühe AfD einerseits wirkte wie eine Graswurzelbewegung, in der alles selbst gemacht war, in der die Parteifreunde sich Stullen einpackten und Fahrgemeinschaften bildeten. Andererseits hielt die AfD keinen Monat nach ihrer Gründung einen Parteitag in einem der teuersten Hotels der Hauptstadt ab. In jedem Bundesland reichte das Geld für Gründungsversammlungen in guten Lokalitäten, und überall hingen in diesem Sommer professionell gestaltete AfD-Wahlplakate (soweit sie nicht von der Antifa abgerissen wurden). Wie ein Bundesvorstandsprotokoll aus dem Sommer 2013 zeigt, produzierte die AfD für 30 000 Euro einen Wahlwerbespot, den sie für 200 000 Euro im Fernsehen senden ließ. Dazu kamen Flyer (300 000 Euro), Broschüren und CDs mit dem AfD-Song. Und natürlich die Kosten für Sicherheit und Technik auf den Kundgebungen, die Raummieten, die bunten Wandaufsteller und, und, und. Die AfD-Politiker selbst häuften Kosten für Flüge, Hotels, Bahn- und Taxifahrten an. Irgendwie reichte das Geld immer.

Woher kam es? Die Konrad-Adenauer-Stiftung wies schon

im April 2013 auf alte Verbindungen zwischen Beatrix von Storch und dem schwerreichen Unternehmer August von Finck hin. Der Milliardär, der in den Neunzigerjahren bereits Manfred Brunners »Bund freier Bürger« unterstützte, hatte mehrere Millionen Euro in von Storchs Verein »Bürgerkonvent« gesteckt. Von Fincks Firma Degussa war nach Aussage von AfD-Mitarbeitern auch der Hauptlieferant für den »Gold-Shop« der AfD. Leistete der Unternehmer also der Partei Anschubhilfe? Beatrix von Storch konterte die Mutmaßung der Konrad-Adenauer-Stiftung mit dem Satz: »Ich habe noch nie größeren Unfug gehört.«

Wer die offiziellen AfD-Schatzmeister kennt, hat jedenfalls Zweifel, dass diese Herren die wahren Finanzströme der Partei kontrollierten. Der erste Schatzmeister war Norbert Stenzel, Betonfirmen-Manager aus Bad Nauheim, ein jovialer Lebemann, dem Wein und gutem Essen zugeneigt. Stenzel ließ sich von seiner Verantwortung für die AfD-Kasse nicht stressen. So lax sei sein Finanzmanagement gewesen, heißt es der AfD-Legende nach, dass Frauke Petry eines Tages im Sommer 2013 nach Bad Nauheim bretterte, um Stenzel die Kasse zu entreißen: »Ich mache das ab jetzt.« Nach einem heftigen Wortgefecht habe der Schatzmeister sie hinausgeworfen.

Stenzels Amtsausführung scheint sich weitgehend darauf beschränkt zu haben, Spendenquittungen zu unterzeichnen und mehrmals täglich die Kontoauszüge der AfD auszudrucken. In diese Auszüge ließ Stenzel mich auch einmal blicken: Sie wiesen viele Mini-Spenden aus, hier 15, da 150, selten mehr als 500 Euro.

Auf Stenzel folgte Piet Leidreiter aus Bremen, der seinen Posten und die Partei jedoch gemeinsam mit Lucke verließ. Auch die Berichte über Leidreiters Finanzmanagement sind keine Ruhmesblätter. Zwar war er Angestellter in der Steuerberatungsgesellschaft seines Vaters, selbst aber kein Fachmann.

AfD-Leute lästern, er habe seinen Posten eher getreu dem Titel der Jugendbuch- und Hörspielserie »Die drei ???« erfüllt.

Erst mit dem dritten und noch amtierenden Schatzmeister, Klaus Fohrmann, einem kernigen Steuerberater aus Hamburg, kehrten Zucht und Ordnung in die AfD-Buchhaltung ein. Fohrmann war zuvor Rechnungsprüfer der AfD, und sein Prüfbericht auf dem Essener Parteitag hatte es in sich: Unerbittlich geißelte er den Schlendrian in den Parteifinanzen, das halbherzige Verbuchen von Spenden, die fehlenden Quittungen und versickerten Summen. Auf seine Empfehlung verweigert die AfD-Basis dem scheidenden Vorstand die Entlastung.

Die Anfangszeit der Partei war eben chaotisch. AfD-Leute berichten, dass in der Geschäftsstelle Rechnungen und Kontoauszüge in Pappkartons herumgelegen hätten. Oft hätten AfD-Anhänger hier Umschläge mit Geld abgeliefert: »Hier sind 2000 Euro, ich möchte aber nirgendwo genannt werden.« Zeitweise habe die Geschäftsstelle so auf fünfstelligen Summen gesessen und nicht gewusst, wohin damit. »So stellt man sich das Kriegshilfswerk vor«, sagt einer, der damals dabei war. Die AfD-Leute reichten das Geld notgedrungen selbst in Mini-Tranchen als Spende ein, hier 500 Euro, dort 1000 Euro.

Darüber hinaus könnten aber noch größere Summen geflossen sein. Ende Juni 2013 sagte Frauke Petry der *Welt*, die AfD habe ein siebenstelliges Wahlkampfbudget: »Wir haben immer gesagt, wenn es nicht mehr als drei Millionen Euro werden, ist es sinnlos.« Auf dem Gründungsparteitag hatten die Parteichefs allerdings verkündet, in der Kasse lägen nur 300 000 Euro. Sollte die Summe in so kurzer Zeit so stark gewachsen sein? Für das gesamte Jahr 2013 meldete die AfD Spenden über 4,1 Millionen Euro von natürlichen Personen.

Die Mitgliedsbeiträge können diese Millionen nicht ergeben haben, da die AfD damals nur 13 000 Mitglieder hatte und Rechnungsprüfer Fohrmann später gerade kritisieren sollte, dass die AfD beim Eintreiben der Beiträge so nachlässig gewesen sei. Auch Stenzels Graswurzel-Spenden können die Differenz nicht wettgemacht haben. Der AfD-Rechenschaftsbericht weist für 2013 nur ein gutes Dutzend Spenden über 10 000 Euro aus, und nur drei über 50 000 Euro. Dazu magere 170 000 Euro von Wirtschaftsunternehmen.

Es gibt mehrere Theorien dafür, wo die verdeckten Quellen des AfD-Wohlstands damals lagen. Eine nennt der Rechenschaftsbericht selbst: Die AfD meldet, sie habe 2013 eine halbe Million Euro aus »nicht zweifelsfrei zuzuordnenden Zuwendungen« erhalten, zum Beispiel aus »Tellerspenden« bei Kundgebungen oder aus anonymen Kleinspenden. Mit der Methode Klingelbeutel eine halbe Million einzusammeln – es dürfte ein zweifelhafter Rekord in der Parteiengeschichte sein.

Eine weitere Spur führt zu einem Reeder-Ehepaar aus Hamburg: Folkard Edler gewährte der AfD im Bundestagswahlkampf zwei Kredite über jeweils 500 000 Euro zu extrem günstigen Konditionen. Für den ersten Kredit sollte die Partei nur »2 Prozent p. a.« Zinsen zahlen, berichtete Lucke Parteifreunden per Mail, als Sicherheit habe Edler »40 Prozent der Wahlkampfkostenerstattung« akzeptiert. »Beim zweiten Darlehen hat der Darlehensgeber auf Sicherheiten vollständig verzichtet«, frohlockte Lucke. Und das Beste: Die AfD müsse den Kredit nach der Wahl nur tilgen, wenn sie »genügend finanzielle Mittel« habe. Parteienrechtler wie Jörn Ipsen aus Osnabrück bezeichneten den Deal damals als »verschleierte Spende«, als »Umgehung aller Regeln über Rechenschaftsberichte«. Doch juristische Konsequenzen gab es nie. Einen maßgeblichen Beitrag zur hohen Spendensumme von 4,1 Millionen Euro kann dieses Darlehen übrigens nicht geleistet haben. Denn es war im Rechenschaftsbericht ja gerade nicht als offizielle Spende verbucht.

Mit einem anderen Finanzierungsmodell kam Gründungsmitglied Michael Heendorf einmal in Berührung. Einige Wochen vor der Bundestagswahl bat man ihn, eine Rechnung neu ausstellen zu lassen. Ein Tagungszentrum in Sachsen-Anhalt sollte die Kosten für eine AfD-Veranstaltung nicht auf die Landesgeschäftsstelle ausstellen, sondern auf eine Beratungsfirma in Süddeutschland. In den Monaten vor der Bundestagswahl musste die junge Partei viele Räume und Buffets finanzieren – gut möglich, dass viele dieser Kosten nach dieser Methode auf finanzkräftige Schultern umgelegt wurden.

Die Vorgängerorganisation der AfD, die »Wahlalternative 2013« musste ebenfalls schon als Verschiebebahnhof für Geld herhalten. So ging im Sommer 2013 eine Spende aus dem Ausland über 10000 Euro ein. Wie sollte man sie verbuchen? Eigentlich gestattet Paragraph 25 Parteiengesetz nur Auslandsspenden von Privatpersonen bis 1000 Euro. AfD-Mitgründer Heendorf berichtet, das Geld sei damals über das alte Vereinskonto der »Wahlalternative 2013« der AfD zugeschoben worden. Nur ein Einzelfall?

Bis heute profitiert die AfD davon, dass die Bundestagsverwaltung keine investigative Behörde ist. Das Referat Parteienfinanzierung prüft Rechenschaftsberichte auf ihre Schlüssigkeit, mehr passiert selten. Einmal wollten die Beamten durchgreifen, scheiterten aber: Kurz vor den Landtagswahlen in Rheinland-Pfalz, Baden-Württemberg, Mecklenburg-Vorpommern und Berlin pflasterten anonyme Spender diese Bundesländer mit Pro-AfD-Plakaten zu, und in Millionen Briefkästen lag die Gratiszeitung *Extrablatt* mit Pro-AfD-Artikeln. Die Aktion dürfte übers Jahr gerechnet bis zu 2 Millionen Euro gekostet haben.

Offiziell stand dahinter ein »Verein zur Erhaltung der Rechtsstaatlichkeit und bürgerlichen Freiheiten«, der seine Mitglieder geheim hält und behauptet, mit der AfD in keiner Weise verbunden zu sein. Dabei führen viele Spuren zu der Partei: Im

Impressum der »Extrablätter« stand anfangs Josef Konrad, ein fränkischer Medienunternehmer und AfD-Funktionär, der schon mehrere Parteiblättchen publizierte, etwa eine Zeitschrift für Petrys Landtagsfraktion. Konrads Firma betreibt zudem im Auftrag der AfD einen Online-Shop mit Partei-Devotionalien.

Der Verdacht einer verdeckten Spende rüttelte auch die Bundestagsverwaltung auf. Zweimal befragten die Beamten die AfD, zweimal kam die Antwort, leider wisse man nichts. Dabei enthielten einige »Extrablätter« sogar Interviews mit AfD-Funktionären, die sich darüber ganz überrascht zeigten.

Das Modell »anonymer Förderverein« ist auch nicht neu für die AfD: Schon im Bundestagswahlkampf 2013 erschien in der *FAZ* eine Anzeigenserie, gesponsert von einem »Freundeskreis der Alternative für Deutschland«. Deren Forderungskatalog ging noch über das Euro-Thema hinaus und umfasste zum Beispiel das alte Lieblingsthema von Beatrix von Storch: »Wir wollen, dass alle deutschen Kommunismus-Opfer im einstigen DDR-Gebiet ihr Recht bekommen.« Die Adresse im Impressum führte auch zu Storch-Verbündeten – zum Verein »Das heimatverdrängte Landvolk«.

Offiziell sagt Bernd Lucke bis heute, »unbekannte Gönner« hätten die Anzeigen geschaltet. Doch Eingeweihte berichten, Lucke habe in einer Vorstandssitzung, ausdrücklich jenseits des Protokolls, sehr wohl gesagt, er kenne die Unterstützer. Sie würden aber anonym bleiben wollen. Ein Name, der dabei fiel, war Heiko Peters – auch ein Mitstreiter von Storchs im Kampf um die verlorenen Ostgebiete. Peters starb 2015.

Das Modell der anonymen Spender lebt weiter. Es erinnert an die amerikanischen »Political Action Committees«, die »Super-Pacs«, die schon gewaltige Summen in US-Wahlkämpfe buttern. Im Bundestagswahlkampf dürfte man den »Extrablättern« wiederbegegnen.

Teil VI
Das Spielfeld.
Wie umgehen mit der AfD?

1
Fakten, Fakten, Fakten

Nicht wegducken

Die AfD hat das politische Spielfeld in Deutschland verändert und neue Regeln eingeführt. Wäre der Wettstreit um die Wähler ein Fußballspiel, würden die AfD-Spieler mit zwei Torwarten und fünf Bällen anrücken und ihre Schüsse gelegentlich von der Tribüne aus platzieren.

Eigentlich ist diese AfD-Mannschaft eine Amateurtruppe, in ihren Reihen spielen viele leichte Gegner mit, Lahme und Blinde. Aber die werfen den Ball eben auch mal mit der Hand aufs Tor. Andere AfD-Spieler sind offensichtlich gedopt oder knattern mit dem Motorrad über das Feld, aber die Schiedsrichter dringen mit ihren Pfiffen und Ordnungsrufen kaum noch durch. Das Publikum reagiert teils empört, teils begeistert. Seit diese Mannschaft mitspielt, hat das Spiel unzweifelhaft einen höheren Unterhaltungswert.

Am wichtigsten ist aber: Die AfD hat das Spielfeld vergrößert. Sie hat Wähler erreicht, die andere Parteien vernachlässigt oder gar gezielt »asymmetrisch demobilisiert« haben – eigentlich auch keine zulässige Spielstrategie. Für die Mobilisierung hat die AfD freilich noch schmutzigere Tricks genutzt, die kein seriöses Team nachmachen sollte.

Doch jammern gilt nicht. Auch wenn das Feld jetzt um ein Drittel größer ist: Es ist noch immer nicht so groß, wie es in einer Demokratie sein könnte. Mit der AfD erfolgreich »umzugehen« bedeutet, das neue Spielfeld als das aktuell gegebene zu betrachten, die Strategien der Partei zu verstehen und sie zu kontern – ohne selbst die Regeln zu brechen.

Alles beginnt mit der Erkenntnis, dass die AfD ein *gesamtgesellschaftliches* Phänomen ist – deshalb lässt sie sich weder ignorieren noch totschweigen noch ausgrenzen. Diese Methode ließ sich noch halbwegs erfolgreich mit der NPD und den alten Haudrauf-Rechten praktizieren, die mit Glatze und im Jogging-Anzug jubelten, wenn das »Assilantenheim« brannte. Über sie konnten die Anständigen sich erheben, von ihnen konnte man sich leicht abgrenzen. Aber dieses Rezept wirkt nicht gegen eine Partei, deren Milieu von Beginn an die ganze Gesellschaft durchzog und in der sich gemäßigte Konservative, frustrierte Linke und frisch mobilisierte Ex-Nichtwähler ebenso tummeln wie radikale Rechte.

Die AfD-Klientel reicht vom Rentner aus Bitterfeld, der im *Spiegel-Online*-Video nuschelt: »Warum muss ich mich von den Negern anbetteln lassen?«, bis zu Nicolaus Fest, Sohn eines ehemaligen *FAZ*-Herausgebers, der seine Abneigung gegen den Islam druckreif vortragen kann, mit Einstecktüchlein und vermutlich handgenähten Schuhen. AfD-Wähler sind Männer und Frauen, Ossis und Wessis, »Establishment« und »Pack«. Sie sind pensionierte Lehrerinnen und junge Studenten, wohlhabende Anwälte und alleinerziehende Friseurinnen, Russlanddeutsche und sogar Kinder türkischer Eltern – und sie alle fühlen sich im Recht mit ihren politischen Ansichten.

Deshalb darf es sich niemand, der die AfD konfrontieren will, allzu bequem machen. Das bedeutet in der Praxis als Erstes, sich nicht wegzuducken, sondern den Streit mit den Rechtspopulisten zu suchen und auch auszuhalten. Wer der AfD Intoleranz vorwirft, muss Vertreter dieser Partei auch in Diskussionsrunden tolerieren. Eine Partei, die Ende 2017 in 13 Parlamenten sitzen wird, verschwindet nicht, nur weil niemand ihr »eine Bühne bietet«. Die AfD schaffte in Rheinland-Pfalz mühelos 12,6 Prozent, obwohl Ministerpräsidentin Malu Dreyer dem Spitzenkandidaten der AfD ein Fernsehduell verweigerte.

Natürlich kann kein Politiker gezwungen werden, sich in eine Talkshow mit AfD-Repräsentanten zu setzen. Doch wer wie Unionsfraktionschef Volker Kauder öffentlich ankündigt, dies *niemals* tun zu wollen, muss sich bewusst sein, dass er im AfD-Milieu und in dem der Unentschlossenen das Vorurteil gegen die feigen »Kartellparteien« zementiert.

Das Gleiche gilt für den Umgang mit AfD-Vordenkern wie Götz Kubitschek. Kein Politiker muss sich mit ihm auf ein Podium setzen – ein Innenminister sollte es vielleicht auch nicht tun. Denn es wertet den völkischen Ideologen tatsächlich auf, wenn der Dienstherr der Staatsschutzbehörden auf Augenhöhe mit ihm diskutiert. Aber wenn der Innenminister erst zusagt, um dann unter öffentlichem Druck wieder abzusagen, kommt dies einer Selbstverzwergung gleich. Die Verbannung der Rechten von allen Podien zeugt von einer infantilen Hoffnung, sie würden verschwinden, wenn man nur die Augen schließt, die Finger in die Ohren steckt und »Lalala!« ruft. Aber so wird es nicht kommen, das rechte Milieu wächst und die nächste Einladung kommt bestimmt.

Die Podien von rechten Protagonisten sauber zu halten ist auch kein Sieg der Meinungsfreiheit, sondern nur das Totschweigen einer Meinung, die sich stattdessen unwidersprochen über andere Kanäle ausbreiten kann, zum Beispiel vor Tausenden Pegida-Demonstranten oder im Internet. Aus diesem Grund sollten sich Politiker auch die Aussage sparen, man werde nach einer Wahl »mit allen demokratischen Parteien« Koalitionsgespräche führen, also nicht mit der AfD. Solange die Partei nicht verboten ist, sondern zu jeder Wahl problemlos zugelassen wird, ist sie nun einmal Teil der deutschen Demokratie.

Völlig verfehlt ist daher auch ein Allparteienbündnis gegen die AfD, wie SPD, CDU, Grüne, Linkspartei und FDP es im Berliner Wahlkampf schlossen: »In Berlin ist es gute Tradition, dass demokratische Parteien gemeinsam gegen Rechtsextremismus, Rechtspopulismus, Antisemitismus und Rassismus einstehen«, hieß es. Man kann sich kein größeres Wahlgeschenk vorstellen: Die AfD war nun offiziell die einzige Opposition, die einzige Alternative.

Keine falschen Vorwürfe

Wer der AfD widersprechen will, muss gut vorbereitet sein, und das sind ihre Diskussionspartner leider zu selten. Deshalb erlitt schon so mancher »Faktencheck« über die AfD Schiffbruch. Vielleicht hätte auch der Innenminister von Sachsen-Anhalt Schiffbruch erlitten, der Ende 2016 zugesagt hatte, mit Götz Kubitschek auf einem Podium zu diskutieren. Auf Druck seines eigenen Ministerpräsidenten musste er den Auftritt wieder absagen. Vielleicht zu seinem eigenen Glück, denn nur mit dem Verweis auf das Grundgesetz hätte er den rechten Denker nicht geschlagen. Kubitschek hätte nur zurückfragen müssen, wo in seinen Schriften er denn bitte schön verfassungswidrige Positionen beziehe. Um dann fortzufahren, wie der Minister eigentlich den Rechtsbruch bei der Eurorettung rechtfertigen würde oder die illegale Einreise der Flüchtlinge. Wer Kubitschek die Stirn bieten will, muss sich schon einlesen.

Die AfD gewinnt Debatten häufig nur, weil ihre Gegner zu faul sind, deren Positionen zu studieren. Vor allem in Talkshows unterstellt man der Partei immer wieder Forderungen, die sie so nicht offiziell vertritt, wie die Privatisierung der Arbeitslosenversicherung (das hatte ja lediglich in einem eigenmächtigen Programmentwurf der »Störchin« gestanden und es nicht einmal in den offiziellen Programm*entwurf* der Partei geschafft) oder das Verbot der Homo-Ehe. Die Sängerin Jennifer Rostock ging im Wahlkampf in Mecklenburg-Vorpommern spektakulär baden (zumindest, was die Faktentreue anging) mit einem

Spottlied, in dem es hieß, die AfD stehe für »Arbeit unter Mindestlohnniveau«, für die »Frau am Herd« oder ein »Abtreibungsverbot«. Auch wenn man der Partei all das problemlos zutrauen würde, waren es doch falsche Unterstellungen. Es war den Rechtspopulisten ein Leichtes, im Gegenzug die Sängerin Melanie Halle ans Mikrofon zu schicken, die in ihrer Coverversion des Songs alle falschen Vorwürfe richtigstellte und die richtigen dabei natürlich ignorierte.

Die politischen Gegner der AfD machen ihr im Übereifer Vorwürfe, die so übertrieben sind wie die Katastrophenszenarien der Partei selbst. Etwa die Unterstellung, dass die AfD »nachweislich nichts lieber will, als unsere bestehende staatliche Ordnung zu zerstören« (Ralf Stegner). AfD-Politiker und ihre Anhänger sind ehrlich davon überzeugt, dass ihre Partei die einzige ist, die in Deutschland noch für den Erhalt der staatlichen Ordnung im Angesicht der Flüchtlingskrise kämpfen will. Man darf getrost anderer Meinung sein. Aber es sind solche aggressiven Pauschalvorwürfe der politischen Konkurrenz, die eine ernsthafte Auseinandersetzung mit den Gefahren der AfD verhindern.

Die AfD zu entzaubern ist mühsam, denn viele ihrer Parolen lassen sich auf harte Fakten zurückführen. Viele ihrer Vorwürfe klingen für linke Ohren vielleicht unsympathisch, sind aber nicht unbegründet – deshalb konnte die AfD im bürgerlichen Milieu so viele Anhänger gewinnen.

Wo die Rechten begründete Kritik an politischen Zuständen üben, zum Beispiel an der mangelhaften Registrierung von Flüchtlingen oder der niedrigen Zahl von Abschiebungen, sollte man dies nicht leugnen. Man sollte es sogar offen anerkennen, denn vielen Rechtspopulisten ist es gerade unangenehm, wenn das »Establishment« ihnen zustimmt. Versuche, sich davon abzugrenzen (endlich kommen die »Altparteien« in die Gänge, weil *wir* Missstände aufgezeigt haben), gelingen nicht immer. Auch das kann man mit Fakten belegen, indem man darauf verweist, dass die AfD keineswegs ein Monopol auf Kritik an den herrschenden Zuständen hat.

Angriffsfläche bietet die Partei dennoch genug. So wies der Physiker Harald Lesch nach, dass viele ihrer Aussagen zum Klimawandel schlicht falsch sind. Etwa die Behauptung, Kohlenstoffdioxid sei »kein Schadstoff, sondern unverzichtbarer Teil des Lebens«. Sicherlich, sagte Lesch lässig, nur eben nicht in dieser hohen Konzentration. Gegen gut gelaunten Sachverstand können die AfD-Fans nur pampig werden.

Man muss für die Entzauberung der Partei auch kein Wissenschaftler sein, oft sind die Fehler augenfällig. AfD-Funktionäre sprechen zum Beispiel gern von den »Millionen Migranten«, die 2015 über die Grenze kamen. Dann darf man sie daran erinnern, dass es nur 890 000 waren. Die AfD behauptet auch oft, die Regierung würde ihre Vorschläge »kopieren« – dabei sind es in der Regel Konzepte, die lange vor der Existenz der AfD diskutiert wurden.

Sehr leicht lässt sich die AfD auch mit ihrer mangelhaften parlamentarischen Arbeit konfrontieren. Das kann man sachlich tun, wie der Ex-Grünen-Abgeordnete Miro Jennerjahn, der die Arbeit von Frauke Petrys sächsischer Fraktion zerlegte. Sein Fazit: Die Bilanz der AfD sei schwächer als die der NPD. Ihre parlamentarischen Initiativen seien »überwiegend oberflächlich und ohne ernst zu nehmenden Gestaltungsanspruch«, die Anträge »inhaltlich wenig ausgearbeitet«.

Lustiger ist die Auswertung des Comedian Jan Böhmermann, der die teils skurrilen, teils hetzerischen parlamentarischen AfD-Anfragen den kühlen Antworten der Landesregierungen gegenüberstellte:

Frage: Gab es eine Epidemie in einer Aufnahmestelle für Flüchtlinge?
Antwort: Nein, gab es nicht.
Frage: Wurde eine »Vergewaltigung durch Asylbewerber im Maxim-Gorki-Park« vertuscht?
Antwort: Der Staatsregierung ist kein Maxim-Gorki-Park bekannt.

Die Redakteure des TV-Magazins »Panorama« wiederum blieben 2015 einfach am Ball und stellten dem niedersächsischen AfD-Kreisvorsitzenden Uwe Wappler hartnäckige Fragen. Der hatte behauptet, ein zwölfjähriges Mädchen sei in seiner Gegend vergewaltigt worden und die Täter seien nur aus Political Correctness nicht »dingfest« gemacht worden. Wo und wann war dies passiert, fragten die Redakteure, welche Behörde hatte versagt? Wappler wand sich und druckste verlegen: »Jetzt haben Sie mich auf dem falschen Fuß erwischt, ich bin hier im Moment nicht in der Lage, das im Detail so zu sagen.« Es stellte sich heraus: Die gruselige Tat gab es nie.

Das hartnäckige Nachfragen sollte nüchtern, unaggressiv und ergebnisoffen sein, es sollte nicht auf die Person zielen, sondern auf ihre politischen »Konzepte«. Wie genau würden Björn Höcke oder Alexander Gauland eine »negative Obergrenze« von minus 200 000 Migranten im Jahr forcieren? Wie würden sie die Kandidaten für die jährliche »Remigration« auswählen und auf welcher Rechtsgrundlage eigentlich? Was tun, wenn die Ausgewählten Widerstand leisten, juristisch oder physisch? Was, wenn ihre Herkunftsländer sie nicht zurücknehmen?

Diese Fragetechnik provozierte Anfang 2016 die Äußerungen von Frauke Petry über den Schießbefehl an der Grenze. Die Redakteure des *Mannheimer Morgen* hatten einfach konsequent weitergefragt, was die AfD tun würde, wenn Deutschland wirklich seine Grenze schlösse, aber die Flüchtlinge ihren

Einlass erzwingen wollten. Würde eine Kanzlerin Petry dann Schüsse akzeptieren? Nur als Ultima Ratio, versteht sich?

Petry sagte später, die Zeitung habe sie in eine Falle gelockt. Tatsächlich hatte man sie nur gezwungen, ihre politischen Forderungen der Realität zu stellen, sie bis zum Ernstfall durchzudeklinieren. Angela Merkel war im Herbst 2015 vor Bildern von Flüchtlingsfamilien im Tränengasnebel zurückgeschreckt. Würde ein Innenminister Alexander Gauland Ernst machen mit der Forderung, sich nicht »von Kinderaugen erpressen« zu lassen? Man darf es – hoffentlich – bezweifeln.

Bruchlinien aufzeigen

Ein probates Mittel im Umgang mit der AfD ist, die tiefen Bruchlinien in der Partei aufzuzeigen. Es beginnt mit den persönlichen Konflikten und dem hässlichen Dauermachtkampf in der Partei – wieso werden AfD-Funktionäre in Talkshows so selten damit konfrontiert? Die Frage ist legitim: Wie wollen Menschen, die sich noch nicht einmal mit den eigenen Parteifreunden zusammenraufen können, Verantwortung für das Land übernehmen?

Es ist auch verwunderlich, dass wenige politische Gegner die anonymen Spenden an die Partei thematisieren – wer steckt dahinter? Und verbirgt Björn Höcke sich hinter dem Namen »Landolf Ladig«? Schrieb der AfD-Mann die revanchistischen Pamphlete für ein NPD-Magazin? Man müsste nicht nur Höcke, sondern auch seine Parteifreunde mit dieser Frage auf jedem Podium und bei jeder Landtagsrede konfrontieren.

Auch das zweifelhafte Demokratieverständnis vieler AfD-Funktionäre lässt sich leicht anprangern. Wie ist es mit dem basisdemokratischen Credo der Rechtspopulisten zu vereinbaren, dass in Frauke Petrys Verband ein missliebiger Kandidat einfach von der Landesliste gestrichen wurde? Dass in Marcus Pretzells Verband Parteimitglieder Wahlen über WhatsApp-Verteiler steuerten und Stimmzettel vernichteten?

Mit der Frage nach dem Rollenverständnis ihrer Partei kann man AfD-Vertreter ebenfalls ins Schwitzen bringen. Will man nun eine Fundamentalopposition sein oder eine ernsthafte, koalitionsfähige Kraft? Gewiss, die Frage einer AfD-Koalition ist derzeit rein akademisch, keine andere Partei wäre zu dieser Partnerschaft bereit. Aber, wie der frühere CDU-Wahlkampfstratege Peter Radunski schrieb: »Das Koalitionsangebot an die AfD ist eine Waffe in der Auseinandersetzung mit ihr.« Man darf AfD-Vertreter getrost ein bisschen damit piesacken, denn die Wähler sollten wissen, ob sie für puren Protest votieren oder ob ihre Stimme politische Veränderungen bewirken könnte.

In inhaltlicher Sicht zeigen sich noch tiefere Risse in der AfD. Zu den Gräben zwischen dem sozialen und wirtschaftsliberalen Flügel ist hier schon alles gesagt worden. Aber wie lassen sich die völlig konträren Weltbilder von Liberalen wie Jörg Meuthen und Nationalisten wie Gauland vereinen? Schätzt man die Freiheit des Einzelnen höher oder die Interessen des Staatsvolks? Die AfD behauptet gerne, die konträren Flügel seien ihre große Stärke. Der Hausphilosoph der AfD, Marc Jongen, formulierte es so: »Genuin liberal zu sein heißt heute, konservativ zu sein. Zuweilen sogar reaktionär.«

Den Praxistest muss Jongens These freilich noch bestehen. Seine Aussage erinnert an die Staatsideologie in George Orwells Roman »1984«, an die Kunst des *doublethink,* nämlich Widersprüche zu verleugnen, indem man sie kurzerhand für nicht widersprüchlich erklärt: Hass ist Liebe, Krieg ist Frieden – und reaktionär ist liberal!

Man darf auch die offen schwul lebenden AfD-Funktionäre fragen, wie weit die Toleranz ihrer Partei für sie wirklich reicht. Sehen die Parteifreunde ihr Lebensmodell als gleichwertig an?

Oder toleriert man sie nicht nur als nützliches Aushängeschild? Es sind unangenehme Fragen, zumal die AfD-Basis den homosexuellen Funktionären das Leben schon unbequem genug macht. Bei der Kür der AfD-Bundestagskandidaten in Baden-Württemberg fragte eine Frau im Publikum die Kandidatin Alice Weidel, wie sie es mit ihrem christlichen Glauben vereinbaren könne, in einer lesbischen Beziehung zu leben. Zwar wurde die Fragestellerin sogleich von Parteifreunden ausgebuht. Doch insgeheim dürften sich viele erzkonservative AfD-Mitglieder diese Frage stellen.

Die Bruchlinien der Partei setzen sich auf internationaler Ebene fort, im Verhältnis zu Russland, zur Nato, zum Front National oder auch zur Europäischen Union. Keine zwei AfD-Bundesvorstände, keine zwei EU-Abgeordneten der Partei sind sich auf diesen Feldern einig. Es fragt sich ohnehin, wie die nationalistisch geprägte AfD sich auf Dauer in eine »Internationale der Rechtsparteien« (Markus Wehner, *FAZ*) einreihen will. Wie wollen Regierungschefs von AfD, Front National oder FPÖ verlässliche Bündnisse schließen, wo ihnen doch die Interessen der eigenen Nation über alles gehen? Was würden sie im Konfliktfall tun? Wer wie alle hier genannten Parteien die Rückkehr zu einer uneingeschränkten nationalen Souveränität propagiert, kann sein Land auf Dauer nicht als Teil einer »Internationalen« sehen. Nicht einer »Internationalen der Rechtsparteien«, und erst recht nicht als Teil einer Europäischen Union, in der ein Riese wie Deutschland dasselbe Stimmengewicht haben kann wie die Zwergstaaten Malta oder Luxemburg. Während einige der genannten Parteien bei einem Wahlerfolg einen Exit nach britischem Vorbild anstreben, ist die AfD auch hier gespalten.

2
Gefühle zeigen

»Kopf gegen Herz«

Eine Erkenntnis der Landtagswahlen 2016 ist, dass viele AfD-Wähler keine Ahnung haben, wofür die Partei steht und wer sie vertritt. Die AfD wirkt wie der biblische brennende Dornbusch, aus dem es ruft: »Ich bin, der ich bin!« Die AfD wird gewählt, weil sie die AfD ist. *Was* die AfD ist, entscheidet jeder Wähler für sich. Die Partei ist ein Resonanzraum für Gefühle und eine Projektionsfläche für Hoffnungen.

Deshalb reicht es nicht, ihr mit Fakten Paroli zu bieten. Ängste lassen sich nicht dementieren, Wut lässt sich nicht wegargumentieren. Es »darf keine schiefe Schlachtordnung Kopf gegen Herz entstehen«, schreibt der einstige CDU-Stratege Peter Radunski in einem Beitrag für Christian Nawrockis Buch »AfD – Bekämpfen oder ignorieren?«: »AfD-Wähler sind meist emotionsgeladen. Ängste, Ärger, Vorurteile dominieren ihr Wahlmotiv. Man darf nicht den Fehler machen, mit ihnen rational politisch zu diskutieren, man muss auf diese Gefühle eingehen.«

Mit anderen Worten: Den etablierten Parteien muss es gelingen, selbst wieder glaubwürdig einen Resonanzraum für die Gefühle der AfD-Wähler zu schaffen. Allerdings sollte man – anders als Radunski meint – unbedingt rational argumentieren. Aber eben nicht ausschließlich. Weil das Milieu der Partei mehr bauch- als kopfgesteuert ist, begibt sich jeder Politiker auf den Holzweg, wenn er hofft, die AfD sei erledigt, wenn nur erst die Flüchtlingskrise »gelöst« ist, wenn die Zahl der Wohnungseinbrüche schrumpft oder die Ostrenten steigen. Zumal ein Teil der AfD-Wähler für Fakten nicht zugänglich ist, sie im Zweifelsfall für gefälscht hält, vom Establishment und von der »Lügenpresse«. Schließlich zeigt diesen Leuten ihr Gefühl, dass es ganz anders ist.

Wie also begibt man sich erfolgreich auf die Gefühlsebene? Ein erster Schritt ist, Schreihälsen einen Spiegel vorzuhalten. Viele scheinen zu denken, dass ihre Hasstiraden in Online-Foren oder E-Mails irgendwie »nicht echt« seien, sondern eben nur virtuell. Dass man sie wie Schmierereien auf Toilettenwänden hinterlassen und dann erleichtert seiner Wege gehen kann. Jeder Politiker und Journalist sollte sich die Mühe machen, die Wütenden an ihre Manieren zu erinnern. Konfrontiert man die Hasserfüllten mit ihrem eigenen Ton, wie es Renate Künast in einem Selbstversuch tat, reagieren sie oft kleinlaut, fast überrascht. Künast hatte einige der Facebook-Hassschreiber persönlich konfrontiert, das Gespräch mit ihnen gesucht. Das Ergebnis dieser Reise zum Ursprung der digitalen Wut lässt sich im *Spiegel* nachlesen.

»Mach dich ab Gesindel. Schade nächstes mal (beim nächsten Anschlag) hoffe ich trifft es jemanden aus deiner Familie. Abartige und unfähige Möchtegern Politikerin mehr biste nicht.« Künast sei eine »Fotze« und eine »Schande für Deutschland«.

Sehen so etwa bürgerliche Umgangsformen im Sinne der AfD aus? Ist so etwas Ausdruck von Recht und Ordnung? Es war verblüffend, wie schnell die Hassschreiber gegen Renate Künast einknickten, wie leid es ihnen plötzlich tat. »Hab ich sicherlich im Affekt geschrieben.« Oder: »Man redet halt so daher.« Interessant auch, dass die meisten, die sich »von denen da oben« so im Stich gelassen fühlten, kaum mit dem persönlichen Interesse der Politikerin umgehen konnten. Einer der Besuchten sagt, er sei stolz, dass da nun jemand »extra wegen ihm, dem kleinen Mann«, gekommen sei. Und als später das Telefon klingelt und seine Frau am Apparat ist, ruft er ganz aufgekratzt: »Maus, das wirst du nicht glauben! Re-na-te Künast!!! Nein, ich habe nichts getrunken.«

Um Aufmerksamkeit geht es, um Wahrnehmung, darum, Gehör zu finden. Diesen Eindruck hat die AfD ihren Anhängern so überzeugend vermittelt, dass viele AfD-Wähler erst gar nicht mehr von den »Altparteien« überzeugt werden wollen. Nach dem Motto: Die hatten lange genug ihre Chance. Wie der FDP-Politiker Marco Buschmann treffend feststellte, geht es ihnen darum, »das System zu bestrafen«. Ihr Kreuz bei der AfD soll keine Veränderung bewirken, sondern größtmögliche Zerstörung und Schmerz. Diese Wähler freuen sich am Wahlabend diebisch über die langen Gesichter bei den Vertretern der »Altparteien«.

Genau diese »Lust an der Bestrafung« (Buschmann) dürfte viele Amerikaner zur Stimmabgabe für Donald Trump bewogen haben. Ihr sadistischer Antrieb übertrumpfte sogar die rationale Erkenntnis, dass ein unerfahrener, irrlichternder US-Präsident ihnen selbst schaden kann und eine Gefahr für den Weltfrieden bedeutet. Auch bei deutschen Wählern bewirkt dieser Sadismus, dass sie alle Schwächen, Lügen und Tricks der AfD ignorieren. Hauptsache, »es hat richtig wehgetan im politischen System«, wie Buschmann in der *FAZ* sagte.

Diese Wählergruppe überzeugen zu wollen ist schier aussichtslos. Sie lässt sich wohl nur erdulden. Zurückgewinnen können etablierte Parteien sie wohl erst, wenn die Populisten regieren und das »Establishment« in Trümmern liegt – und wenn (aus Sicht der AfD) wieder Recht und Ordnung herrscht. Wenn auch die Rechtspopulisten an ihren Leistungen für dieses Land und seine Bürger gemessen werden. Darauf ankommen lassen sollten wir es, anders als in den Vereinigten Staaten, besser nicht.

Wer Wähler zurückgewinnen will, sollte sie nicht pauschal als Irre herabwürdigen, die nur »eine gute Psychotherapeutin«

brauchen (Ralf Stegner) oder eine kühle Hand auf der fiebrigen Stirn. Nicht alle Ängste der AfD-Anhänger sind irrational. Außerdem macht in diesem Milieu niemand die feinsinnige Abgrenzung mit, dass man zwar die AfD-Funktionäre angreifen dürfe, aber nicht die Wähler der Partei. Für die Fangemeinde macht es keinen großen Unterschied, ob man sie selbst als Rassisten schmäht, oder nur als Wähler einer rassistischen Partei. Zwar lassen sich in der AfD problemlos Rassisten und Fanatiker finden. Doch wer die Partei mit diesen Attributen attackiert, sollte wenigstens Namen und Zitate parat haben. Ansonsten nährt man nur den Verfolgungswahn und Opferstatus ihrer Klientel.

Auf seinem Blog schrieb Frauke Petrys Medienberater Michael Klonovsky zu solchen verbalen Pauschalangriffen auf die AfD: »Ich werde mich jetzt mit einem Glas Riesling in die Sonne setzen. Meinen Job erledigen solche Zeloten bzw. Vollpfosten ja besser, als ich es selber je könnte.« Man sollte den Mann nicht zum Müßiggang verführen.

Keine Angst vor der Identitätsfrage

Überzeugungsarbeit lohnt sich also nur bei jenen AfD-Anhängern, die noch offen für Gegenargumente sind. Aber auch dann führen Zahlen und Fakten allein nicht zum Ziel. Man kann den AfD-Anhängern in Thüringen oder Sachsen die Flüchtlingspolitik nicht mit dem Argument schmackhaft machen, in ihren Bundesländern lebten doch nur so wenige Ausländer. Diese Wähler wollen gerade, dass es auch so bleibt. Sie fürchten sich vor Zuständen wie in Duisburg-Marxloh oder Berlin-Neukölln. Ihre Haltung für uninformiert oder rassistisch zu erklären hilft nicht weiter. Auch Kinder essen ihre Teller nicht leer, bloß weil anderswo in der Welt Kinder hungern.

Lieber sollten Politiker offener darüber sprechen, was ihre Entscheidungen für deutsche Interessen bedeuten. AfD-Anhänger wollen mehr als andere Wähler eine Erklärung für diese Frage. Es kann im deutschen Interesse sein, für Krisen am anderen Ende der Welt Verantwortung zu übernehmen. Es kann im deutschen Interesse sein, Flüchtlinge aufzunehmen und die Kosten dafür zu schultern – alles ist eine Frage der Alternativen. Entscheidend dabei ist, die Gründe darzulegen, warum diese Politik in deutschem Interesse sein soll. Wer als Politiker einer Regierungspartei seine Entscheidung pro Flüchtlinge schon nicht begründen kann, muss zumindest erklären können, warum deutsche Interessen ausnahmsweise zurückstehen müssen oder warum sich das auf lange Sicht auszahlen wird. Welche Werte oder Ziele sind höherrangig? Die Abwägung darf jeder Mandatsträger frei treffen – er muss sie nur verständlich machen.

Wegen der Existenz der AfD werden gerade Unionspolitiker in Wahlkämpfen viel mehr erklären müssen als früher, was sie unter Patriotismus und deutscher Identität verstehen, was »uns Deutsche ausmacht«, wie Thomas de Maizière es im *Stern* sagte: »Wir wissen nicht mehr genau, wer wir sind und wer wir sein wollen.« Bei den Antworten wird de Maizière dann diffus, spricht von »Bach und Goethe«, von der Fußball-WM und dem besonderen Verhältnis zu Israel.

Aber das Gute ist: Man kann die Frage nach der deutschen Identität gar nicht richtig oder falsch beantworten. Oft geht es um Selbstverständlichkeiten – warum sie also nicht aussprechen, wenn sich damit ein »Verlustgefühl« der Wähler kompensieren lässt, wie es Mark Siemons in der *FAZ* formulierte.

Politiker können nur den Fehler machen, die Identitätsfrage gar nicht zu adressieren oder im falschen Ton. Das AfD-Milieu reagiert allergisch, wenn Angela Merkel von »den Menschen da draußen« spricht oder von »denen, die schon länger hier leben«, und doch die Deutschen meint. Auch CDU-Fans werden zornig, wenn Merkel zwar einen Imam besucht, auf dessen Moschee ein Brandanschlag verübt wurde, nicht aber die Opfer des islamistischen Axtattentäters von Würzburg.

Ihre größte Überzeugungskraft entwickelt Merkel, wenn sie spontan antworten und frei sprechen muss. Ihre Redemanuskripte dagegen strotzen oft vor gestelztem Bürokratendeutsch. Da geht es um die »Voraussetzung« der deutschen Identität, die sich »widerspiegeln« würde »in unserer Liberalität, in unserer Demokratie, in unserem Rechtsstaat«. Wie soll sich eine Voraussetzung widerspiegeln? Diese Botschaften klingen abstrakt und professoral, es fehlt das Menschliche, das Herzblut.

Ganz anders dieser Satz: »Wenn wir ... uns noch entschuldigen müssen dafür, dass wir in Notsituationen ein freundliches Gesicht zeigen, dann ist das nicht mein Land.« Diese Aussage von Merkel teilt im AfD-Milieu zwar niemand, aber jeder versteht sie. Es ist auffällig, wie selten die Rechtspopulisten diesen Satz noch aufspießen. Denn er drückt patriotische Gefühle aus, und über Gefühle lässt sich schwer streiten.

Merkels Reden haben sich verändert, seit die AfD an Stärke gewonnen hat. Sie sagt jetzt: »Es ist ein Glück, in diesem Land zu leben.« Leitanträge der CDU beschwören die Leitkultur, die deutsche »Schicksalsgemeinschaft« und wollen die »deutsche Identität stärken«.

Auch wenn diese Sprache keineswegs mehr alle AfD-Wähler erreichen dürfte, verringert sich dadurch zumindest die Angriffsfläche der Rechtspopulisten.

Nicht die Nerven verlieren

Im Umgang mit der AfD kann es nicht schaden, zu einer gewissen Gelassenheit zurückzufinden. Die Partei steht (noch) für eine politische Minderheit. Ihre Organisation ist teils chaotisch, ihre Machtstrukturen sind fragil und ihre Positionen widersprüchlich. In erster Linie ist die AfD nach wie vor eine Abstauberpartei, die auch davon lebt, dass Medien ihre Tabubrüche herausposaunen und ihre politischen Gegner aufgeregt um sie herumspringen wie der Elefant im Angesicht der Maus.

Die Bundesgeschäftsstelle der AfD füllt eine einzige Büroetage, aktuell hat die Partei bundesweit nur gut 24 000 Mitglieder. SPD und CDU verfügen über mehr als fünfmal so viele Mitglieder, FDP, Grüne und Linkspartei scharen jeweils gut doppelt so viele Anhänger mit Parteiausweis um sich. Und seit Trumps Sieg in den USA ist nach Jahren der Parteiaustritte sogar wieder ein leichtes Plus zu verzeichnen.

Ähnlich schwach aufgestellt wie die AfD sind befreundete Vereinigungen wie die »Ein Prozent«-Organisation von Götz Kubitschek oder die »Identitäre Bewegung«. »Ein Prozent« will wie ein rechtes Greenpeace 800 000 Deutsche mobilisieren, die sich mit »juristischen, medialen und politischen Aktionen« gegen »die Auflösung unseres Staates« wehren sollen. Im Spätsommer 2016 hatte die Organisation laut einem ZDF-Bericht 5000 Anhänger, also noch nicht einmal ein Prozent von einem Prozent aller Deutschen.

Noch winziger ist die »Identitäre Bewegung«: Einer ihrer Anführer bezifferte die Mitgliederzahl in Deutschland auf einer Konferenz des *Compact*-Magazins auf 500 Personen – und dabei dürfte schon jeder mitgezählt sein, der sich auch nur in einen E-Mail-Verteiler eingetragen hat. In Berlin habe man etwa dreißig Mitstreiter, gestand der Mann. Da kann die Antifa nur lachen. Und sogar der IB-Frontmann Martin Sellner schreibt

Sätze wie: »Wir dürfen uns keine Illusionen machen: ›Eine multiethnische Gesellschaft wird wohl die Lebenswirklichkeit in Deutschland und Europa bleiben.‹« Ein Aufruf zum gewaltsamen Kampf gegen Multikulti klingt anders.

Ist die IB also wirklich eine Gefahr, deren sich der Verfassungsschutz bundesweit annehmen muss? Zwar sind ihr ideologischer Traum von möglichst sauber getrennten, homogenen Volksgruppen und ihre Agitation gegen Zuwanderung als »ethnokultureller Selbstmord« mit dem offenen Gesellschaftsbild des Grundgesetzes nicht zu vereinbaren. Aber manchen ihrer neuen Fans dürfte die Splittergruppe erst durch ihre Beobachtung durch den Verfassungsschutz bekannt geworden sein.

Ungerechtfertigt wäre es auch, den Verfassungsschutz auf die gesamte AfD anzusetzen, so wie es FDP-Chef Christian Lindner oder SPD-Chef Sigmar Gabriel forderten. Zu Recht haben die Landesämter bisher nur einzelne Funktionäre herausgepickt, deren Äußerungen erkennbar verfassungsfeindlich sind. Alles andere würde nur das »Märtyrer-Image« der Partei stärken, wie CSU-Innenpolitiker Stephan Mayer warnte.

Überhaupt darf man den Rückhalt in Deutschland für die Positionen der Rechtspopulisten nicht überschätzen. Wenn in Mecklenburg-Vorpommern von 1,3 Millionen Wahlberechtigten nur gut 60 Prozent zur Wahl gehen und davon jeder Fünfte für die AfD stimmt – ist das nun viel oder nicht doch eher wenig? Was sagt es über Deutschland aus? Viel oder gar nichts?

Die Wahl in Mecklenburg-Vorpommern war zwar ein wichtiger symbolischer Erfolg für die AfD, weil sie die CDU überflügeln konnte. Aber bei genauer Betrachtung blieben die Rechten sogar unter ihren Möglichkeiten: Das Bundesland ist strukturschwach und hat eine traditionell starke rechte Szene. Die AfD bekam wieder Schützenhilfe von ihren unbekannten Plakatsponsoren, und ihr Spitzenkandidat war ein jovialer, bürgerlicher Radiomoderator. Noch dazu hatte das Flüchtlingsthema nach den islamistischen Terroranschlägen vom Juli 2016 wieder an Schwung gewonnen. Trotzdem schnitt die AfD unter diesen für sie günstigen Umständen schlechter ab als zuvor in Sachsen-Anhalt.

Es gibt eine Tendenz, die Wahlerfolge der Populisten zu groß einzuschätzen, darauf wies auch Forsa-Chef Manfred Güllner hin: Wenn man die 4,7 Prozent bei der Bundestagswahl, die 7,1 Prozent bei der Europawahl und die 9,7 Prozent bei der sächsischen Landtagswahl ins Verhältnis zu Wählerzahl und Wahlbeteiligung setze, sei der Stimmenblock der AfD immer ähnlich klein geblieben. Aus Sicht der Medien stürmte die Partei aber von einem Erfolg zum nächstgrößeren.

3
Am Ball bleiben

Nicht kopieren

Wer der AfD erfolgreich Paroli bieten will, muss nicht nur die Partei gut kennen, ihr die richtigen Fragen stellen und Wege finden, die Gefühle ihrer Wähler anzusprechen. Es geht vor allem darum, welche inhaltlichen Angebote man den AfD-Anhängern unterbreiten kann. Das ist nicht einfach, zumal die Wähler dieser Partei eine äußert heterogene Gruppe sind. Die AfD mag auf Fotos oft wie eine grauhaarige »Altpartei« wirken, aber ihre Wähler stammen keinesfalls mehrheitlich aus der Rentnergeneration 60 plus. Im Gegenteil: In Sachsen-Anhalt stimmte jeder vierte Wähler unter 25 Jahren für die Rechtspopulisten, in Baden-Württemberg und Rheinland-Pfalz hatte die Partei ihre größte Wählerschaft (18 bzw. 16 Prozent) in der Zukunftsgruppe der 25- bis 34-Jährigen. Aussitzen geht also nicht.

Politische Konkurrenten haben zwei Optionen, um das AfD-Milieu anzusprechen. Entweder bewegen sie sich auf das Terrain der AfD, übernehmen ihren Ton und ihre Inhalte, oder sie suchen nach Ansatzpunkten auf ihrem heimischen Terrain.

Um es gleich vorwegzunehmen: Die Rechtspopulisten mit ihren eigenen Konzepten und Methoden zu übertrumpfen ist für jede etablierte Partei nahezu aussichtslos. Diese Strategie kann nur aufgehen, wenn man sich in den Augen der Wähler als überzeugendere AfD erweist, als eine Alternative zur »Alternative für Deutschland«. Es bedeutet, aus den vier großen Quellen der AfD zu schöpfen, aus Angst und Enttäuschung, einem übersteigerten Nationalgefühl und einem vulgären Liberalismus – und die eigenen Konzepte am besten noch als gegen das Establishment gerichtet zu präsentieren.

Es liegt auf der Hand, dass diese Strategie den klassischen Parteien kaum weiterhelfen kann, denn weshalb sollte man die Kopie wählen, wenn man auch das Original haben kann? Außerdem hat die AfD ihren Wählern erfolgreich die typische Botschaft der Populisten eingetrommelt, dass nur sie auf den »Volkswillen« höre. Alle anderen seien Volksverräter, oder eine »Altelite« (Björn Höcke), gegen die Widerstand legitim sei und die nach dem Wahlsieg »entsorgt« gehörten. Diese Parolen erzeugen eine Anspruchshaltung im AfD-Milieu, die man kaum bedienen kann.

Hier liegt aber auch ein erster Ansatzpunkt, der AfD Paroli zu bieten. Gerade für die patriotische Klientel dieser Partei muss der Gedanke vermittelbar sein, dass deutsche Abgeordnete unabhängig und nur ihrem Gewissen unterworfen sind. Auf diese Rechte sollten die Mandatsträger sich selbstbewusster berufen. Bisweilen lassen sich Abgeordnete zu sehr ins Bockshorn jagen, wenn es um ihren Status geht, der sie ja gerade dazu berechtigt, auch Entscheidungen gegen den Wunsch der (angeblichen) Wählermehrheit zu fällen.

Auch dem Vorwurf, dass die »Altparteien« keine Diskussionen über den Regierungskurs zuließen, lässt sich leicht entgegenkommen, indem die Diskussionen stattfinden – und »Abweichler« nicht nur geduldet, sondern gehört werden. Die CDU-Vorsitzende Angela Merkel trifft ihre Basis regelmäßig auf Regionalkonferenzen, aber warum trifft sie sich nicht auch öffentlich mit ihren Kritikern? Warum lädt sie den konservativen »Berliner Kreis« oder die Gruppe »Konrads Erben« nicht medienwirksam zum Gespräch? Niemand kann erwarten, dass eine Volkspartei sich von einer Splittergrupe den Kurs vorgeben lässt. Aber man kann erwarten, dass in demokratischen Institutionen die Stimme der Gegner zumindest gehört und ernst genommen wird. Damit wäre das AfD-Narrativ zerstört, dass in den »Altparteien« niemand ungestraft vom Kurs abweichen dürfe. Stattdessen erklärte Angela Merkel Ende 2016 nach dem CDU-Parteitag über einen frisch gefällten Beschluss ihrer Delegierten gegen den Doppelpass: »Für das Regierungshandeln wird sich jetzt nichts verändern.«

Die CSU wiederum versucht seit Beginn der Flüchtlingskrise, die Wähler mit AfD-Methoden einzufangen. Dabei wird sie selbst von Verlustängsten getrieben: Gerade genießt die CSU in Bayern wieder die Gestaltungsmacht einer absoluten Mehrheit und möchte diese auch in Zukunft ungern missen. Zusätzlich ist man sensibilisiert durch die Erfahrung mit den Freien Wählern, die sich – vor der Geburt der AfD – einigermaßen fest im politischen System eingerichtet hatten.

Die CSU will sich auch nicht auf die Treue ihrer Wähler verlassen. Die Partei ist in Alarmstimmung, seit eine Allensbach-Studie 2016 ergab, dass viele Bürger, die gar nicht AfD gewählt hatten, es trotzdem gut fanden, dass es diese neue Partei gibt. Dass 46 Prozent der Nicht-AfD-Wähler mit einer AfD gut leben können, macht die CSU-Strategen hochgradig nervös. Denn Nicht-AfD-Wähler könnten bei der nächsten Wahl zu Nicht-CSU-Wählern werden oder gar, Gott behüte, zu AfD-Wählern. Dann also lieber Attacke.

Seit September 2015 haben CSU-Politiker zu allen erdenklichen Aspekten der Flüchtlingspolitik Vorschläge unterbreitet, die der AfD-Klientel entgegenkommen sollen. Sie haben innereuropäische Grenzkontrollen gefordert und Grenzschließungen durch die eigene Landespolizei angedroht. Sie wollten Migranten mal an der Grenze abweisen, mal in Transitzonen abfertigen und mal jegliche Zuwanderung nur bis zu einer festen Obergrenze gestatten. Und immer wieder kündigte die CSU an, ihre Ziele notfalls mit einer Verfassungsklage durchzusetzen.

Damit verstieß die Partei gegen ein wichtiges Prinzip im Umgang mit den AfD-Wählern: Wer Forderungen stellt, muss sie durchsetzen können. Wer Versprechen macht, muss sie einlösen können. Wer droht, muss zuschlagen können. Wer jammert, dass es in der Küche zu heiß ist, muss bereit sein, die Küche zu verlassen.

Solange CSU-Minister aber am Kabinettstisch neben der Kanzlerin sitzen und solange CSU-Abgeordnete in der Spitze der gemeinsamen Bundestagsfraktion sitzen, ohne ersichtlich Widerstand gegen die »Herrschaft des Unrechts« (Horst Seehofer) zu leisten, wird ihre Partei keinen AfD-Wähler zurückgewinnen. Dass die CSU zudem ihre mehrfach angekündigte Verfassungsklage niemals einreichte, verstärkt nicht nur im AfD-Milieu den Eindruck eines ewigen Maulheldentums. Ganz zu schweigen von der Tatsache, dass ausgerechnet diese CSU nun die abermalige Kanzlerkandidatur Angela Merkels bejubelt.

Erfolgsträchtiger ist es, die AfD-Klientel vom heimischen Terrain aus mit eigenen Ideen anzusprechen. Die SPD hat in der laufenden Legislaturperiode viel für wirtschaftlich schwache Wähler durchgesetzt, vom Mindestlohn bis zur Rente mit 63 – wieso lässt die Partei sich von einem Björn Höcke sagen, die AfD sei die einzig wahre soziale Kraft im Land? Wenn die SPD diese Position selbstbewusst besetzen möchte, bedeutet dies freilich auch, sich unbequemen sozialen Fragen im Zusammenhang mit der Flüchtlingskrise zu stellen: Wie weit soll der Krankenversicherungsschutz für Flüchtlinge gehen? Wie weit die Ausnahmen vom Mindestlohn? Wer finanziert ihre Ausbildung? Woher kommt das Geld für diese zusätzlichen Kosten? Sich hier wie SPD-Justizminister Heiko Maas nur auf die Aussage zurückzuziehen – »Niemandem wird etwas weggenommen« oder diese Milliarden »haben wir in Deutschland erwirtschaftet« –, löst nicht nur im AfD-Milieu Aggressionen aus.

Wird die SPD die Angst der kleinen Leute, ihrer einstigen

Kernklientel, aufgreifen, dass die noch ärmeren Migranten ihnen den letzten Rest Margarine vom Brot kratzen? Oder weigern sich die Sozialdemokraten, Umverteilungsdebatten auf dem Rücken der Flüchtlinge auszutragen? Parteichef Sigmar Gabriel hat beide Positionen schon vertreten.

Die CSU wiederum verspielte mit ihren Forderungen nach AfD-Art die Chance, sich mit den Asylrechtsverschärfungen zu profilieren, die ihre eigenen Leute in Berlin tatsächlich erreicht haben: strengere Regeln für die Abschiebung straffälliger Flüchtlinge beispielsweise oder drastische Leistungskürzungen für nicht integrationswillige und ausreisepflichtige Asylbewerber sowie eine längere Liste sicherer Herkunftsländer, aus denen ein Asylantrag nun praktisch aussichtslos ist.

All dies sind Themen, mit denen die CSU glaubwürdig und seriös bei den Wählern punkten könnte. Es ist eine unbequeme Strategie, weil sie Geduld braucht und das Risiko kurzfristiger Niederlagen birgt.

Doch eine sichere Niederlage bedeutet es, wie die CSU den Ton der Rechtspopulisten zu kopieren. »Deutschland muss Deutschland bleiben«, hieß es in einem Strategiepapier von 2016. In dem »muss« schwingt ein hilfloser Unterton mit, ein kindlich-trotziges Aufstampfen. So klingt keine Regierungspartei, die in ihrem Heimat-Freistaat mit absoluter Mehrheit regiert und in Berlin am Kabinettstisch sitzt.

Der Satz hat außerdem einen zweiten, verheerenden Subtext: Die CSU adelt mit ihm die Untergangsphantasien der Rechten als reale Gefahr. Wer betont, dass Deutschland Deutschland bleiben *müsse*, gibt die implizite Warnung aus, dass Deutschland nicht Deutschland bleiben *könnte*. Mit solchen diffusen Gefahrenszenarien agiert auch die AfD.

Hier liegt auch der Unterschied des CSU-Satzes zu dem nahezu wortgleichen Satz der Kanzlerin: »Deutschland wird Deutschland bleiben.« Der erste ist eine Forderung, der zweite immerhin ein Versprechen, an dem die Wähler die Kanzlerin messen können.

Wie die AfD kämpft auch die CSU mittlerweile gegen »Multikulti-Sonderformate in der öffentlichen Daseinsvorsorge«, also etwa gesonderte Badezeiten für Musliminnen, und sie stellt klar: »In Zukunft muss gelten: Vorrang für Zuwanderer aus unserem *christlich-abendländischen* Kulturkreis« – eine Verbeugung vor den Pegida-Spaziergängern.

Der einzige Erfolg, den die CSU damit erzielt, ist, dass sich die »Frames« der Rechtspopulisten durchsetzen. »Frames« nennt man in der Kommunikationswissenschaft die Umsetzung politischer Botschaften in Sprachbilder. Wer wie die CSU die Sprachbilder der AfD verwendet, wirkt indirekt als Multiplikator für deren Botschaften.

Diesen Fehler machten schon die österreichischen Parteien im Umgang mit der FPÖ, wie der Wiener Sozialforscher Christoph Hofinger in der österreichischen Wochenzeitung *Falter* warnte: Indem ein seriöser Politiker wie Außenminister Sebastian Kurz Begriffe wie »Integrationsverweigerer« für Migranten verwendet, »bewegt er sich im Wertekanon der FPÖ«, schrieb Hofinger.

Seriöse Parteien sollten nicht Begriffe wie »Altpartei« oder »Überfremdung« verwenden, sie sollten nicht vor einer »Islamisierung« oder einem »Bevölkerungsaustausch« warnen. Niemand kann Politiker daran hindern, doch wenn sie den AfD-Jargon übernehmen, dann sind sie in gewisser Weise auch selbst die AfD. Nur dass die Wähler eben immer noch wissen, wer das Original ist und wer das Plagiat.

Zudem können FPÖ und AfD immer noch einen Schritt weiter gehen: Wo die CSU nur von »Rückführung« spricht, spricht Frauke Petry längst wie die Neurechten von »Remigration«. Wo die CSU bloß dagegen ist, dass sich »unser weltoffenes Land durch Zuwanderung oder Flüchtlingsströme verändert«, warnt die AfD längst, dass die Deutschen »fremd im eigenen Land« werden. Und wo die CSU eine Obergrenze von 200 000 Zuwanderern im Jahr einziehen will, steht bei den Rechtspopulisten noch ein Minuszeichen vor dieser Zahl.

Wer nicht im Bundestag sitzt, geschweige denn irgendwo Regierungsverantwortung trägt, der kann eben immer noch eine Oktave höher und schriller werden. Deshalb kann die CSU in diesem destruktiven Wettstreit mit der AfD nur verlieren.

Schritt halten

Einen Bereich gibt es, in dem alle Parteien die AfD nachahmen sollten: in ihrer Social-Media-Strategie. Weil die Rechten von den Medien von Anfang an entweder ignoriert oder kritisiert wurden, nutzten sie notgedrungen eigene Kanäle. Auf Facebook hat die Bundes-AfD mittlerweile mehr als 300 000 Anhänger, fast dreimal so viele wie die CDU und SPD. AfD-Chefin Petry hat zwar im Dezember 2016 mit ihren gut 181 000 Fans noch lange nicht CDU-Chefin Merkel eingeholt (ca. 2,8 Millionen Fans), aber den SPD-Vorsitzenden Sigmar Gabriel mit seinen 67 000 Anhängern überflügelt sie doch locker.

Ihre Social-Media-Kanäle sind für die AfD im wahrsten Sinne des Wortes Gold wert: Als ihr Finanzierungsmodell »Gold-Shop« Ende 2015 durch eine Gesetzesänderung unterbunden wurde, sammelte die AfD über das Internet in nur drei Wochen 2,1 Millionen Euro Spenden ein. Einen so gigantischen Spendenerfolg hatten vor der AfD noch nicht einmal die internetverliebten Piraten geschafft.

Solange es den etablierten Parteien nicht gelingt, den Vorsprung der AfD in sozialen Medien einzuholen, könnte es ihnen auf Dauer ergehen wie Hillary Clinton im Duell mit Donald Trump.

»Die Siegesfrage lautet: Wer kann mit wie vielen Wählern sprechen?«, schrieb der Ex-CDU-Generalsekretär Peter Radunski über den digitalen Wettstreit der Parteien. Vorerst entscheidet die AfD ihn locker für sich: Nach Schätzungen des Hamburger Digitalexperten Martin Fuchs erreicht sie auf Facebook bis zu fünf Millionen Menschen.

Die »Siegesfrage« von Radunski muss man aber weiterentwickeln: Wer kennt die meisten Wähler? Und wer kann sie am besten steuern, die Anhänger aktivieren und die Gegner demobilisieren?

Es spricht viel dafür, dass Donald Trump seinen Wahlkampf dank Facebook gewann. Nicht nur er selbst und führende Mitglieder seines Kampagnenteams sagten dies öffentlich. Das Magazin des Schweizer *Tagesanzeigers* schilderte, wie Trump die Datenanalyse in sozialen Medien für den Wahlkampf nutzte.

Die Firma Cambridge Analytica habe dem Kandidaten Persönlichkeitsprofile sämtlicher Wähler in entscheidenden Staaten geliefert, hieß es da. Die Analysten hätten nicht nur gewusst, wo Republikaner oder Demokraten lebten, sie hätten Wähler nach Alter, Geschlecht, Familienstand, Rasse, Gehalt, politischen Interessen, Gesundheitszustand, sexueller Orientierung, Hobbys und vor allem nach ihrer Persönlichkeitsstruktur aufschlüsseln können.

Nach der dritten Präsidentschaftsdebatte habe Trump 175 000 Variationen seiner Argumente an Facebook-Nutzer verschickt, so der *Tagesanzeiger*, die sich je nach Persönlichkeit des Nutzers nur in Nuancen unterschieden hätten – in der Farbe, im Ton oder in der Bebilderung.

Medienjournalisten warfen dem *Tagesanzeiger* vor, maßlos zu übertreiben. Trotzdem sind die Unterschiede zwischen Trumps und Angela Merkels Wahlstrategien frappierend: Letztere setzt eine Topagentur wie »Scholz & Friends« ein, um für sich eine Werbekampagne zu erfinden. Trump ließ sich offenbar selbst von seiner Agentur einsetzen, um eine digital optimierte Kampagne auszuführen.

In Deutschland dürfte das Datenschutzrecht die schlimmsten Auswüchse dieser Praxis noch verhindern. Aber es ist nur eine Frage der Zeit, bis die AfD das Geld und die Mitarbeiter haben wird, um nach diesen Methoden zu streben. Dass die Partei sie, ohne zu zögern, nutzen würde, steht außer Frage. Jede etablierte Partei muss sich deshalb fragen, ob sie in einer längst digital gleichgeschalteten und manipulierten Welt mit den Rechtspopulisten gleichziehen oder zurückfallen will. Es ist eine unbequeme Frage, und die Antwort ist aus demokratischer Sicht nicht leicht. Wer die Deutungshoheit in sozialen Medien hat, wird in künftigen Wahlkämpfen siegen.

Schon jetzt bewegen sich AfD-Anhänger auf Facebook in einem hermetisch abgeschotteten System. Hier kann Björn Höcke unwidersprochen polemisieren, Thüringens Ministerpräsident Bodo Ramelow streiche Schulkindern das Geld für Klassenfahrten, um »Analsex-Workshops« zu fördern. Hier wird die Wehrmacht als Truppe aufrechter Patrioten gefeiert. Hier vernetzen sich AfD-Fans in geschlossenen, teils geheimen Gruppen mit Namen wie »Deutschland ohne Islam!«, »Björn Höcke – einer von uns!« oder »Nie wieder Angela Merkel!«.

Wer Zugang zu den Foren erlangt, taucht ein in eine Welt der Panikmache und Desinformation. »Warnung für Freiburg! Bitte teilen!«, heißt es da: »Sex-hungrige Flüchtlinge mit abgelehntem Asylantrag auf Frauenjagd. Sie haben nichts zu verlieren.« Hinter dem Link verbirgt sich die nüchterne Meldung, dass drei Flüchtlinge zwei junge Frauen begrapscht haben sollen, was AfD-Fans schon genug erzürnen dürfte. Wer nicht in den Text klickt, wird sich nur die reißerische Überschrift merken.

Wie will man solche *Fake News* entkräften? Peter Radunski empfiehlt allen Parteien, ihre *rapid response*-Truppen auszubauen, um auf AfD-Kampagnen schnell antworten zu können.

Zwar haben alle Bundesgeschäftsstellen ihre Social-Media-Teams, aber schnell in Radunskis Sinne sind sie selten – und noch seltener kennen diese Leute die AfD.

Es wäre schon ein Anfang, wenn die Konkurrenz die AfD so genau beobachten würde, wie es umgekehrt geschieht. Dann könnten die Parteien auch reagieren, wenn die AfD-Leute eine ihrer beliebten Umfragen starten, wer zum Beispiel der bessere Kanzler wäre, Angela Merkel, Sigmar Gabriel oder Frauke Petry. Es sollte etablierten Parteien leichtfallen, die eigenen Leute hier zur Abstimmung zu treiben.

Aber im Bundestagswahlkampf wird es um viel mehr gehen, nämlich um die Bewertung von Ereignissen, um die Deutungshoheit im Netz. Das zeigt der Mordfall an einer jungen Medizinstudentin in Freiburg Ende 2016. Als ein junger Afghane als Verdächtiger verhaftet wurde, funkte innerhalb von Stunden das gesamte rechte Milieu in den sozialen Medien, dass für diesen Mord Merkels Flüchtlingspolitik verantwortlich sei. Von den Generalsekretären von CDU, CSU und SPD dagegen: nichts. Von den Parteichefs der Grünen und Linken: nichts. Erst nach 24 Stunden kamen die ersten Wortmeldungen – für soziale Medien eine Ewigkeit.

Wer für eine großzügige Flüchtlingspolitik eintritt, darf in solchen Fällen nicht schweigen. Denn Verbrechen wie das von Freiburg sind Angstthemen, sie sind wie geschaffen für die AfD, und wer das Thema nicht adressiert, überlässt die Ängstlichen der AfD. Es gilt in diesen Situationen, das eigene Narrativ offensiv zu verteidigen und die Tat als das einzuordnen, was sie ist: ein furchtbares Verbrechen, das aber nicht eine ganze Politik umkehren kann. Die Fälle werden sich wiederholen, deshalb muss jeder Kandidat und müssen auch untere Partei-Ebenen für sie eine Strategie parat haben.

Denn die Gegner sind übermächtig. Viele Facebook-Gruppen der AfD werden längst von Computern gesteuert. Netzaktivisten der Initiative »We're watching you« werteten gut zwanzig AfD-nahe Facebook-Gruppen mit Hunderten und teils Tausenden Mitgliedern aus. Sie stellten fest, dass die Gruppen alle von denselben Administratoren gesteuert werden. Diese Profile verbreiteten exakt zur selben Zeit dieselben Nachrichten mit einer wortgleichen Kommentierung – es liegt also nahe, dass hier keine Menschen an der Tastatur saßen, sondern Algorithmen den Takt vorgaben. Solche *social bots,* die Roboter der sozialen Netzwerke, spielten schon im US-Wahlkampf eine prägende Rolle.

»Selbstverständlich« werde man *social bots* im Wahlkampf nutzen, sagte AfD-Bundesvorstand Alice Weidel im Herbst 2016 dem *Spiegel* – in einem schriftlich vereinbarten Zitat. Als die AfD-Politikerin merkte, dass alle anderen deutschen Parteien solche Tricks ablehnen, gab sie sogleich – auf Facebook – die gegenteilige Botschaft heraus. »Selbstverständlich« machen wir das nicht! Der *Spiegel* habe sie falsch zitiert, so Weidel.

Man sagt es als Printredakteurin nur ungern, aber die AfD braucht uns nicht mehr. Über ihre sozialen Netzwerke kann sie die Fangemeinde viel gezielter und ungefilterter ansprechen als über jedes klassische Medium. Es ist lange her, dass Beatrix von Storch ein Interview in einem gedruckten Leitmedium gab. Lieber lässt sie sich von *freiewelt.net,* der Desinformations-Seite ihres Mannes, befragen und stellt das Interview hernach auf Facebook. Journalisten stellen nur unangenehme Fragen, und die AfD-Anhängerschaft vertraut ihnen ohnehin nicht. Zudem verschwinden AfD-Statements in seriösen Online-Medien immer öfter hinter Bezahlschranken. »Der Journalismus ist tot, lange lebe Social Media!«, frohlockte Marcus Pretzell auf Facebook.

Insofern hat die AfD auch von der FPÖ gelernt, die mit ihrer parteieigenen Plattform *unzensuriert.at* längst mehr Leser erreicht als die meisten österreichischen Medien. Wie die Chefredakteurin des Wiener *Standard*, Alexandra Föderl-Schmid, in ihrem Beitrag für das Buch »AfD – Bekämpfen oder ignorieren?« berichtete, erzielten drei Artikel dieses FPÖ-Portals im Jahr 2015 die größte Resonanz auf Facebook, also die meisten Kommentare, *Shares* und *Likes* – und zwar nicht nur bei österreichischen Nutzern, sondern im gesamten deutschsprachigen Raum. »Die Freiheitlichen sind nicht mehr auf traditionelle Medien zur Verbreitung ihrer Botschaften angewiesen«, so Föderl-Schmid. »Qualitätszeitungen, die die FPÖ mit ihren Aussagen konfrontieren, werden von der Partei abgestraft oder schlicht ignoriert.«

Auch diese Strategie verfolgt die AfD längst. Kritische Anfragen stoßen auf Funkstille, die Anfragefrist wird in der Regel nur genutzt, um das Dementi für die sozialen Medien vorzubereiten. Ein AfD-Spitzenkandidat wie André Poggenburg weiß genau, warum er nach der Wahl in Sachsen-Anhalt erst dem Wahlstudio des *Compact*-Magazins ein Interview gibt und andere Sender warten lässt. Und so verändert die AfD auch das Verhältnis zwischen Politikern und Journalisten. Lässige Sprüche und Scherze per SMS oder E-Mail sind im Umgang mit der AfD passé. Jede schriftliche Aussage kann gegen den Journalisten verwendet werden, und sei es, um Jahre später im Internet seinen Ruf ruiniert zu sehen. Streng genommen erzwingt die AfD damit genau jenen Sauberkeitswahn und jene Selbstkontrolle, die sie anderswo gerne als übertriebene Political Correctness anprangert.

Teil VII
Die Zukunft.
Wie geht es weiter mit der AfD?
Fragen und Antworten

Wird die AfD wieder verschwinden?

Aussagen über die Zukunft einer so jungen und volatilen Partei sind zwangsläufig unsicher. Aber es ist nahezu ausgeschlossen, dass die AfD in den nächsten zehn Jahren untergeht. Ihre Mandatsträger werden bis zum Jahresende 2017 voraussichtlich in 13 Landesparlamenten und im Bundestag sitzen; der AfD sind damit millionenschwere Einnahmen aus der staatlichen Parteienfinanzierung über das Jahr 2022 hinaus sicher. Auf allen Ebenen der AfD wird es zwar Ausschlussverfahren, Rücktritte, Skandale und vielleicht Abspaltungen geben. Doch für die Partei insgesamt wären wohl nur zwei Ereignisse existenzbedrohend: eine ruinöse Strafzahlung wegen eines gravierenden Verstoßes gegen das Parteienrecht oder eine abermalige Spaltung. Das erste Szenario ist unwahrscheinlich, weil es für Rechtsverstöße zwar Indizien, aber keine Beweise gibt – die AfD und ihre Gönner können sich eben gute Juristen leisten. Noch unwahrscheinlicher ist eine Spaltung, da alle führenden AfD-Politiker sich des Risikos dieser Eskalation bewusst sind. Das Ende der AfD würde auch ihr politisches Ende bedeuten. Keiner will ein zweiter Lucke werden.

Wird die AfD bei der Bundestagswahl Erfolg haben?

Bei allen Unwägbarkeiten darf man die Prognose wagen, dass die Rechtspopulisten bei der anstehenden Wahl sehr gut abschneiden werden. Im für sie günstigsten Fall könnten sie sogar an der 20-Prozent-Grenze kratzen. Zu Weihnachten 2016 sahen seriöse Umfrageinstitute wie Emnid die AfD bundesweit bei 13 Prozent, im Oktober 2016 hatte Infratest dimap sie gar bei 16 Prozent eingeordnet. Und bisher übertraf die Partei fast immer die Erwartungen der Demoskopen. Zwar sind die Wähler erfahrungsgemäß bei Bundestagswahlen zögerlicher, zu experimentieren. Aber der Sieg von Trump und das Brexit-Votum dürften vielen gezeigt haben: Ein Sieg der Außenseiter ist kein Weltuntergang. Gerade die »lustvollen Strafwähler« (Marco Buschmann) dürften sich ermutigt sehen, nun auch dem deutschen Polit-Establishment eins auszuwischen.

Hinzu kommt, dass das Klima für die AfD günstig bleiben wird: Noch hat kein politischer Konkurrent eine erfolgreiche Strategie gegen sie gefunden. Kritische Medienberichte über Skandale und Mauscheleien dringen im AfD-Milieu kaum durch, umso besser dagegen Desinformationen, *Fake News* und Propaganda rechter Blogs und Magazine. Der wichtigste Konjunkturindikator für die AfD ist aber die nochmalige Kandidatur von Angela Merkel. Auf ihr Konto werden die Rechten jeden islamistischen Angreifer, jede Konjunkturdelle und jeden für Flüchtlinge aufgewandten Euro verbuchen. Die Methode wirkt unabhängig davon, dass die CDU in der Innenpolitik längst eine Kehrtwende eingelegt hat. Denn die Kandidatin Merkel kann diese Wende nicht glaubhaft verkörpern. Zudem werden innerparteiliche konservative Splittergruppen wie »Konrads Erben« und weitere Abgrenzungsbemühungen der CSU den Eindruck einer gespaltenen Union aufrechterhalten.

Trotzdem wird die CDU nicht die Verliererin der Wählerwanderung zur AfD sein. Denn sie wird ihre Verluste durch viele Stimmen linksliberaler Merkel-Anhänger kompensieren können. Die großen Verlierer dürften SPD und Linke sein: weil sie in ihren Reihen AfD-Hassfiguren wie Justizminister Heiko Maas haben, weil von ihnen weiter widersprüchliche Signale zur Flüchtlingspolitik ausgehen dürften, und weil die AfD das Thema Migration gezielt mit der sozialen Frage verbinden wird.

Wird die AfD die Protestwähler wieder verlieren?

Der AfD droht auf die Dauer das Schicksal jeder populistischen Bewegung, nämlich, dass ihre Protestwähler sich neue Trommler suchen. Langfristig, wenn die AfD den Zauber des Neuen verloren hat, dürfte sie sich bundesweit um zehn Prozent einpendeln, mit regionalen Hochburgen vor allem in Ostdeutschland. Besonders im bürgerlichen Lager könnte der strafende Impuls der Wähler besonders schnell erlahmen, etwa wenn der AfD-Erfolg noch mehr rot-rot-grüne Bündnisse hervorbringen sollte. Auch dürfte die CDU in der Ära nach Angela Merkel eine konservative Wende vollziehen, die für AfD-Fans wieder glaubwürdig und somit attraktiv sein könnte.

Die große Frage ist, wie schnell Protestwähler aus mittleren und unteren Bildungs- und Einkommensschichten sich abwenden. Viel spricht dafür, dass dieser Prozess wie bei der Linken frühestens nach zehn Jahren beginnt, wenn die AfD fest im System etabliert ist. Wahrscheinlich dürfte er noch langsamer vorangehen. Zwar wird es der Partei schwerfallen, neue »Knall-Themen« (Beatrix von Storch) wie die Islam- oder Eurokritik zu finden: Die Familien- und Außenpolitik oder Wirtschaftsthemen lassen sich emotional besetzen, aber sie lösen keine existenziellen Ängste aus. Doch solange die herkömmlichen AfD-Themen virulent bleiben oder neue Krisenherde hinzukommen, wird die Partei diese Karten noch lange spielen können.

Kann sich Frauke Petry als AfD-Chefin halten?

Es spricht viel dafür, dass Petry bis zur Bundestagswahl nicht nur Parteichefin bleibt, sondern auch Spitzenkandidatin und Fraktionsvorsitzende wird. In jeder »Altpartei« wäre es undenkbar, dass eine Vorsitzende gegen nahezu die gesamte restliche Führung regieren kann und in dieser Lage auch noch strafrechtliche Ermittlungen und ein Wahlprüfungsverfahren übersteht. Aber die AfD tickt eben anders. Sie misst Rechtsverstöße ihrer eigenen Leute an der Skala von Angela Merkels »diktatorischer« Politik – und was sind schon ein paar juristische Patzer der AfD-Chefin gegen die »große Umvolkung«?

Das Klima im AfD-Vorstand mag vergiftet sein, doch Petry macht wenige Fehler, sie ist telegen und an der Basis zu beliebt, als dass ihre Gegner sie leicht stürzen könnten. Und so zynisch es klingt: Ihre Schwangerschaft und ein Säugling an der Brust werden die AfD-Chefin kaum bremsen, sondern sie eher gegen Angriffe schützen. Das gemeinsame Ziel, bei den wichtigen Wahlen 2017 gut abzuschneiden, wird die AfD zusätzlich disziplinieren.

Eigentlich gibt es nur eine echte Gefahr für Petry: ihren impulsiven Ehemann. Marcus Pretzell führt den größten AfD-Verband, aber er hat dort viele erbitterte Feinde – und manche verfügen über heikles Insiderwissen. Pretzell, Petrys wichtigste Stütze und einer ihrer wenigen Vertrauten, segelt juristisch mitunter hart am Wind. Das zeigt allein seine Lässigkeit im Umgang mit den »Schönheitsfehlern« (Pretzell) der AfD-Landeswahlliste. Scheitert Petrys Partner, könnte auch sie scheitern – und umgekehrt.

Wer sind die zukünftigen Führungsfiguren der AfD?

Der Machtkampf in der AfD könnte sich kurz nach der Bundestagswahl entscheiden. Derzeit müssen die Kontrahenten einander nur in den Parteigremien ertragen, ansonsten agieren sie getrennt in ihren Sprengeln. Doch in einer Bundestagsfraktion werden sich die wichtigsten Protagonisten ständig absprechen müssen, hier dürften ihre Konflikte bald wie unter einem Brennglas aufflammen. Bei der Frage nach möglichen Siegern kommt es weniger auf Personen an als auf die Strömungen, für die sie stehen: Gewinnen die ultrapragmatischen Karrieristen oder die kompromisslosen Ideologen? Kein Lager ist klar im Vorteil. Daher gehört die Zukunft der AfD Akteuren, die in beiden Welten bündnisfähig sind, die mit den Methoden der Karrieristen operieren und auf der Welle der Nationalisten funken können. Leute, die die Erde möglichst glaubwürdig an einem Tag für eine Scheibe und am nächsten für eine Kugel erklären können. Das schaffen wenige: Alice Weidel etwa, die lesbische Ökonomin, die modern und frisch auftritt, aber auch patriotische Auftritte mit der FPÖ wagt und extremistische Ausfälle der Basis weglächelt. Ähnlich geschmeidig ist Petr Bystron, AfD-Landeschef in Bayern. Er kann ebenso gut seriöse Positionspapiere schreiben, wie mit einem Neonazi im Biergarten sitzen oder in seiner tschechischen Heimat vor dem »neuen deutschen Imperialismus« warnen.

Aber die perfekte Formel aus krassem Eigennutz und beinharter Ideologie, bei optimaler Nutzung sozialer Medien, hat Beatrix von Storch gefunden. Ihre Gender-Kritik macht sie bei den Ideologen anschlussfähig, ihr Pragmatismus bei den Karrieristen. Auf Dauer dürfte ihr Aufstieg zur Nummer eins kaum zu bremsen sein.

Wird die AfD sich weiter radikalisieren?

Die Partei wird auch künftig ein widersprüchliches Bild abgeben: Im Ton dürfte sie noch krasser klingen, in der Sache dagegen oft professioneller und geschmeidiger. Den Tabubruch hat der AfD-Vorstand mittlerweile zur Parteistrategie erhoben: Man will im Wahlkampf »ganz bewusst und ganz gezielt immer wieder politisch inkorrekt sein«. Das verheißt Übles, denn das Publikum ist schon abgestumpft. Die AfD wird ihre Schlagzahl ständig erhöhen müssen, und das können ihre Scharfmacher bald auch am Rednerpult des Bundestags tun.

Dem Stigma einer flächendeckenden Verfassungsschutzbeobachtung dürfte sie noch lange entgehen, weil ihr Programm nie das demokratische System an sich infrage stellen wird. Nur werden ihre Methoden die Bedingungen, unter denen eine offene, liberale Gesellschaft nur existieren kann, immer mehr gefährden.

Das gilt in besonderem Maße für einen konstruktiven politischen Diskurs. AfD-Politiker werden auch in Zukunft suggerieren, es gebe für jedes Problem eine Hauruck-Lösung: Schluss mit dem Euro, weg mit den kriminellen Migranten, nix wie raus aus der Nato, fort mit den Moscheen und her mit den Volksentscheiden. Aber Politik in einem modernen, föderalen Industriestaat ist kompliziert, langwierig und kleinschrittig. Schon jetzt wünscht sich das AfD-Milieu zwar Expertentum in der Politik, hat aber bei ideologisch heiklen Themen keine Geduld für Details. Einen Vorgeschmack lieferte die Debatte um die »Kinderehen« Ende 2016: Justizminister Heiko Maas versuchte, für die teils sehr jungen verheirateten Flüchtlingen eine rechtliche Lösung zu finden, die den Interessen dieser Kinder am ehesten gerecht wird. Doch (nicht nur) die AfD-Gemeinde sprach von legalisierter Pädophilie und schrie nach einem pauschalen Verbot, das den Interessen mancher jungen Mädchen krass widersprochen hätte. Der schrille Ton der AfD machte eine nüchterne Debatte unmöglich.

Es wird aber auch eine andere AfD geben: Immer wieder werden die Rechten seriöse Fachleute wie den Ex-Bundeswehr-Oberst Georg Pazderski, den Ökonomen Jörg Meuthen oder den Philosophen Marc Jongen vorschicken, deren Konzepte auch CDU oder CSU verabschieden könnten. Die Partei wird sich bei aller Schärfe im Ton professionalisieren und verbürgerlichen, denn sie hat künftig das Geld dafür. Sie wird mehr einnehmen dank der Parteienfinanzierung, und ihre Wahlerfolge könnten mehr betuchte Unternehmensspender anlocken. Die anonymen Gönner des Vereins »Recht und Freiheit« werden ihr weiter Werbung spendieren. Die AfD wird über ihre Stiftung den Nachwuchs gezielt fördern und sich in ihren Fraktionen gut dotierte Mitarbeiterstäbe leisten. Kurzum: Die AfD wird zu einer »Altpartei«, bei der man Karriere machen kann. Sie wird parlamentarisch erfahrene Mitarbeiter anziehen, die womöglich wegen des Erfolgs der AfD ihre Jobs anderswo im politischen Betrieb verloren haben. Ob diese Leute aus Not, Berechnung oder Überzeugung überlaufen, ist zweitrangig; sie werden die AfD in jedem Fall stärken.

Wird die AfD bald Koalitionspartner der CDU sein?

Einziger denkbarer Koalitionspartner ist die CDU, aber erst langfristig und nicht unter einer Bundesvorsitzenden Angela Merkel, unter deren Führung schon Ministerkandidaten daran scheiterten, dass sie der AfD ein »Like« auf Facebook gaben. Zum jetzigen Zeitpunkt lässt das Pöbel-Image der AfD ein solches Bündnis auch schwer vorstellbar erscheinen. Frauke Petry zeigt sich zwar bereit zu einer »punktuellen Zusammenarbeit in

Sachfragen«. Doch viele politische »Lösungen« der AfD, von der inneren Sicherheit, Migration und Integration über die Europa- und Außenpolitik bis zu Familienfragen oder der Energiewende, sprengen den Rahmen des rechtlich Zulässigen oder politisch Verhandelbaren. In zehn Jahren allerdings kann die Lage ganz anders aussehen. Je mehr die AfD in den Parlamenten ihre Kanten abschleift und sich verbürgerlicht, je alltäglicher der politische Austausch mit den Rechten wird, je selbstverständlicher ihre Vertreter auf parlamentarischen Abenden und Kongressen auftauchen, desto schwieriger könnte es der CDU fallen, sich ihr zu verweigern. Wie sollte die CDU im Jahr 2021 ihrer Basis klarmachen, dass zwar eine Kenia-Koalition mit SPD und Grünen möglich ist, nicht aber ein Bündnis mit einer ideologisch viel ähnlicheren AfD? Schon jetzt hört man vereinzelt Stimmen in der CDU, man müsse die Rechten in der Regierungsverantwortung »entzaubern«. Die erste Annäherung wird zwangsläufig über die Länder kommen. Viele AfD-Verbände, etwa der von Berlin, treten viel gemäßigter und sachlicher auf als die Bundespartei. CDU und AfD haben in der Hauptstadt schon einträchtig eine missliebige SPD-Politikerin als Bezirksstadträtin verhindert. Hier könnte 2021 das Testlabor für eine schwarz-blaue Allianz stehen.

Woran könnte die AfD scheitern?

Die AfD nährt sich von negativen Emotionen wie Angst, Zorn und Enttäuschung. Deshalb greift die Partei gezielt Kirchen, Gewerkschaften oder wohltätige Organisationen an: Sie kann nicht gedeihen in dem positiven Gemeinschaftsgefühl, das diese vermitteln. Der Erfolg der AfD wird den zivilgesellschaftlichen Institutionen noch manche Krise bescheren – ohne dass die Partei einen sinnstiftenden Ersatz zu bieten hätte. Doch an ihrem negativen Kern könnte die AfD auch scheitern. Wie, das zeigte der Wahlkampf um das Bundespräsidentenamt in Österreich. Damals warnte »Frau Gertrude«, eine 89-jährige Auschwitz-Überlebende, ihre Landsleute per Videobotschaft eindringlich davor, den Kandidaten der FPÖ zu wählen. Diese Partei würde wie die Nazis »das Niedrigste aus dem Volk herausholen«. Millionen Menschen sahen das Video, die FPÖ war moralisch deklassiert. Die sanfte Gertrude jagte den Leuten Angst vor dieser Angstpartei ein.

Eine ähnliche Wirkung löste Ende 2015 ein junger Franzose aus, der bei den Terroranschlägen in Paris seine Frau verloren hatte. Sein Facebook-Post »Ihr bekommt meinen Hass nicht« dürfte viele Franzosen gegen Hetzbotschaften immunisiert haben.

Kein Parteistratege kann solche Viral-Erfolge planen, aber es wird sie auch im Bundestagswahlkampf geben. Sie könnten die AfD signifikant schwächen, ausgerechnet auf ihrem Terrain, den sozialen Medien. Da die zerstrittene AfD-Spitze unfähig ist, kurzfristig eine Krisenkommunikation zu vereinbaren, würde jeder wild drauflostwittern. Wer weiß, ob die AfD nicht auch eines Tages das Gegenstück zum »Veggie Day« der Grünen erlebt – dass also eine ihrer Wahlkampfforderungen sogar bei der eigenen Klientel zum kommunikativen Fiasko wird, dessen Folgen sich nicht so einfach wieder aus der Welt schaffen lassen.

Der negative Gefühlskern der AfD könnte auch noch aus ganz anderer Richtung gegen sie wirken: Was geschieht, wenn sich rechte Gewalttäter eines Tages auf die Reden eines Alexander Gauland, André Poggenburg oder Björn Höcke berufen? Die AfD distanziert sich ausdrücklich von Gewalt – aber was, wenn die Gewalttäter sich nicht von ihr distanzieren, sondern sie als Inspiration nennen? Schon die Frage, ob auch AfD-Leute in dem wütenden Mob standen, der Anfang 2016 im sächsischen

Clausnitz einen Flüchtlingsbus »begrüßte«, brachte Frauke Petry in Bedrängnis.

Je offensiver die AfD Ressentiments schürt, desto größer ist die Gefahr gewaltbereiter Anhänger – man könnte es mit Björn Höcke (und Landolf Ladig) »sich aufpotenzierende Krisendynamiken« nennen. Dass die AfD diese Gefahr sieht, zeigen viele ihrer Verlautbarungen: »Keine Vorverurteilungen und verbale Eskalation!« stand etwa über Petrys Mitteilung zu dem Moschee-Anschlag in Dresden im Herbst 2016. Noch deutlicher war Höckes Statement: »Medien und Altparteien werden wieder einmal versuchen, allen politisch Andersdenkenden eine Mitschuld an solch abscheulichen Verbrechen zu unterstellen.« So fernliegend ist der Gedanke ja nicht, der AfD eine Mitschuld zu geben. Wer Wind sät, wird Sturm ernten. Es ist ein schwacher Trost, dass der Sturm die AfD selbst treffen könnte.

Was sind die positiven Effekte der AfD?

Es gibt tatsächlich einige: Die AfD zwingt ihre etablierte Konkurrenz, insbesondere die CDU, sich auf ihre Kernbotschaften zu besinnen und klar Position zu beziehen. Mit den Worthülsen des Wahlkampfs von 2013 wird man den Wählern in Zukunft nicht mehr kommen können. Dank der AfD nehmen diese die Politiker wieder stärker beim Wort – man kann sagen, dass die Rechtspopulisten die Politik in dieser Hinsicht ehrlicher gemacht haben (wenngleich das nicht unbedingt für ihre eigenen Botschaften gilt, die teils ein Zerrbild der Wirklichkeit zeichnen). Die Partei hat auch dafür gesorgt, dass sich viele Bürger, die sich lange nicht für Politik interessiert haben, erstmals wieder aktiv politisch engagieren. Enttäuschte Konservative fanden eine neue politische Heimat. Und viele Deutsche sind dank der

AfD seit Jahren zum ersten Mal wieder zur Wahl gegangen – an sich sind dies Entwicklungen, die man nur feiern kann. Das Momentum des gestiegenen politischen Interesses unter den (Nicht-)Wählern kann auch für die etablierten Parteien eine Chance sein, mit den Bürgern in einen neuen Dialog zu treten und sie von ihren Programmen zu überzeugen.

Die Existenz der AfD zwingt zudem die Journalisten zu mehr Vorsicht und Neutralität in ihrer Arbeit. Wer besser, fairer und wahrhaftiger berichten will als rechte Propagandamedien, darf selbst keine Propaganda machen. Es gibt nun eine rechte Gegenöffentlichkeit mit starker Präsenz in den sozialen Medien, mit der sich jeder Journalist jenseits des AfD-Milieus irgendwie auseinandersetzen muss. In der öffentlichen Debatte hat die AfD im guten Sinne viele Selbstverständlichkeiten infrage gestellt – vermeintliche Tatsachen, die letztlich nur politische Glaubenssätze waren. So können Kritiker der Eurorettung oder einer ungebremsten Zuwanderung nicht mehr pauschal als rechte Hetzer, Fremden- oder Europa-Hasser abgetan werden. Allein die Existenz der AfD dürfte auch manche sprachliche Übertreibung der Political Correctness korrigieren und ideologisch durchtränkte Wissenschaften wie die Genderlehre unter Rechtfertigungsdruck setzen.

Wo liegen künftig die Gefahren durch die AfD?

Nahezu jede soeben als positiv genannte Veränderung durch die AfD hat eine negative, gefährliche Seite. Da die Partei bis auf Weiteres keine Regierungsverantwortung auf Landes- oder Bundesebene tragen dürfte, liegen ihre Gefahren nicht in exekutiven Maßnahmen, sondern in ihrer mittelbaren Wirkung und ihren Botschaften – was die Gefahren nicht mildert. Die

AfD in ihrer Nach-Lucke-Form hat die politische Debatte schon in ungekanntem Maß verroht, und sie wird dieses Zerstörungswerk fortsetzen. Im rechten Milieu wird Sprachkritik gerne als Stilkritik der Mimosen abgetan. Aber in der Demokratie ist die Sprache ein elementares Arbeitsinstrument der Politiker, und die AfD hat es zu einer Vernichtungswaffe entwickelt. Auch wenn ihre inhaltlichen Positionen sich mäßigen sollten, dürfte allein der Ton der Partei viele Bürger in ihrer Wut und ihrem Hass bestätigen. Die Folge werden in Zukunft verstärkt Shitstorms gegen AfD-Gegner und Minderheiten sein, aus denen sich wie im Fall des Bamberger Bischofs Drohungen für Leib und Leben entwickeln können. Mit Kritik konfrontiert, wird die AfD kontern: »Wieso? Die Linken sind doch viel gewalttätiger.« Unter dem Deckmantel der Meinungsfreiheit wird die Partei alt- und neurechten Jargon kontinuierlich in die Alltagssprache einführen. Mit »Lügenpresse« und »Altpartei« ist dies längst gelungen, und Schlagworte wie »Bevölkerungsaustausch« sind auf dem besten Wege in den Mainstream. Welche Begriffe werden folgen?

Von der legitimen Kritik an ideologisch verbrämten Wissenschaften ist es ebenfalls nur ein kleiner Schritt zu eigenen ideologischen Exzessen: Wird die AfD bald fordern, dass jeder Lehrstuhl zur Klimaforschung aus Gründen der »Neutralität« mit klimaforschungskritischen Instituten kompensiert werden muss? Wird der Druck von AfD-Stadträten und -Abgeordneten bald bewirken, dass Theater oder Radiosender Kürzungen ihrer finanziellen Mittel fürchten müssen, wenn ihr Programm nicht »deutsch« genug ist? Wird im Bundestag bald ernsthaft ein generelles Moscheeverbot diskutiert, oder Strafsteuern für Kinderlose, oder ein Sonderstrafrecht für kriminelle Asylbewerber?

Die Begeisterung, die die AfD in vielen Bürgern geweckt hat, hat ihr Gegenstück in einer absehbaren Enttäuschung. Die beginnt bereits bei den Funktionären der Partei: Viele AfD-Leute wenden sich verbittert ab, weil sie im Postengeschacher und den Intrigen ihrer Kollegen erkennen, dass ihre Partei so ist wie alle anderen – wenn nicht schlimmer. Die Enttäuschung reicht potenziell aber noch viel weiter. AfD-Abgeordnete berichten mitunter amüsiert, dass manche Wähler sie schon nach kurzer Zeit ungeduldig angerufen hätten: Wann gehe es denn endlich los? Wo bleibe der Wechsel, den man herbeiwählen wollte? Die AfD wird sehr lange nichts für diese Wähler ändern können, und in dem Moment, in dem diese das begreifen, werden sie bestenfalls nur wieder zu Nichtwählern. Den schlimmsten Fall will man sich nicht ausmalen. Denn die AfD hat diesen Bürgern eingetrichtert, dass auch eine demokratisch legitimierte Regierung keine »falschen« (sprich unpopulären) Entscheidungen treffen darf. Gegen solche Entscheidungen soll nicht nur Protest erlaubt sein, sondern Widerstand. Schon jetzt vergleichen AfD-Aktivisten sich mit Widerstandskämpfern gegen das NS- und DDR-Regime, und dieser unerträgliche Vergleich wird der Partei auch in Zukunft nicht auszutreiben sein. Zwar predigt die AfD gewaltlosen Widerstand, aber ihre Vordenker erklären Gewalt gegen Sachen längst als legitim – hier eine Straßenblockade, dort eine gekappte Stromleitung zum Flüchtlingsheim. In Heidenau richtete sich der Widerstand schon gegen Personen, und in Bautzen haben Bürger erst den Bundespräsidenten bedrängt und später Asylbewerber durch die Stadt gejagt. Mit der Zeit dürfte der von der AfD geweckte »Widerstandsgeist« von selbst robuster werden, ohne dass die Partei ihn aktiv befeuern müsste. Das Fundament ist gelegt.

Der britische Kabarettist Stewart Lee brachte das Problem von Protestparteien einmal schön auf den Punkt. Lee knöpfte sich Ukip vor, aber man kann seine Aussagen auf die AfD übertragen: »In letzter Zeit sagen viele Leute, sie wählten Ukip, um ihren Protest auszudrücken. ... Was ist das denn bitte für ein

Protest? Das ist so, als würde man sich in sein Hotelbett erleichtern, aus Protest gegen schlechten Service. Und dann wird einem klar: Jetzt muss ich auch noch in diesem versauten Bett schlafen.«

Wie die Ukip-Wähler werden aber auch die AfD-Protestwähler nach der Bundestagswahl nicht alleine in ihrem schmutzigen Bett liegen, sondern letztlich wir alle.

Anhang

Anmerkung

Inhalt, Herkunft und Wahrheitsgehalt der Aussagen in diesem Buch wurden vor ihrer Veröffentlichung (Redaktionsstand: 4. Januar 2017) bestmöglich und unter Einhaltung journalistischer Sorgfaltsmaßstäbe überprüft.

Zitierte Artikel und Bücher sowie weiterführende Literaturempfehlungen

Konrad Adam: »Wer soll wählen?«, *Die Welt,* 16. Oktober 2006

Melanie Amann, Markus Feldenkirchen: »AfD: Parteivize Gauland erklärt, warum er sich nicht für einen Rassisten hält«, *Der Spiegel* 23/2016

Melanie Amann, René Pfister: »Das Tabu brechen«, *Der Spiegel* 04/2016

Melanie Amann, Michael Sauga: »Wer gehört zu uns?«, *Der Spiegel* 43/2016

Justus Bender: »Der lustvolle Strafwähler«, *FAZ,* 3. November 2016

ders.: »Wie die AfD leben möchte«, *FAZ-Woche,* 29. April 2016

ders.: »Freie Bürger, zarte Seelen«, *FAZ,* 11. August 2016

Knut Bergmann, Matthias Diermeier, Judith Niehues: »Parteipräferenz und Einkommen: Die AfD – eine Partei der Besserverdienenden?«, IW Kurzbericht, Mai 2016

Frank Decker, Bernd Henningsen, Kjetil Jakobsen (Hrsg.): Rechtspopulismus und Rechtsextremismus in Europa. Die Herausforderung der Zivilgesellschaft durch alte Ideologien und neue Medien, Nomos 2015

Sebastian Eder: »Flüchtlinge sind die modernen Hexen«, *FAZ,* 19. Dezember 2016

Franz Eibl: »Alternative Reichsbürger«, Oktober 2016, online abrufbar unter: http://starke-meinungen.de/blog/2016/10/21/alternative-reichsbuerger/

Siegfried Elhardt: Tiefenpsychologie – eine Einführung, 18. Aufl., Kohlhammer 2015

Didier Eribon: Rückkehr nach Reims, Edition Suhrkamp 2016

ders.: »Ihr könnt nicht glauben, ihr wärt das Volk«, *Zeit-Online,* 4. Juli 2016

Christian Fuchs, Martin Machowecz: »Der Mann an der Grenze«, *Die Zeit* 9/2016

Hajo Funke: Von Wutbürgern und Brandstiftern. AfD – Pegida – Gewaltnetze, vbb Verlag für Berlin Brandenburg 2016

Alexander Gauland: Anleitung zum Konservativsein, DVA 2002

Karsten Grabow: Die »Identitäre Bewegung« in Deutschland, Konrad-Adenauer-Stiftung, September 2016

Robert Greene: Power. Die 48 Gesetze der Macht, dtv 2016

Anne Hähnig, Julius Lukas u. a.: »Wir werden bedroht«, *Die Zeit* 22/2015

Alexander Häusler (Hrsg.): Die Alternative für Deutschland: Programmatik, Entwicklung und politische Verortung, Springer 2016

Wilhelm Heitmeyer: Deutsche Zustände, Folge 10, Edition Suhrkamp 2011

Malte Henk: »Wie ich auszog, die AfD zu verstehen«, *Die Zeit* 12/2016

Ulrich Herbert: »Überdruss am Liberalen«, *Süddeutsche Zeitung*, 9. Februar 2016

Sabrina Hermsen, Halim Hosny: »Die Neue Rechte – national, patriotisch, gefährlich?« Dokumentation ZDF-Zoom, 24. August 2016

Gerhard Hirscher: Die »Alternative für Deutschland« (AfD) – Wählerschaft und Wahlmotive, Hanns-Seidl-Stiftung, Januar 2015

Karen Horn: »Die rechte Flanke der Liberalen«, *FAS*, 15. Mai 2015

Jürgen Kaube: »Die schweigende Minderheit ergreift das Wort«, *FAZ*, 19. Dezember 2016

Helmut Kellershohn: Die AfD als Staubsauger und Kantenschere – Turbulenzen im jungkonservativen Lager, DISS-Online Bibliothek, Juni 2014

Andreas Kemper: Die neurotische Phase überwinden, in der wir uns seit siebzig Jahren befinden – Zur Differenz von Konservativismus und Faschismus am Beispiel der historischen Mission Björn Höckes (AfD), Online Publikation der Rosa-Luxemburg-Stiftung Thüringen, Mai 2015

ders.: »Zur NS-Rhetorik des AfD-Politikers Björn Höcke«, *DISS-Journal* 32, 2016

Michael Klonovsky: »Nation. Familie. Sprache«, *Focus*, 20. September 2010

Michael Kraske: Der Code der Neuen Rechten, Übermedien 11. Dezember 2016, online abrufbar unter: http://uebermedien.de/10759/der-code-der-neuen-rechten/

Martin Kroh, Karolina Fetz: AfD-AnhängerInnen, DIW Wochenbericht 34/2016

Götz Kubitschek: Die Spurbreite des schmalen Grats, Antaios Verlag 2016

Götz Kubitschek, Michael Paulwitz: Deutsche Opfer, fremde Täter. Ausländergewalt in Deutschland, Antaios Verlag (vergriffen)

Nico Lange: »Doch keine Alternative«, *Die Politische Meinung,* Nr. 533, Juli/August 2015

Nico Lange, Theresa Saetzler: Die neue Partei »Alternative für Deutschland«. Entstehung, Programm und Bewertung. Konrad-Adenauer-Stiftung Parteienmonitor, 16. April 2013

André F. Lichtschlag: »Weniger Demokratie wagen«, *Die Welt,* 19. September 2006

Steffen Mack, Walter Serif: »Sie können es nicht lassen«, *Mannheimer Morgen,* 10. Januar 2016

Thomas Mayer: »Der Erfolg der Rechten ist mehr als ein Strohfeuer«, *Berliner Republik,* 2/2016

Mediendienst Integration (Hrsg.): Mythen und Wahrheiten – Sarrazins Thesen im Faktencheck, Februar 2014

Herfried Münkler: »Gefährliche Angst in der Mitte der Gesellschaft«, *Süddeutsche Zeitung,* 30. August 2015

Christian Nawrocki, Armin Fuhrer (Hrsg.): AfD – Bekämpfen oder ignorieren? Intelligente Argumente von 14 Demokraten, Kellner Verlag 2016

Oskar Niedermayer, Jürgen Hofrichter: »Die Wählerschaft der AfD: Wer ist sie, woher kommt sie und wie weit rechts steht sie«, *Zeitschrift für Parlamentsfragen,* Heft 2/2016

Stefan Niggemeier: Der Kampf der AfD gegen das Kindeswohl, Übermedien 21. November 2016, online abrufbar unter: http://uebermedien.de/9881/der-kampf-der-afd-gegen-das-kindeswohl/

Paul Nolte: »Die Chamäleonpartei«, *Der Tagesspiegel,* 3. April 2016

Werner J. Patzelt, Joachim Klose: Pegida – Warnsignale aus Dresden, Thelem-Verlag 2016

Thomas Peters (Institut für Demoskopie Allensbach): »Die Welt der Wutbürger«, *FAZ,* 18. Mai 2016
Alan Posener: »Dem Westen droht ein Aufstand der Abgehängten«, *Die Welt,* 23. Juli 2016
Andreas Püttmann: »Was ist die AfD und wie mit ihr umgehen?«, *Stimmen der Zeit,* Nr. 10/2016
Elisabeth Raether: »Feuer im Kopf«, *Die Zeit* 33/2015
Evelyn Roll: »Die Lüge«, *Süddeutsche Zeitung,* 18. November 2016
Hartmut Rosa: »Fremd im eigenen Land?«, *FAZ,* 24. April 2015
Thilo Sarrazin: Deutschland schafft sich ab, 8. Aufl., DVA 2012
Hans-W. Saure, A. Maegerle: »Skandal um antisemitisches Buch von Wolfgang Gedeon«, *Bild-Zeitung,* 1. Juni 2016
Jörg Schindler: Panikmache, Fischer Verlage 2016
Claudius Seidl: »Integriert Euch selber!«, *FAS,* 23. Dezember 2015
Andreas Speit: Bürgerliche Scharfmacher, Verlag Orell Füssli 2016
Elsbeth Stern: »Was heißt hier erblich?«, *Die Zeit* 36/2010
Britta Stuff: »Die Heimsuchung«, *Der Spiegel* 44/2016
J. D. Vance: Hillbilly Elegy, Harper Collins 2016
Alan Yuhas: »How does Donald Trump lie? A fact checker's final guide«, *The Guardian,* 7. November 2016
Volker Zastrow: »Die neue völkische Bewegung«, *FAS,* 29. November 2015
ders.: »Schande«, *FAS,* 19. Oktober 2014
Andreas Zick, Beate Küpper: »Volkes Stimme? Rechtspopulistische Überzeugungen der Mitte«, *Aus Politik und Zeitgeschichte,* Nr. 40/2015

Dank

Dieses Buch konnte nur erscheinen, weil viele ehemalige und aktuelle AfD-Mitglieder mir auch nach bald vier Jahren kritischer Berichterstattung noch immer ihre Zeit und ihr Vertrauen schenken. Ihnen gilt mein herzlicher Dank, ganz besonders Dagmar Metzger.

Den *Spiegel*-Chefredakteuren Klaus Brinkbäumer und Susanne Beyer danke ich für ihre große Unterstützung bei diesem Projekt; besonderen Dank schulde ich aber den Leitern des Berliner *Spiegel*-Büros, René Pfister und Michael Sauga, die mir für das Buch eine Auszeit ermöglicht haben.

Großer Dank gilt meiner Agentin Rebekka Göpfert, meiner Lektorin Heike Gronemeier und dem ganzen Team der Verlagsgruppe Droemer Knaur.

Volker Zastrow, Ressortleiter Politik der *FAS*, gab mit viele wertvolle Ratschläge in der Entstehungsphase des Buches.

Mein Studienfreund Jochen Zenthöfer war mein erster Leser, ihm danke ich für viele gute Ratschläge und Kritik zur rechten Zeit. Meine Familie und meine Freunde, allen voran Patrick Donahue, haben das Projekt mit liebevoller Geduld, großem Interesse und enormer Unterstützung begleitet.

Gewidmet ist dieses Buch meinen Patenkindern Anaïs und Jonah, die spätestens im Jahr 2029 beziehungsweise 2033 zum ersten Mal an einer Bundestagswahl teilnehmen dürfen.

Alle Leser, die mir – bei Wahrung der bürgerlichen Umgangsformen – Feedback geben möchten, erreichen mich unter meiner E-Mail-Adresse melanie.amann@spiegel.de.